대한민국 최초
헤어디자이너를 위한 AI 마케팅 실용서

예약창
꽉꽉 찬 미용사
텅텅 빈 미용사

대한민국 최초 헤어디자이너를 위한
AI 마케팅 실용서

예약창 꽉꽉 찬 미용사 텅텅 빈 미용사

초판 1쇄 인쇄 | 2025년 09월 10일
초판 1쇄 발행 | 2025년 09월 16일

지은이 | 김서윤
펴낸이 | 최화숙
편집인 | 유창언
펴낸곳 | 이코노믹북스

등록번호 | 제1994-000059호
출판등록 | 1994. 06. 09

주소 | 서울시 마포구 성미산로2길 33(서교동), 202호
전화 | 02)335-7353~4
팩스 | 02)325-4305
이메일 | pub95@hanmail.net|pub95@naver.com

ⓒ 김서윤 2025
ISBN 978-89-5775-337-8 03320
값 24,000원

* 파본은 본사나 구입하신 서점에서 교환해 드립니다.
* 이 책의 판권은 지은이와 이코노믹북스에 있습니다. 내용의 전부 또는 일부를 재사용하려면 반드시 양측의 서면 동의를 받아야 합니다.
* 이코노믹북스는 도서출판 집사재의 임프린트입니다.

**대한민국 최초
헤어디자이너를 위한 AI 마케팅 실용서**

예약창
꽉꽉 찬 미용사
텅텅 빈 미용사

김서윤 지음

이코노믹북스

| 프롤로그 |

세상에는 두 부류의
헤어디자이너가 있다

　세상에는 편의점보다 미용실의 개수가 많다고 합니다. 그럼에도 불구하고 헤어디자이너들은 돈을 어떻게 벌고 있는 걸까요. 그것도 어떻게 잘 벌고 있는 걸까요.

　2023년 11월 28일부터 지금까지 최소 2주에 한 번씩 상위 1% 헤어디자이너들을 만나 그들의 성공방식에 대해 인터뷰해 왔습니다. 다들 불경기라 칭하고 미용실의 개수는 갈수록 많아지는 추세지만, 그들은 독보적이었습니다. 최소 몇 주에서 길게는 1년까지 예약이 마감되어 있었습니다.

　성공할 수밖에 없는 특정 조건이나 출발선이 있었냐고요? 아니요. 미용업계의 요지라는 서울 중심가뿐 아니라, 신도시부터 사람들이 잘 다니지 않는 지방의 논밭에서 간판도 없이 운영하는 케이스도 있었습니다. 나이대도 다양했습니다. 20대 중반 젊은 나이에 샵을 오픈한 원장님도, 40대가 되어 미용을 시작해 현재 60에 가까운 지금 왕성한 전성기를 보내고 있는 원장님도, 대학 졸업하자마자 인턴을 시작해 1년 만에 만 팔로워를 만들어 인스타그램에서 몇백만의 조회수를 기록하며 남다른 출발점에서 시작한 인턴도, 코로나 시절 손님 한 명도 없던 지방 1인샵 미용실에서 샴푸로 시작한 헤드스파가 전 세계적으로 유명해져 글로벌 헤드스파 브랜드 대표가 된 원장님까지.

그들의 스토리는 정말 다양했습니다. 그럼 그들이 성공할 수 있었던 이유는 뭐였을까요? 조건이 아닌 '방법'이었습니다. 엄청 특별한 아이디어가 있던 것이 아닙니다. 공통적으로 적용하던 분명한 '방법'이 있었습니다. 그 방법은 분명하게 말할 수 있습니다. 바로 '마케팅'입니다.

더욱 많은 헤어디자이너에게 알리고 싶었습니다. 마케팅만 할 줄 알면, 내게 맞는 마케팅을 한다면, 분명 지금보다 훨씬 대단한 결과를 만들어낼 수 있다고. 그리고 그 마케팅이 생각만큼 어렵지 않다는 사실도 말이죠. 하지만 정작 어디에도 이 방법을 체계적으로 정리해둔 자료를 찾기 힘들었습니다. 그래서 결심했습니다. 헤어디자이너가 바로 적용할 수 있는 마케팅의 핵심과 기본을 가장 쉽고 효율적으로 담은 책을 직접 써야겠다고요.

물론 지금도 헤어디자이너들은 한결같이 말합니다. "머리하랴, 샵 운영하랴… 마케팅에 쏟을 시간이 어디 있느냐"고요.

그런데 기술이 빠르게 발전한 덕분에 이전보다 훨씬 적은 노력으로도 큰 효과를 낼 수 있는 시대가 되었습니다. 특히 인공지능(AI)은 복잡한 마케팅 업무를 쉽고 빠르게 해결해 줄 든든한 조력자로 자리 잡고 있죠. 오히려 이전보다 마케팅하기 훨씬 쉬운 세상이 왔습니다.

이 책은 바로 그런 기회를 잡을 수 있도록, 미용업계에 꼭 맞는 AI 활용법과 핵심 마케팅 전략을 가장 간단하고 효과적으로 정리했습니다. 이제 마케팅은 더 이상 부담스러운 숙제가 아니라, 여러분이 가진 재능과 열정을 세상에 널리 알리는 역할을 해줄 것입니다.

한번 상상해 봅시다. 날이 갈수록 나와 비슷한 결의 손님들이 나에게 머리를 하기 위해 끊임없이 문의가 오고 네이버 예약창은 금방 예약 마감으로 가득 찹니다. 이번 달 매출은 또 얼마나 오를지 기대감에 가득 차 월말을 기다립니다. 나와 일하고 싶다는 후배들이 찾아오고, 나에게 제안하는 사람들이 생깁니다. 갈수록 나의 시그니처는 더욱 유명해져 이제 나는 대체 불가능한 기술을 지닌 전문가로서 당당하게 자리 잡습니다.

이 책에서는 그러한 미래를 만들 수 있는 마케팅 전략과 AI 도구의 활용법을 구체적으로 소개하려고 합니다. 미용실 운영으로 바쁜 일상 중에도 쉽게 실천할 수 있도록 말이죠. 그동안 제가 만난 수많은 헤어디자이너들의 실제 경험담과 직접 적용해본 실전 팁까지 모두 이 안에 담아두었으니, 끝까지 함께 해주신다면 분명 새로운 길이 열릴 것이라 믿습니다.

책에 나온 5가지 플랫폼을 모두 다 따라 해야 한다는 부담감은 갖지 않아도 됩니다. 개인의 매력과 강점에 따라 시너지가 나는 플랫폼은 다를 수 있습니다. 스마트플레이스, 블로그, 인스타그램, 유튜브, 당근 이 중에서 꼭 도전해 보고 싶고, 나와는 잘 맞을 것 같은 플랫폼을 편한 마음으로 시도해 보는 것만으로도 충분합니다.

모든 헤어디자이너는 자신만이 가지고 있는 무기가 있습니다. 그 무기를 쓰지 않아 창고에 처박아둔 쓰레기가 될지, 갈고 닦아 전쟁터에서 승리 요인으로 빛날 나를 지켜주는 보물이 될지는 여러분이 선택하면 됩니다.

이제, 예약창 꽉꽉 찬 헤어디자이너의 삶으로 나아갈 준비가 되셨나요? 이 책이 당신에게 든든한 길잡이가 될 것입니다.

contents

프롤로그

세상에는 두 부류의 헤어디자이너가 있다 ·········· 04

Chapter 1

예약창 꽉꽉 찬 헤어디자이너는 뭐가 다를까

1-1 직접 만나본 상위 1% 헤어디자이너의 비밀 ·········· 17

1-2 우리의 마케팅을 도와줄 AI ·········· 21
    1. AI란 무엇인가 ·········· 22
    2. 우리가 사용할 챗GPT ·········· 24
    3. 아주 쉽고 확실하게 질문하는 법 ·········· 28
    4. AI로 헤어모델 만들기 ·········· 32

Chapter 2
미용실 온라인 매장, 스마트플레이스

2-1 스마트플레이스는 왜 중요한가 … 41

2-2 스마트플레이스 알고리즘 … 46

2-3 스마트플레이스 기본 세팅하기 … 54
    1. 스마트플레이스 업체 등록하기 … 54
    2. 네이버 예약 연동하기 … 79
    3. 네이버 예약상품 만들기 … 84
    4. 네이버 페이 시작하기 … 94

2-4 스마트플레이스 더 활용하기 … 99
    1. 인기스타일 등록하기 … 99
    2. 나만의 리뷰 답변 챗봇 만들기 … 103
    3. 고객과 소통하는 소식란 … 108
    4. 전화상담이 필요 없어지는 네이버 톡톡 … 116
    5. 신규 고객을 부르는 쿠폰 … 125
    6. 24시간 현장대기 스마트콜 … 132
    7. 헤어디자이너 인물 정보 등록하기 … 138
    미션 수행하기 … 142

Chapter 3

글 하나로 고객이 직접 찾아오는, 블로그

3-1 블로그는 왜 중요한가 ·· 145

3-2 블로그 알고리즘 ··· 150

3-3 블로그 시작하기 ··· 155

    1. 블로그 홈 화면 알아보기 ·· 155

    2. 블로그 정보 관리하기 ·· 158

    3. 블로그 디자인 꾸미기 ·· 160

3-4 블로그 콘텐츠 만들기 ·· 163

    1. 어떤 글을 올릴까 ·· 163

    2. 나의 헤어 시술 글 작성하기 ·· 165

    3. 헤어 정보 글 작성하기 ··· 183

    4. 나의 브랜드 스토리 글 작성하기 ·· 192

    5. 네이버도 숏폼시대, 네이버 클립 ··· 196

3-5 블로그 더 활용하기 ··· 201

    1. 내 매장 스마트플레이스에 블로그 연동하기 ··· 201

    2. 찐고객이 써주는 블로그 후기, 블로그 체험단 ······································· 204

    미션 수행하기 ·· 211

Chapter 4
이제 명함 대신, 인스타그램

4-1 인스타그램은 왜 중요한가 ·········· 215

4-2 인스타그램 알고리즘 ·········· 221

4-3 인스타그램 시작하기 ·········· 228
    1. 인스타그램 홈 화면 알아보기 ·········· 228
    2. 인스타그램 프로필 세팅하기 ·········· 229

4-4 인스타그램 콘텐츠 만들기 ·········· 235
    1. 어떤 콘텐츠를 올릴까 ·········· 235
    2. 나의 헤어 시술 릴스 만들기 ·········· 244
    3. 헤어 정보 릴스 만들기 ·········· 265
    4. 고객과의 실시간 소통, 인스타그램 스토리 ·········· 277

4-5 인스타그램 더 활용하기 ·········· 283
    1. 어떤 콘텐츠가 먹히는 콘텐츠일까?
       인사이트로 성과 측정하기 ·········· 283
    2. 월 10만 원으로 1000만 원 매출 효과,
       인스타그램 홍보하기 ·········· 290
    3. 메타의 새로운 초강력 플랫폼, 스레드 ·········· 300

    미션 수행하기 ·········· 306

Chapter 5
개인이 하나의 브랜드로, 유튜브

5-1 유튜브는 왜 중요한가 ··· 309

5-2 유튜브 알고리즘 ··· 314

5-3 유튜브 시작하기 ··· 324
    1. 유튜브 홈 화면 알아보기 ··· 324
    2. 유튜브 채널 개설하기 ··· 325

5-4 유튜브 콘텐츠 만들기 ··· 336
    1. 어떤 영상을 올릴까 ··· 336
    2. 콘티 짜기 ··· 339
    3. 스마트폰 하나로 촬영하기 ··· 344
    4. 편집하기 ··· 346
    5. 썸네일 만들기 ··· 354
    6. 영상 업로드하기 ··· 359

5-5 유튜브 더 활용하기 ··· 363
    1. 유튜브 스튜디오로 자세하게 분석하기 ························· 363
    2. 유튜브 수익은 어떻게 발생하는 걸까 ··························· 377
    3. 직접 제품 판매까지, 유튜브 쇼핑 ································ 380
    4. 유튜브에 찰떡인 AI툴 추천 ······································· 383

    미션 수행하기 ·· 390

Chapter 6
나만 몰랐던 동네 찐단골, 당근

6-1 당근은 왜 중요한가 ·· 393

6-2 당근 시작하기 ·· 397

    1. 당근 홈 화면 알아보기 ·· 397

    2. 당근 비즈프로필 개설하기 ·· 402

6-3 당근 비즈프로필 활용하기 ·· 409

    1. 단골 맺기 ··· 409

    2. 쿠폰 만들기 ·· 412

    3. 소식 쓰기 ··· 415

    4. 후기 받기 ··· 420

    미션 수행하기 ·· 424

에필로그

당신도 이제 예약창 꽉꽉 찬 헤어디자이너 ··· 425

chapter 1

예약창 꽉 찬
헤어디자이너는
뭐가 다를까

 예약창 꽉 찬 미용사

직접 만나본
상위 1% 헤어디자이너의 비밀

    2023년 11월 28일부터 지금까지, 성공한 상위 1% 헤어디자이너들을 직접 만나며 벌써 80편가량의 인터뷰를 만들었습니다. 인터뷰이 선정부터 인터뷰 기획과 촬영, 편집, 발행 모두 직접 하면서 깨달은 놀라운 점은, 성공한 헤어디자이너들은 큰 틀에서 하나의 공통점이 있다는 것이었습니다.

    시그니처 메뉴와 컨셉 그리고 각자의 상황은 모두 달랐지만, 모두가 콘텐츠를 만드는 생산자였습니다. 내가 가장 자신 있는 메뉴를 꾸준하게 세상에 알리는 알림자의 역할을 멈추지 않고 지속하고 있었습니다.

    그리고 그 결과, 그들은 자기만의 분야에서 가장 전문가가 될 수밖에 없었습니다.

    그들 모두 자격증을 따고 인턴생활을 거치고 수많은 시행착오를 거친 보통 사람들과 다를 바 없는 평범한 헤어디자이너였습니다. 그들이 달랐던 유일한 건 콘텐츠를 만들고 모든 SNS 플랫폼에 자신을 알린 것이었습니다.

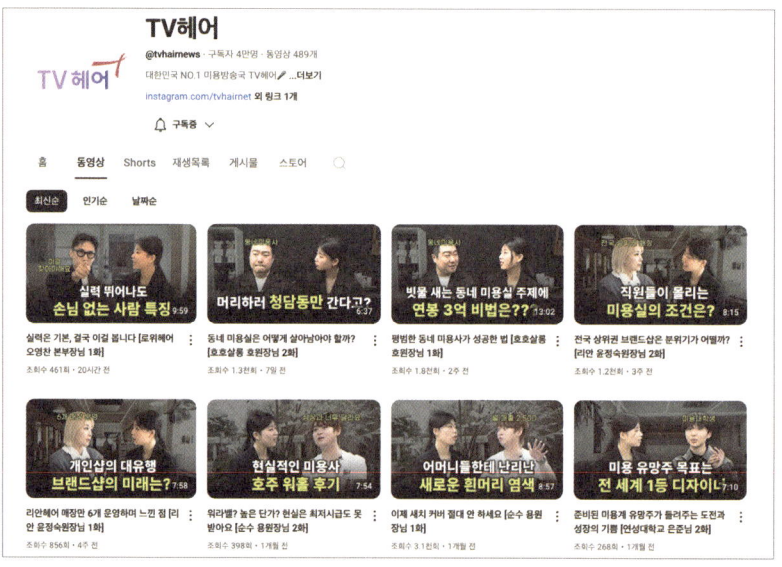

〈그림 1〉 상위 1% 헤어디자이너들과의 인터뷰

SNS, 이제 지겨운 단어일 수도 있습니다.

"나는 고객의 머리를 하는 헤어디자이너인데, 왜 사진을 찍어야 되고 영상을 만들고 글을 써야 할까?"

거부감이 느껴질 수도 있습니다.

하지만 내가 아무리 펌을 잘하고, 컬러를 완벽하게 연출한다고 해서 그걸 알리지 않으면 과연 누가 알고 찾아올까요? 안타깝게도 아무도 알아주지 않습니다. 아무도 알 수가 없습니다.

SNS로 수많은 팔로워를 만들고 조회수를 얻는 것만이 목적은 아닙니다. 내가 잘하는 그 메뉴, 여러 사람에게 보여주면 보여줄수록 나를 찾아올 고객들은 많아질 수밖에 없습니다. 우리가 미용을 하는 이유가 무엇일까요? 바로 우리를 찾아온 고객들을 나의 기술과 솜씨로 아름답게 만들어주기 위해서입니다. 그러려면 고객을 만나야겠죠? 이것이 상위 1% 헤어디자이너들이 상위 1%가 될 수 있었던 핵심 이유입니다.

단순합니다. 내가 잘하는 걸, 계속해서 꾸준하게 알리는 것입니다. 처음에는 당연히 아무 반응이 없을 수도 있습니다. 하지만 계속해서 공유하다 보면 분명 나를 알아보는 사람들이 생깁니다. 분명 나의 기술을 써먹을 수 있는 기회들이 많이 열립니다.

이 책이 전하는 실전 공식

이 책에서는 성공한 헤어디자이너들이 실제로 활용했던 마케팅 방법을 누구나 따라 할 수 있도록 쉽게 정리했습니다. 특히, 헤어디자이너에게 꼭 필요한 5가지 대표적인 마케팅 플랫폼에 대해 다룹니다.

네이버 스마트플레이스 : 네이버 스마트플레이스를 활용해 온라인 매장을 더욱 돋보이게 꾸며 검색 유입을 극대화합니다.

블로그 : 고객이 직접 검색해서 나를 찾도록 만드는 콘텐츠 제작 방법입니다. 블로그 글은 한 번 작성하면 오랫동안 남는 자산이 되기 때문에 장기적으로 유용합니다.

인스타그램 : 콘텐츠를 활용해 고객과 실시간으로 소통하고 나만의 색깔을 뽐냅니다. 요즘 많은 고객이 인스타그램에서 원하는 헤어스타일을 저장해 두고 직접 방문합니다.

유튜브 : 이제 유튜브는 개인 콘텐츠 이상의 브랜드로 자리 잡았습니

다. 긴 롱폼 영상에서 고객과 소통하고 브랜딩하는 법부터 쇼츠 활용법까지 다양하게 다루었습니다.

당근 : 지역 기반 고객을 확보하고 단골을 만드는 로컬 마케팅 전략입니다.

숨겨진 치트키가 있다?

마케팅을 해야 하는 건 알지만 어디서부터 어떻게 시작해야 할지 막막할 것입니다. 또한 이 많은 플랫폼에 콘텐츠를 만들 생각을 하면 머리가 아플 것입니다. 이제는 AI를 활용해 더 쉽게, 더 효율적으로 마케팅할 수 있는 세상이 왔습니다.

단순히 SNS를 운영하는 것에 그치지 않고, AI를 이용해 시간을 절약하고 효과를 극대화하는 방법들까지 함께 다룰 예정입니다.

다음 장에서는 AI가 무엇인지, 그리고 이를 마케팅에 어떻게 활용할 수 있는지 본격적으로 이야기를 시작해 보겠습니다.

우리의 마케팅을 도와줄 AI

〈그림 1〉 바쁜 헤어디자이너의 하루

하루 종일 고객을 상대하고 머리를 자르는 바쁜 일상 속에서 시간과 에너지가 늘 부족한 우리에게 마케팅은 부담감으로 다가올 수밖에 없습니다.

하지만 걱정하지 않아도 됩니다. 이런 고민을 해결해줄 든든한 조력자가 있으니까요. 가장 어렵게 느껴지는 글쓰기와 같은 창의적인 작업부터 아이디어 제공, 콘텐츠 제작까지 24시간 내내 우리가 필요로 할 때마다 짜증 내지 않고 도와주는 존재, 바로 생성형 AI입니다.

1. AI란 무엇인가

AI라는 단어는 최근 몇 년 동안 여러 분야에서 뜨거운 키워드로 자리 잡았기 때문에 한번쯤 들어보셨을 겁니다. 그러나 실제로 사용해 보지 않은 분들에게 특히 '생성형 AI'라는 개념은 어딘지 모르게 낯설게 느껴질 것입니다.

〈그림 2〉 출처: OpenAI 공식 로고

AI는 인공지능(Artificial Intelligence)의 약자로, 쉽게 말해 인간이 사고하고 문제를 해결하는 방식을 모방한 기술입니다.

어렵게 생각할 필요는 없습니다. 보고 싶은 영상을 계속 추천해 주는 알고리즘, 애플의 시리(Siri)나 삼성의 빅스비(Bixby) 같은 음성 비서, 실시간 교통 상황을 분석해 가장 빠른 길을 제시해 주는 네비게이션 등 우리가 일상적으로 사용하는 모든 기술이 AI입니다.

그렇다면 최근 가장 주목받고 있는 생성형 AI는 과연 무엇일까요?

생성형 AI란 무엇인가

생성형 AI(Generative AI)는 쉽게 말해, '무언가를 직접 만들어내는 인공지능'을 뜻합니다. 기존의 AI가 이미 존재하는 정보를 분석하고 분류하거나 예측하는 데 초점이 맞춰져 있었다면, 생성형 AI는 반대로 텍스트, 이미지, 음성, 영상, 코드 등 다양한 형태의 콘텐츠를 새롭게 만들어 낼 수 있습니다.

핵심은, 인간이 직접 작성하지 않아도 AI가 알아서 콘텐츠를 '창작'할 수 있다는 점입니다. 단순한 반복이나 모방이 아니라, 학습한 수많은 데이터를 바탕으로 새로운 결과물을 만들어내는 능력이죠.

마케팅이나 디자인, 영상 편집, 교육까지 생성형 AI는 다양한 분야에서 빠르게 활용되고 있습니다. 이제는 누구나 AI와 함께 콘텐츠를 만들고, 더 효율적으로 일할 수 있는 시대가 열린 것입니다.

전 세계 TOP50 생성형 AI툴

그럼 한눈에 어떤 생성형 AI툴들이 활용되고 있는지 확인해 볼까요?

The Top 50 Gen AI Web Products, by Unique Monthly Visits									
1.	ChatGPT	11.	Kimi	21.	CIVITAI	31.	Photoroom	41.	Monica
2.	deepseek	12.	Hailuo AI	22.	IIElevenLabs	32.	Moescape ai	42.	CURSOR
3.	character.ai	13.	Hugging Face	23.	Sora	33.	Midjourney	43.	ideogram
4.	perplexity	14.	Poe	24.	Crushon AI	34.	candy.ai	44.	CHUB
5.	JanitorAI	15.	Adot	25.	BLACKBOX AI	35.	zeemo	45.	Clipchamp
6.	Claude	16.	Eden AI	26.	DeepAI	36.	VEED	46.	Meta AI
7.	QuillBot	17.	PolyBuzz	27.	Gamma	37.	invideo AI	47.	StudyX
8.	SUNO	18.	SERRAT.AI	28.	Leonardo.AI	38.	Pixelcut	48.	bolt
9.	SPICYCHAT AI	19.	liner	29.	cutout.pro	39.	talkie	49.	PicWish
10.	Doubao	20.	KLING AI	30.	BRAINLY	40.	PixAI	50.	Joyland

〈그림 3〉 출처: https://a16z.com/100-gen-ai-apps-4/

    2025 기준 전 세계 사람들이 가장 많이 쓰는 TOP50 생성형 AI툴 순위입니다. 텍스트, 이미지, 오디오, 비디오, 챗봇, 아바타, 코드 등등 다양한 분야의 AI툴이 이미 수많은 사람들에게 활용되고 있습니다.

2. 우리가 사용할 챗GPT

앞으로 함께할 마케팅에서는 다양한 생성형 AI툴을 사용할 예정이지만 텍스트 기반의 챗GPT를 대표적으로 활용할 예정입니다.

챗GPT에 대해서

    챗GPT는 2022년 11월, 오픈AI에서 발표한 대화형 인공지능 챗봇입니다. 처음에는 사람처럼 자연스럽게 대화할 수 있는 기능으로 시작했지만, 지금은 단순한 대화를 넘어 이미지 생성, 고급 데이터 분석, 코드 작성 등 다양한 작업을 지원하는 강력한 도구로 발전했습니다.

chatGPT 트렌드 : OpenAI의 10가지 꼭 알아야할 능력들	
chatGPT	• AI-powered text generation
chatGPT Search	• Real-time Web Search
chatGPT Canvas	• Interactive document and code editor
GPT4o image generation	• AI-generated image creation
Sora	• AI-powered video genetation
Vision	• OCR , Image Analysis
ADA	• Advanced Data Analysis 워드,엑셀,ppt
AVM	• Advanced Voice Mode + vision
Explore GPTs	• Discover and use custom GPTs
My GPTs	• Create and manage custom GPTs

〈그림 4〉 출처: 챗GPT 마케팅, 임헌수

시작해 보자 챗GPT

앞으로 우리에게 익숙한 친구가 될 챗GPT! 이 장에서는 챗GPT를 처음 사용하는 분들이 쉽게 따라 할 수 있도록, 기본적인 로그인 방법부터 실용적인 사용 팁까지 간단하게 정리해 보려고 합니다.

01 구글에 'open ai'를 검색해 'ChatGPT'를 클릭합니다.

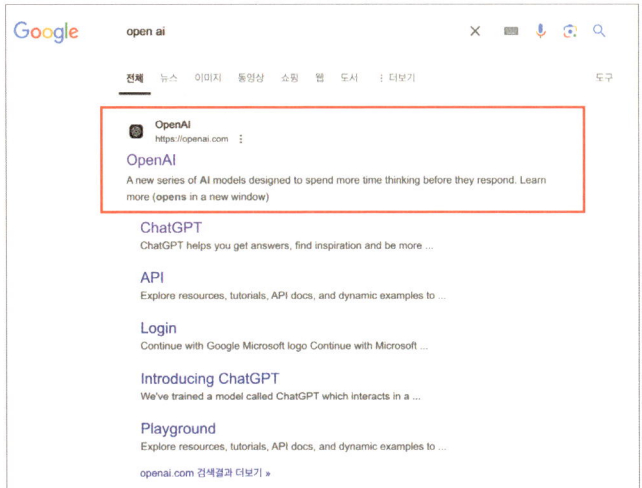

〈그림 5〉 구글에 open ai 검색

* 모바일 사용자의 경우 구글 플레이스토어 혹은 애플 앱스토어에서 ChatGPT를 검색한 뒤 앱을 다운로드받을 수 있습니다. 편의상 PC버전으로 진행하도록 하겠습니다.

02 오른쪽 회원가입 버튼을 눌러 회원가입합니다.

〈그림 6〉 회원가입 전 챗GPT화면   〈그림 7〉 회원가입하기

03 로그인을 하면 챗GPT 메인 화면이 보입니다.

〈그림 8〉 챗GPT 메인 화면

　　(1) 텍스트 입력창 : 질문이나 요청을 입력하는 창

　　(2) 새 채팅 : 새 대화를 시작할 때 사용하는 버튼

　　(3) 대화 기록 : 이전 대화들이 기록됨, 삭제하거나 다시 이어서 대화 진행 가능

　　(4) GPT 탐색 : 각종 GPT를 다운로드받거나 직접 제작

　　(5) 파일 및 기능 추가 : 각종 파일과 이미지를 추가하거나 기능 선택

　　(6) 음성 입력 : 마이크 아이콘을 눌러 텍스트 대신 음성으로 질문 가능

무료 유료 어떤 버전이 좋을까

　챗GPT는 무료/플러스/프로 3가지의 버전으로 나누어져 있습니다. 각 버전마다 어떤 차이가 있는지, 어떤 버전을 선택하면 좋을지 알아보겠습니다.

버전	가격	사용 모델	주요 기능	추천 대상
무료	무료	기본 제공 모델, 최신 모델 제한적 사용	텍스트 기능 활용 가능 이미지 하루 2~3장 대부분의 고급 기능 제한적	가볍게 체험해 보고 싶은 사용자
플러스 *추천	월 $20	최신 모델 무료에 비해 약 5배 사용 가능	무료에 비해 최신 모델 5배 사용 가능 대부분의 고급 기능 무제한	콘텐츠 제작 등 실무 활용자
프로	월 $200	최신 모델 무제한	모든 모델 및 고급 기능 무제한 사용 가능	AI를 깊이 활용하는 전문가

무료 버전의 경우 최신 모델 사용 가능 횟수가 확연히 제한적이며 이미지도 하루에 2~3장만 제작 가능합니다. 처음에 익숙해지기까지는 무료 버전 활용을 추천하며, 추후에 다른 고급 기능 활용 및 횟수를 늘리고 싶다고 느끼는 시점에 플러스 버전으로 업그레이드하는 것을 추천합니다. 월 20달러면 한화로 약 3만 원가량의 금액이라 비싸다고 느낄 수 있지만, 직원 한 명을 둔다고 생각하면 전혀 아깝지 않은 금액입니다.

3. 아주 쉽고 확실하게 질문하는 법

챗GPT에게 질문하는 법

이제 본격적인 질문을 해볼 차례입니다. AI활용의 핵심은 '질문'입니다. 여기서 질문은 '프롬프트'라는 용어로 불립니다. 프롬프트(prompt)란 인공지능(AI), 특히 챗GPT와 같은 생성형 AI에게 특정 작업을 수행하도록 요청하는 질문, 명령어, 지시문을 의미합니다. 사용자가 AI에게

"머리 자르는 미용사의 모습 그려줘", "머릿결 좋아지는 법을 주제로 상위노출 블로그 글을 작성해줘" 등 원하는 결과를 얻기 위해 입력하는 텍스트가 모두 프롬프트입니다.

프롬프트를 어떻게 AI에게 요청하느냐에 따라 답변은 천차만별로 달라집니다. 그러니 '잘' 질문하는 것이 굉장히 중요합니다.

좋은 프롬프트를 만드는 꿀팁

좋은 프롬프트를 만들기 위해서는 3가지만 기억하면 됩니다.

1) 명확한 의도 전달하기

내가 무엇을 원하는지 명확하게 전달할수록, 원하는 답을 받을 가능성이 높아집니다.

좋지 않은 예시	헤어 에센스 추천에 대한 캡션을 작성해줘.
좋은 예시	20대 긴 머리 여성들을 대상으로 한 헤어 에센스 추천 피드를 인스타그램에 올리려고 해. 사람들이 제품을 사고 싶게끔 매력적인 캡션을 작성해줘.

2) 구체적인 정보 제공하기

필요한 데이터를 구체적으로 입력하면 할수록, 더 정확한 답변을 얻을 수 있습니다.

좋지 않은 예시	헤어관리 팁에 대한 블로그 글을 작성해줘.
좋은 예시	여름철 손상된 모발을 복구하는 5가지 헤어관리 팁에 대해 블로그 글을 작성해줘. 글은 1000자 이상으로 작성하고, 각 방법마다 필요한 제품을 설명해줘. '여름철 헤어 관리' 키워드를 제목과 본문에 자연스럽게 넣어줘.

3) 세부적인 지시 사항 주기

마치 드라마 대본에 상황과 분위기가 세세하게 묘사되어 있는 것처럼, 내가 원하는 답변의 형식, 톤, 길이 등을 구체적으로 요구할수록 원하는 답변을 받을 확률이 높아집니다.

좋지 않은 예시	이 리뷰에 대한 답변 작성해줘.
좋은 예시	이 리뷰에 대한 답변을 **세심하고 따뜻한 톤으로** 작성해줘. **중간중간에 이모티콘도** 적절히 넣어줘.

PCTF 기법을 기억하자!

프롬프트에 딱 정해진 정답은 없지만, 누구나 쉽게 기억하고 바로 써볼 수 있는 PCTF 기법을 소개합니다.

PCTF
Persona (역할 설정) : 너는 지금 이 역할을 맡은 거야.
Context (상황 설명) : 현재 상황은 이런 배경이야.
Task (요청 업무) : 이 작업을 부탁할게.
Format (출력 형식) : 이런 형식으로 출력 결과물을 보여줘.

PCTF 기법을 활용한 예시 프롬프트를 볼까요? "머릿결 좋아지는 법으로 블로그 써줘!"를 PCTF 기법을 적용하면 아래와 같이 요청할 수 있습니다.

[Persona]
너는 홍대에서 1인 미용실 운영 중인 디자이너야.

[Context]
요즘 고객들이 머릿결 관리를 많이 물어봐. 블로그에 올릴 글이 필요해.

[Task]
머릿결 좋아지는 법을 주제로 블로그 글을 작성해줘.

[Format]
인사 → 공감 상황 → 관리 팁 3가지 → 마무리 문장으로 구성해줘. 키워드는 '머릿결 좋아지는 법'이야.

프롬프트를 그냥 단순하게 입력하면, AI가 맥락을 제대로 파악하지 못해 엉뚱한 방향으로 답하거나 너무 포괄적이고 애매한 답변이 돌아올 수 있습니다. 하지만 PCTF 구조로 질문을 설계하면, AI가 지금 '누구의 입장에서', '어떤 상황에서', '무엇을 해야 하는지', '어떻게 보여줘야 하는지'를 정확히 이해하고 반영할 수 있기 때문에, 훨씬 더 정확하고 실용적인 결과물을 받을 수 있습니다.

4. AI로 헤어모델 만들기

마케팅 비법에 대해 알아보기 전, 헤어 포트폴리오를 쌓고 나누는 것이 기본 중의 기본인 헤어디자이너. AI로 내가 원하는 분위기의 헤어모델을 제작하는 법을 먼저 알아보겠습니다!

챗GPT로 내가 원하는 디자인 감성 그대로 헤어모델 만들기

01 챗GPT에 들어와 새 채팅을 눌러줍니다.

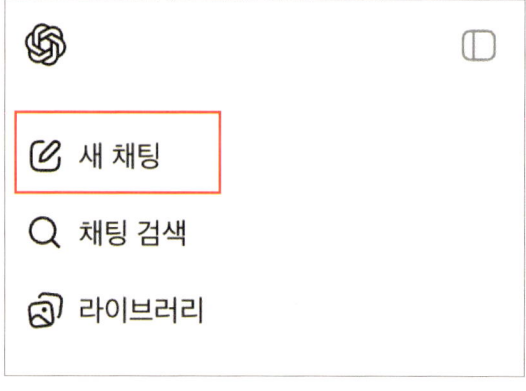

〈그림 9〉 새 채팅 시작

02 도구에 [이미지 그리기]를 선택해줍니다.

〈그림 10〉 도구 [이미지 그리기] 선택

03 이제 헤어모델 제작을 위한 프롬프트를 요청할 차례입니다!

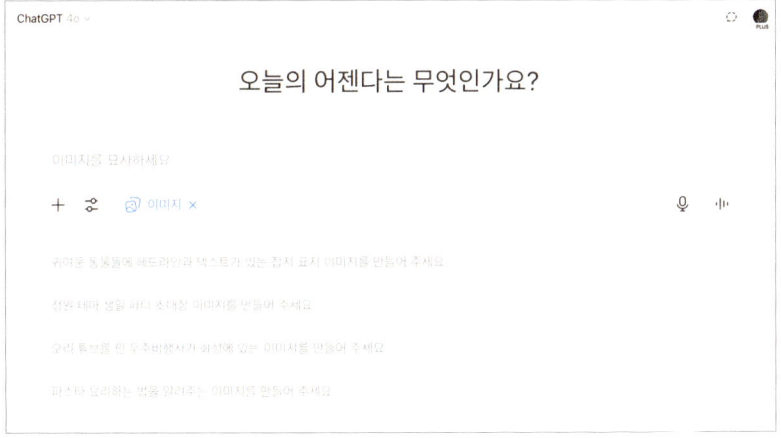

〈그림 11〉 이미지 프롬프트를 작성할 차례

chapter 1 예약창 꽉꽉 찬 헤어디자이너는 뭐가 다를까 33

나만의 헤어모델 프롬프트 공식

　헤어모델 제작은 구체적이면 구체적일수록, 확실하면 확실할수록 내가 원하는 감성과 분위기 그대로를 지닌 헤어모델을 제작하기가 수월해집니다.
　그냥 "20대 긴머리 헤어모델 만들어줘"라고 간단하게 요청해도 되지만, 더욱 마음에 드는 고퀄리티의 결과물을 얻기 위해 아래 예시로 넣은 프롬프트 구성을 따라주세요!

카테고리	세부항목	예시
모델	나이/국적/성별	23세 한국인 여성
	얼굴 생김새	달걀형 얼굴에 연한 쌍커풀을 지닌 큰 눈과 도톰한 입술
	표정	살짝 자연스러운 미소를 머금고 있음
	피부 질감	21호 톤의 맑고 밝은 얼굴 톤, 뽀송한 피부 표현
	메이크업	봄 웜톤, 코랄빛의 입술 색상, 과하지 않은 청순한 메이크업
	의상	깔끔한 브이넥의 하얀색 블라우스
	액세서리	실버 목걸이와 실버 링 귀걸이
헤어	기장	허리에 닿을락 말락 하는 긴 기장
	앞머리 유무	앞머리 없음
	컷	층이 많이 나누어진 레이어드컷
	펌	여성스러운 웨이브 S컬펌
	컬러	봄 웜톤에 잘 어울리는 부드러운 밀크 브라운
	텍스쳐	가벼운 질감으로 트렌디한 느낌

촬영	포즈	자연스럽게 서 있음
	각도/시선	카메라를 정면으로 바라보고 있음
	배경	하얀색 깔끔한 스튜디오 배경
	조명	헤어 스타일이 잘 드러나는 밝은 조명
	분위기	사랑스러운 분위기
	촬영 카메라	아이폰 15프로
	사진 비율	3:4 세로형 비율

04 헤어모델 프롬프트 공식에 맞게 챗GPT에게 모델 이미지 제작을 요청합니다.

> 헤어모델 이미지를 제작해줘. 모델은 23세 한국인 여성이고 달걀형 얼굴에 연한 쌍꺼풀이 있는 큰 눈과 도톰한 입술을 가지고 있어. 살짝 자연스러운 미소를 머금고 21호의 맑고 밝은 얼굴 톤을 가지고 있어, 피부 표현은 뽀송하게 되어 있고 메이크업은 전체적으로 과하지 않은 청순한 봄 웜톤 메이크업이야. 코랄빛의 입술 색상이 잘 어울려. 옷은 깔끔한 브이넥의 하얀색 블라우스를 입고 있고 실버 목걸이와 실버 링 귀걸이를 하고 있어. 머리 기장은 허리에 닿을락 말락 하는 롱 기장이야. 앞머리는 없어. 층이 많이 나누어진 레이어드컷이고 여성스러운 웨이브 S컬펌이야. 머리 색상은 봄 웜톤에 잘 어울리는 부드러운 밀크 브라운 컬러야. 전체적인 텍스쳐가 가벼워서 트렌디하다는 느낌이 들어. 모델은 자연스럽게 서 있고 카메라를 정면으로 바라보고 있어. 배경은 깔끔한 하얀색 스튜디오야. 헤어스타일이 잘 드러나는 밝은 조명이야. 사랑스럽고 세련된 분위기가 잘 담겨 있어. 아이폰 15프로로 찍은 사진이야. 비율은 3:4 세로 비율이야.

〈그림 12〉 헤어모델 제작을 위한 프롬프트 요청

05 챗GPT가 헤어모델 이미지를 만들어주었습니다!

〈그림 13〉 챗GPT가 만들어준 헤어모델

06 이번에는 남자 헤어모델도 한 번 만들어볼까요?

> 헤어모델 이미지를 제작해줘. 모델은 30세 한국인 남성이고 턱선이 강조되는 얼굴형과 쌍커풀이 없는 무쌍의 눈 오똑한 코 도톰한 입술을 가지고 있어. 얼굴에는 점이 몇 개 있고 살짝 탄 듯 25호 정도의 얼굴 톤을 가지고 있어. 옷은 체크무늬 셔츠를 입고 있고 안에는 검은색 나시를 레이어드해서 입고 있어. 은색 목걸이를 차고 있어.
>
> 머리 기장은 너무 짧지 않은 중간 기장이야. 가르마가 양쪽으로 타진 애즈펌 스타일이야. 머리 컬러는 검정에 가까운 브라운이야. 전체적인 헤어 볼륨이 잘 살아있고 요즘 유행하는 애즈펌 스타일로 이마가 예쁘게 드러나있어. 모델은 정면을 응시하고 있고 배경은 깔끔한 회색 벽의 스튜디오야. 모델의 머리와 얼굴이 확실하게 보이는 밝은 빛의 조명이야. 모델의 트렌디한 분위기가 고스란히 담겨 있어. 아이폰 12로 촬영한 사진이야. 비율은 3:4 세로 비율이야.

〈그림 14〉 남자 헤어모델 프롬프트 요청

07 원하는 느낌 그대로 헤어모델 이미지가 잘 만들어졌습니다.

〈그림 15〉 완성된 남자 헤어모델

앞으로 활용할 우리의 친구, AI에 대해서도 알아보았으니 이제 본격적으로 예약창 꽉꽉 찬 헤어디자이너가 되는 여행을 시작해 보겠습니다. 준비되셨죠?

chapter **2**

미용실 온라인 매장, 스마트플레이스

예약창 꽉꽉 찬 미용사

2-1 스마트플레이스는 왜 중요한가

우리 샵의 온라인 매장

첫 번째로 함께할 플랫폼은 바로 헤어디자이너와 떼려야 뗄 수 없는 '네이버 스마트플레이스'입니다.

다 함께 한 가지 상황을 상상해 볼까요? 나는 지금 강남역 근처에서 머리를 급하게 잘라야 하는 20대 남자입니다. 미용실을 빨리 찾아야 합니다. 가장 처음에 무엇을 할까요? 바로 네이버에 [강남역 미용실]을 검색할 것입니다.

검색했더니 수많은 미용실의 정보가 나옵니다. 그중 상단에 노출되어 있거나, 헤어스타일이 마음에 들거나, 별점이 유독 높거나, 마음에 드는 요소가 있는 곳을 골라 더욱 자세한 정보를 살펴보게 됩니다.

〈그림 1〉 네이버에 [강남역 미용실] 검색결과

실제 방문자들의 후기, 시술 메뉴와 가격, 예약 가능한 날짜 등을 확인하고 가장 마음에 드는 곳에 예약까지 진행합니다. 위 시나리오는 가장 보편적인, 고객이 미용실을 방문하게 되는 루트 중 하나입니다.

직접 네이버에 키워드를 검색해서 찾지 않더라도, 지나가다가 우연히 본 미용실에 관심이 생기는 경우도 있습니다. 그럼 어떻게 할까요? 네이버에 해당 미용실 이름을 검색해 궁금한 정보들을 자세하게 알아봅니다. 문을 열고 들어가 얼굴을 보고 물어볼 필요가 없습니다. 자세한 모든 정보를 혹은 내가 상상했던 그 이상의 정보들을 스마트플레이스를 통해 확인할 수 있으니까요.

블로그, 인스타그램, 유튜브 등 다양한 SNS를 통해서 특정 헤어디자이너에게 관심이 생겼다 해도 마찬가지입니다. 최종적으로 스마트플레이스에 들어와 해당 헤어디자이너와 샵에 대한 정보를 확인한 후 예약을 할지 말지 결정하게 됩니다. 모든 마케팅의 가장 중요한 포인트인 '최종 구매전환'은 바로 스마트플레이스에서 일어납니다.

스마트플레이스는 고객이 직접 방문하기 전 우리 매장을 고객의 시선에서 미리 충분히 경험할 수 있게 만들어줍니다. 스마트플레이스는 단순 정보 제공 그 이상의 온라인 매장 역할을 톡톡하게 합니다.

최대 매출 31배까지 성장

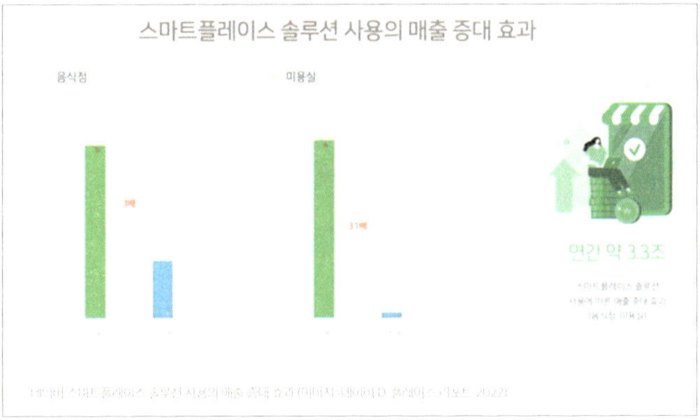

〈그림 2〉 출처: 네이버 D플레이스 리포트 2022

그렇다면 스마트플레이스가 만들어내는 매출 증대 효과를 데이터로 살펴볼까요? 네이버 데이터랩 플레이스 리포트에 따르면 스마트플레이스 솔루션 사용으로 인해 미용실에서는 무려 최대 31배까지의 매출 증대 효과가 일어난다고 합니다.

 스마트플레이스를 잘 활용하는 것만으로도 매장 매출에 바로 긍정적인 영향을 지대하게 미칠 수 있다는 것이죠. 수많은 헤어디자이너에게 스마트플레이스는 익숙한 툴이겠지만 제대로 갖춰 두고 사용하는 미용실은 생각보다 찾기 어렵습니다. 무려 최대 31배의 매출 증대 효과의 가능성을 지니고 있는데, 기본적인 세팅을 해 두지 못해 기회를 놓친다면 너무나 안타깝지 않을까요?

스마트플레이스로 모든 걸 활용하는 1인샵

〈그림 3〉 스마트플레이스 하나로 모든 살롱 업무를 해결

 경기도 양주에서 1인샵을 운영한 지 1년 차인 A원장님은 스마트플레이스를 통해서 고객 응대, 이벤트, 시술 정보, 결제까지 모든 과정을 한 번에 해결한다고 합니다. 운영 방식을 살펴보면, 대부분의 고객은 네이버 스마트플레이스를 통해서 유입되며 시술 과정 및 가격에 대해 스마트플레이스에 매우 자세하게 입력해 두었기에 전화로 문의를 하는 경우가 거의 없다고 합니다.

추가로 궁금한 사항이 있을 경우에는 네이버에서 무료 제공하는 고객 응대 플랫폼인 '네이버 톡톡'을 활용해 24시간 원하는 시간에 채팅으로 고객들과 상담한다고 합니다. 시술 중이거나 매장에 상주하지 않는 상황에도 진화로 인한 방해 없이 원활한 소통이 이루어진다고 합니다.

주기적으로 진행하는 이벤트와 프로모션도 스마트플레이스를 통해 고객들에게 안내하고 있으며 이로 인해 매출 증대에 큰 영향을 미친다고 합니다. 또한 고객이 매장에 방문하기 전, 시술 가격과 시술 과정에 대한 정보를 스마트플레이스를 통해 미리 숙지하고 오기에 시술 전 상담역시 훨씬 수월하게 진행된다고 합니다.

마지막 결제 과정에서도 고객 입장에서 어느 정도 금액이 나올 거라는 확실한 정보가 있기에 가격에 대한 컴플레인이 들어올 일 또한 없고, 고객이 시술을 마치고 돌아간 후에는 네이버 톡톡 메시지를 통해 셀프 관리 방법을 안내해줌으로써, 마지막까지 세심한 소통으로 고객에게 강렬한 인상을 남긴다고 합니다.

톡톡 메시지에 셀프 관리 안내와 함께 남긴 자연스러운 리뷰 요청으로 오픈 첫 3개월 동안은 예약 대비 리뷰율이 무려 96%였다고 합니다. (아마 리뷰 이벤트를 진행해도 이렇게 높은 리뷰율을 달성하기는 어려울 것입니다.) 현재 A원장님의 총 리뷰수는 오픈 1년 만에 무려 1,000개에 달합니다.

시술부터 응대까지 혼자 모든 것을 해결해야 해 정신없고 바쁜 1인샵에게 오로지 시술시간에는 시술과 해당 고객에게만 집중할 수 있도록 도와주는 플랫폼인 네이버 스마트플레이스는 매우 유용한 플랫폼입니다.

이제 스마트플레이스는 단순한 예약 채널을 넘어, 고객이 방문하기 전부터 우리 매장을 직간접적으로 경험하게 해주는 '온라인 속 우리 매장'이 되었습니다.

스마트플레이스 알고리즘

　스마트플레이스 기본 등록을 시작하기 전 스마트플레이스는 어떤 알고리즘으로 돌아가는지 먼저 파악해 보겠습니다. 스마트플레이스는 '최종 구매전환'이 일어나는 매우 중요한 단계입니다. 고객들의 최종 구매전환율을 높이는 것이 우리가 스마트플레이스를 운영하는 목표입니다.

　네이버를 통해 미용실에 대한 정보를 찾는 고객들은 [검색 → 노출 → 클릭 → 예약] 위 4가지의 루트를 거쳐 최종 단계에 도달하게 됩니다. 과정들을 자세하게 살펴보며 어떤 요소들을 채우면 고객과 더욱 많이 만날 수 있을지 체크해 보겠습니다.

고객들은 어떻게 검색할까?

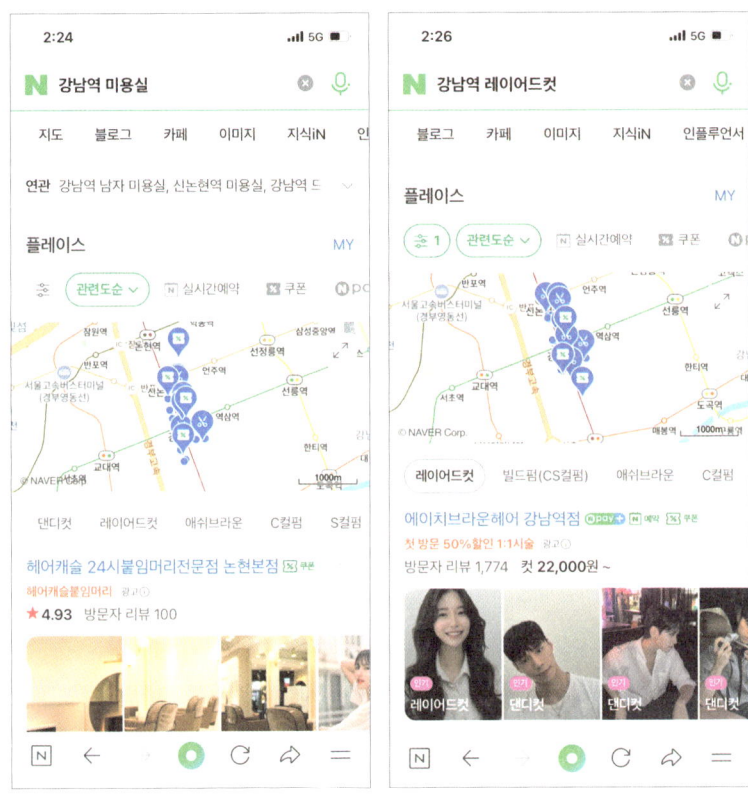

〈그림 2〉 지역+미용실 검색   〈그림 3〉 지역+스타일명 검색

강남역 미용실(지역+미용실) 강남역 레이어드컷(지역+스타일명) 대부분의 고객은 지역+미용실/스타일명 두 가지 케이스로 검색하게 됩니다.

키워드를 검색하면 어떤 정보가 나올까?

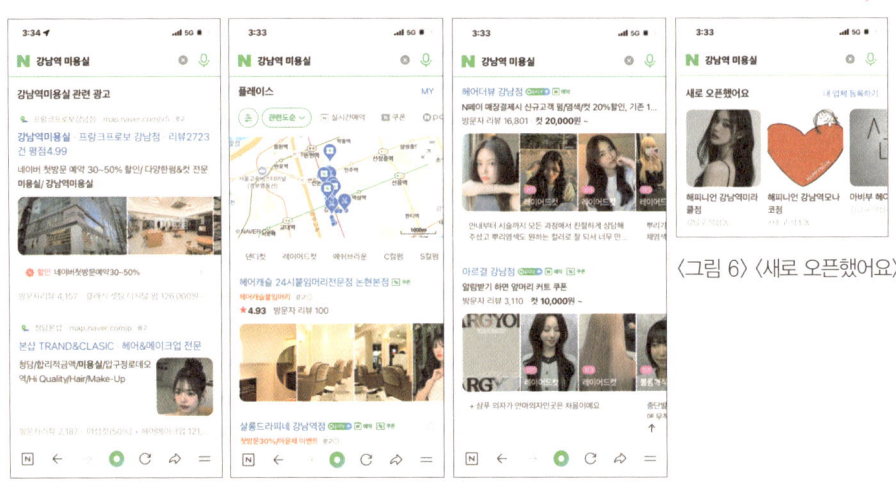

〈그림 3〉 파워링크 광고 〈그림 4〉 플레이스 광고 〈그림 5〉 플레이스 검색결과

〈그림 6〉 〈새로 오픈했어요〉

    키워드를 검색하면 차례대로 광고영역/플레이스 검색결과/〈새로 오픈했어요〉 3가지의 영역이 나오게 됩니다. 주요 노출 영역의 순서는 고정되어 있지 않고, 네이버의 검색 알고리즘과 컬렉션 랭킹에 따라 유동적으로 변경됩니다.

    광고는 파워링크와 비즈사이트로 이루어져 있으며 클릭할 때 비용이 발생하게 됩니다. 플레이스 검색결과는 여러 가지 네이버 자체의 알고리즘과 유저가 직접 설정할 수 있는 필터 정렬로 업체들의 검색결과가 노출됩니다. 마지막으로 〈새로 오픈했어요〉는 사업자등록증상 오픈 90일 이내의 업체에게 네이버가 제공하는 노출 영역입니다. 〈새로 오픈했어요〉 조건에 적합할 경우 스마트플레이스 등록 후 해당 서비스를 무료로 신청할 수 있습니다.

플레이스 검색결과

〈그림 7〉 플레이스 필터

〈그림 8〉 여러 테마

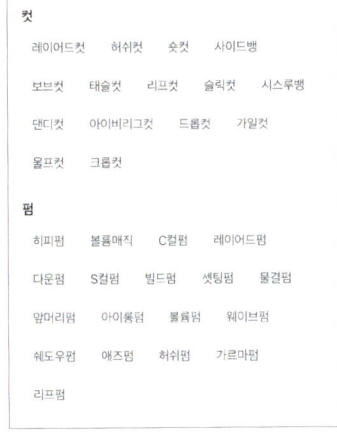

〈그림 9〉 스타일 필터 1

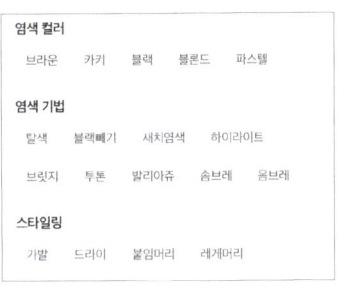

〈그림 10〉 스타일 필터 2

플레이스 검색결과는 네이버 측의 알고리즘과 설정 가능한 필터를 기준으로 업체들의 순위가 결정됩니다. 지역+미용실 키워드 검색결과에서는 관련도가 우선적으로 선택되며, 지역+스타일명을 검색했을 때는 자동으로 알맞은 시술 스타일 필터가 적용되어 검색결과가 노출되게 됩니다.

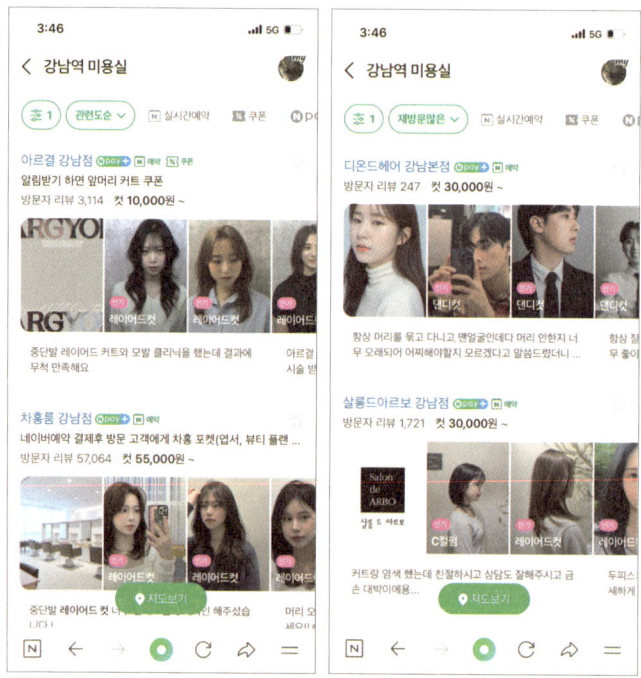

〈그림 11〉 관련도순에 다른 검색 순위   〈그림 12〉 [재방문 많은] 필터 적용

전에는 스타일탭을 노출시켜 특정 디자이너의 시술을 보여주었다면, 이번 업데이트를 통해서는 고객들이 더욱 구체적인 키워드를 검색할 수 있으며 그 키워드와 가장 잘 맞는 미용실을 쉽게 찾을 수 있게 되었습니다. 필터 검색결과에 상위노출되려면 우리 매장이 해당 키워드를 반복적으로 인식시켜야 하는 것입니다.

스타일 필터는 스타일 정보 등록 후 네이버 페이 결제를 했을 때 인기스타일로 등록된 결과를 통해 해당 스타일 키워드에 노출됩니다. 스타일탭이 사라졌지만, 인기스타일이 사라진 것은 아닙니다. 네이버가 미용실과 스타일의 정보를 인식하는 것은 여전히 인기스타일입니다.

여전히 검색결과 아래 [인기스타일리스트] 결과를 보여줍니다. 해당 업데이트는 계속해서 네이버 측에 따라 변경됩니다(2025년 6월 기준).

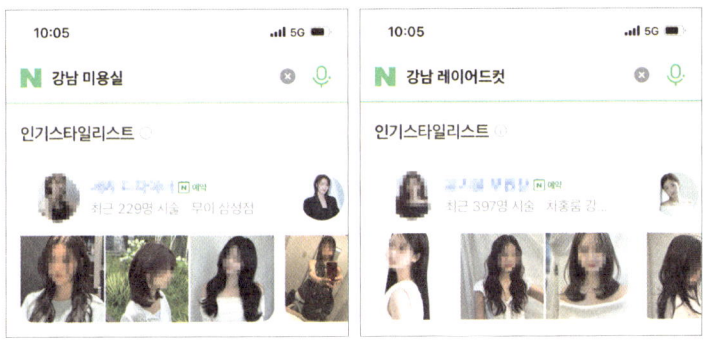

〈그림 13〉 지역명+미용실 인기스타일리스트 노출

〈그림 14〉 지역명+스타일명 인기스타일리스트 노출

여러 가지 필터 중 '재방문 많은' 필터는 비교적 최근에 추가되었습니다.

〈그림 15〉 [재방문 많은] 라벨이 붙은 헤어디자이너 예약상품

정확히 알려진 기준은 없으며, 네이버 내부에서 설정된 재방문율 기준을 6개월 이내에 넘으면 컷/펌/염색 카테고리와 함께 [재방문 많은] 라벨이 예약상품에 붙게 됩니다.

플레이스를 클릭하게 되면 보이는 것들

검색결과 중 우리 매장의 플레이스를 선택하게 되면 그다음은 스마트플레이스 메인 홈 화면으로 들어오게 됩니다. 스타일 사진을 누르면 해당 스타일이 등록되어 있는 스타일 창으로 넘어가기도 합니다.

상위노출의 핵심은?

핵심은 스마트플레이스를 구성하고 있는 여러 요소(기본정보, 가격 메뉴, 스타일 정보, 예약상품, 리뷰, 소식)를 기본적으로 잘 채워둔 후 한걸음 더 나아가면 통일성 있는 대표 키워드를 반복하여 인식시키는 것입니다.

예를 들어보겠습니다. 홍대 걷고 싶은 거리에서 레이어드컷을 시그니처로 밀고 있는 1인샵 미미살롱의 미미원장님을 떠올려보겠습니다.(가상 인물) [홍대 레이어드컷]의 키워드를 잡으려면 기본적으로 메뉴에 레이어드컷이 있어야 하고, 업체 소개글에도 [홍대] [레이어드컷] 두 가지 키워드가 담겨야 하고, 스타일 정보에는 레이어드컷을 업로드해두고 네이버 페이 결제 후 꾸준하게 레이어드컷을 인기스타일 항목으로 선택해야겠죠. 고객들에게 받은 리뷰에도 레이어드컷 키워드가 반복된다면 네이버 측에서는 높은 점수를 매길 수밖에 없게 됩니다.

스마트플레이스 역시 명백하게 밝혀진 알고리즘은 없습니다. 중요한 건 제공하는 요소들을 최대한 잘 채우고 내가 밀고 싶은 핵심 키워드를 반복하여 노출시키고 실제 고객들이 머물고 예약하고 리뷰를 작성하고 재방문하는 과정들이 쌓이면서 상위노출되는 것입니다.

네이버 측에서 점점 더 세밀한 검색 필터를 제공할수록 고객들을 만날 수 있는 가능성은 모두에게 공평해진다고 생각합니다. 내가 잘하는 시술을 정말 원하는 고객과 만날 수 있는 가능성이 커지는 것이니까요.

그럼 이제 스마트플레이스 업체 등록부터 시작해 볼까요?

스마트플레이스 기본 세팅하기

1. 스마트플레이스 업체 등록하기

〈그림 1〉 매장 경쟁력 필수 조건, 플레이스

지금부터 스마트플레이스 기본 세팅을 함께 진행해 보겠습니다. 스마트플레이스의 핵심은 '정보 전달'입니다. 기타 SNS처럼 매장의 상황에 맞추어 꾸준한 업데이트가 필요하지만, 더욱 중요한 건 우리 매장 정보를 미리 확실하게 기입해 두는 것입니다.

생각보다 많은 샵들이 스마트플레이스를 처음 등록하는 것에 있어 어려움을 느낍니다. 이미 스마트플레이스가 만들어져 있다면, 수정 버튼을 눌러 내가 놓쳤던 부분을 보강하면 되고, 곧 샵을 오픈할 예정이라면 스마트플레이스 개설을 아래 내용에 맞춰 함께 진행하면 됩니다. 스마트플레이스 대표 운영자가 아니라도, 스마트플레이스 관리는 헤어디자이너에게 필수이니 모든 항목을 꼼꼼하게 체크하고 있는 것이 좋습니다.

업체 신규등록하기

모바일로도 스마트플레이스 등록이 가능하지만, 추후에 추가 기능 연동 시 PC로만 가능한 부분이 있어 PC진행을 권장합니다.

01 네이버에 [스마트플레이스] 검색 후 페이지에 접속합니다. 로그인 후 [업체 신규등록] 버튼을 클릭합니다.

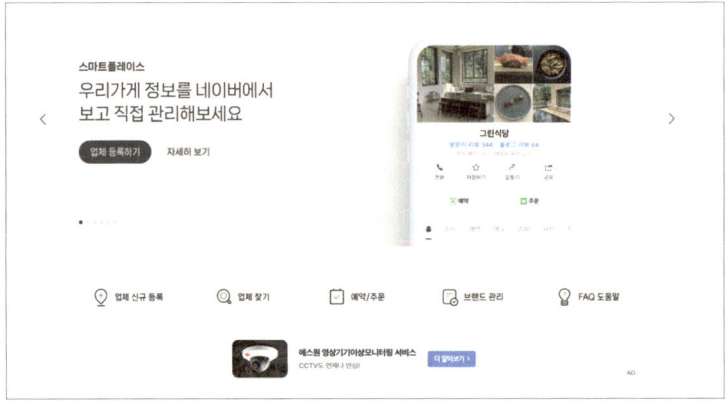

〈그림 2〉 스마트플레이스 페이지에 접속

02 미용실 업종을 선택합니다. (프랜차이즈의 경우 프랜차이즈명 택)

〈그림 3〉 업종 검색

03 등록 전 안내사항 확인한 후, 사업자 정보 확인을 진행한 후 서비스약관 동의 후, 사업자등록증 파일을 업로드합니다.

〈그림 4〉 사업자등록증 첨부

04 사업자 정보가 자동으로 반영됩니다. 수정사항이 필요할 경우 수정합니다.

〈그림 5〉 사업자 정보 확인

05 중복 업체를 조회합니다. 중복 업체가 있을 경우 주인 변경 혹은 삭제 요청을 진행합니다. 없을 경우에는 신규등록을 진행합니다.

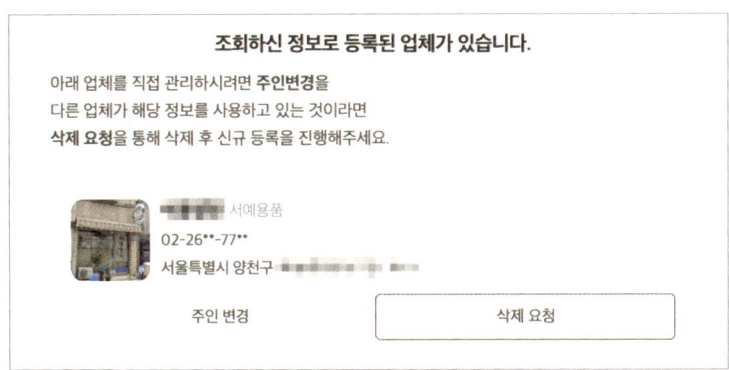

〈그림 6〉 중복 업체가 있을 경우

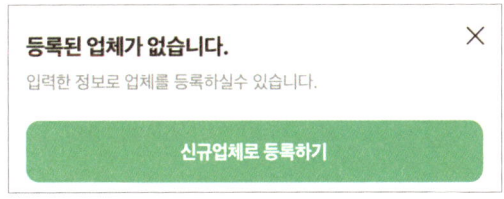

〈그림 7〉 중복 업체가 없을 경우

기본정보 등록하기

01 업체명을 입력합니다.

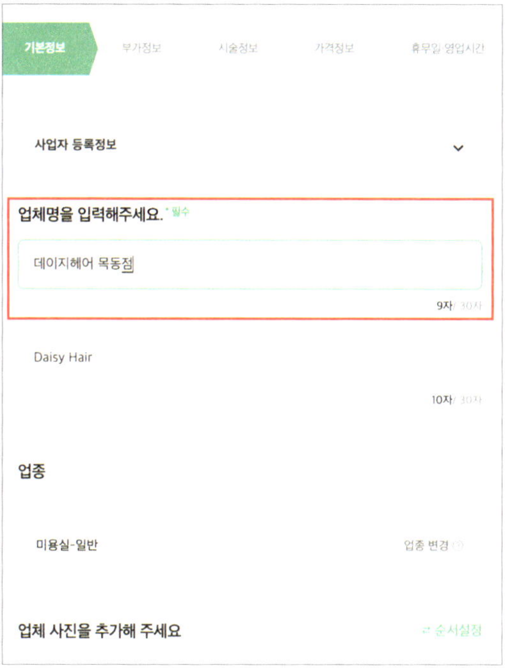

〈그림 8〉 업체명 입력

　　업체명에는 샵 이름 뒤에 지역명을 추가해 주는 게 좋습니다. 업체명은 네이버 키워드 검색 시 노출되는 가장 대표적인 메인 키워드이므로, 지역명을 추가하여 키워드 검색 시 노출 효과를 극대화할 수 있습니다.

ex) 데이지헤어 → 데이지헤어 목동점

02 업체 사진을 추가합니다.

〈그림 9〉 업체 사진 추가하기

〈그림 10〉 실제 노출되는 업체 사진

　업체 사진 항목에는 우리 샵의 내부와 외부 사진을 추가하면 됩니다. 스타일 정보가 올라가기 전에는 우선적으로 업체 사진이 스마트플레이스 대표 사진으로 노출됩니다. 업체 사진은 스마트플레이스 등록 후 메인 홈에 [사진] 카테고리에 [업체] 키워드를 누르면 확인할 수 있게 됩니다.

　요즘에는 샵 인테리어에 대해서도 관심 있어 하는 고객이 많기 때문에 우리 샵의 분위기와 감성이 잘 담겨 있는 깔끔한 사진으로 업로드해 두는 것을 추천합니다. 최대 120장까지 업로드가 가능하며 업로드 후 직접 노출 순서를 설정할 수 있습니다.

03 상세설명을 입력합니다.

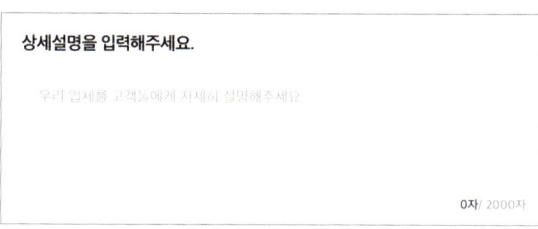

〈그림 11〉 상세설명 입력하기

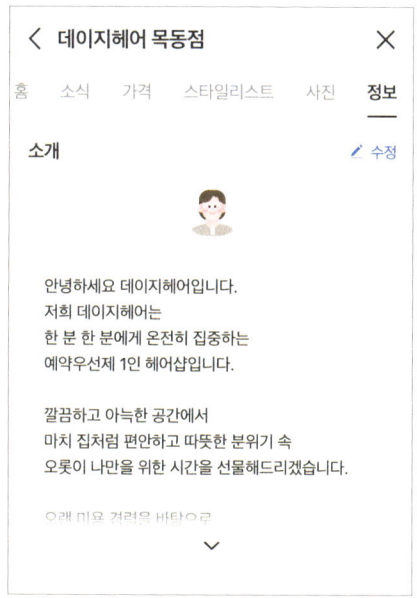

〈그림 12〉 실제 노출되는 상세설명

　상세설명은 고객들에게 우리 매장이 어떤 매장인지 소개하는 소개글입니다. 스마트플레이스 메인 홈, 가장 끝 쪽 정보란에 노출되며 너무 길고 복잡한 말들보다는 친근하면서도 명확하게 고객들에게 우리 매장을 소개하면 됩니다.

04 대표 키워드를 설정합니다.

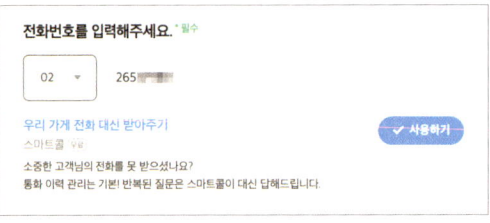

〈그림 13〉 매장 대표 키워드 설정

대표 키워드는 최대 5개까지 설정할 수 있습니다. 대표적으로 [지역명 + 미용실], [지역명 + 시술명]과 같은 조합으로 키워드를 설정합니다. 무조건 검색수가 많은 키워드를 설정하는 것보다는, 우리 매장이 핵심 타깃에게 잘 노출될 수 있는 키워드를 고르는 것이 유리합니다.

05 매장 대표 연락처를 입력합니다. (010 번호, 추가 인증 필요)

〈그림 14〉 매장 대표 전화번호 입력

아래 표시되어 있는 스마트콜은 무엇일까요? 스마트콜은 네이버에서 무료로 제공하는 가상 전화 연결 서비스입니다. 스마트콜의 목적은 가상 번호를 통해 유입된 고객의 통화를 추적하여 데이터 분석에 활용할 수 있도록 만들어졌습니다. 또한 간단한 안내 사항들을 미리 적어두면 전화를 받지 못 했어도 자동 음성 안내를 통해 고객들에게 전달할 수 있는 유용한 도구입니다.

아래 사용 중 버튼을 누르면 자동으로 스마트콜이 활성화됩니다. 우선 활성화를 시켜둔 뒤, 나중에 스마트콜 설정을 변경할 수 있는 항목에서 자동 ARS멘트를 직접 추가할 수 있습니다. 스마트콜 활용 방안에 대해서는 기본정보 등록 후 스마트플레이스 활용 부분에서 다룰 예정입니다.

06 주소를 입력합니다.

〈그림 15〉 매장 주소 입력

〈그림 16〉 업체 위치 확인하기

주소 입력란에는 우리 매장의 주소를 정확하게 기입해 주면 됩니다. 사업자등록증상의 주소와 매장 주소가 다른 경우에는, 무조건 매장 주소를 입력해야 합니다.

위치를 입력하고 나면 지도상 파란색 핀이 우리 업체의 위치를 정확히 나타내는지 확인 가능한 화면이 나옵니다. 위치가 맞는 경우에는 [이 위치가 맞아요] 버튼을, 다른 경우에는 [아니요, 위치가 달라요] 버튼을 눌러 직접 수정하면 됩니다.

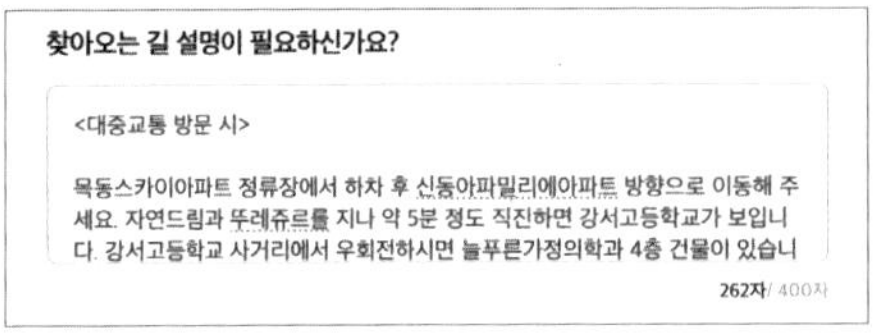

〈그림 17〉 찾아오는 길 설명

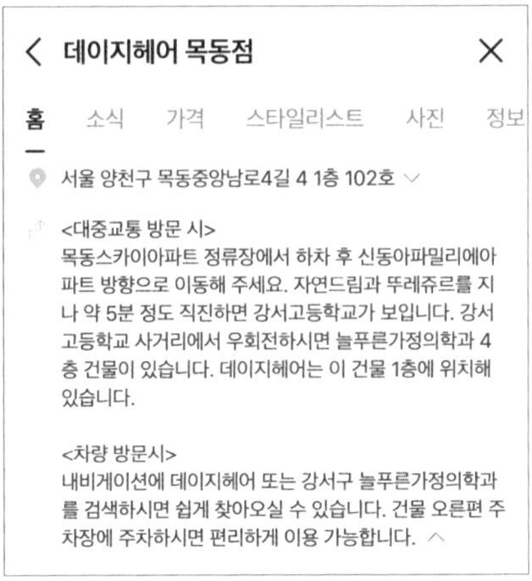

〈그림 18〉 실제 노출되는 찾아오는 길

　생각보다 많은 미용실이 바로 찾기 어려운 장소에 위치해 있는 경우가 많습니다. 우리는 매일 오고 가는 길이니 느끼지 못하겠지만, 고객은 오늘이 초행길입니다. 처음인 고객이 샵을 수월하게 방문할 수 있으려면 찾아오는 길에 대한 설명을 자세하게 적어두는 것이 좋습니다.

　대중교통은 어떻게 이용하는 게 편리한지, 자차로 방문한다면 주차장의 유무와 주차장이 없을 경우 주변 유료 주차장에 대한 안내, 매장 위치 인식을 위해 주변 프랜차이즈 매장이나 조형물을 활용한 자세한 설명 등 고객들이 쉽고 빠르게 찾아올 수 있도록 미리 적어주세요.

07 업체 등록 신청이 완료되었습니다.

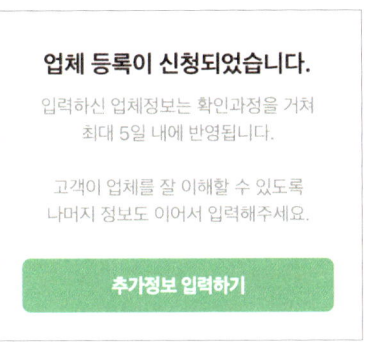

<그림 19> 업체 등록 완료

이제 다음으로는 부가정보 입력으로 넘어가겠습니다.

부가정보 등록하기

01 우리 미용실이 제공하는 시설과 주차 정보를 입력합니다.

<그림 20> 제공하는 시설

<그림 21> 주차 정보 안내

02 업체를 표현할 수 있는 테
마와 장애인 편의시설, 결
제 수단 등 제공 가능한 항
목들에 대해 선택합니다.

〈그림 22〉 업체 제공 서비스 선택

03 우리 샵의 메인 링크를 연
결해줍니다.

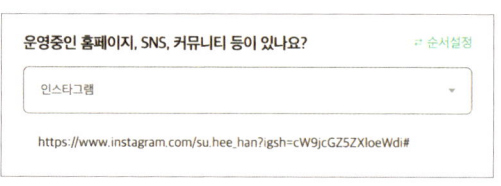

〈그림 23〉 메인 링크 연결

　지금 연결하는 링크는 스마트플레이스 홈에 노출되는 우리 샵을 대표하는 메인 링크입니다. 다인샵일 경우는 샵 메인 SNS를, 1인샵일 경우는 본인의 대표 SNS를, 또 홈페이지나 커뮤니티 등 추가 링크도 입력이 가능합니다.

스타일 정보 등록하기

25년 4월 17일 스마트플레이스의 대대적인 업데이트와 함께 기존 스타일리스트 목록이 예약상품과 통일되었습니다. 때문에 스타일리스트 정보는 네이버 예약상품 등록을 통해 진행할 수 있으며, 스마트플레이스에서는 스타일 정보 등록만 가능합니다. 단, 예전처럼 스타일 정보 등록 후 특정 디자이너 연결은 예약상품 연결로 가능합니다.

네이버 예약을 사용하지 않는 미용실의 경우에는 스타일 정보 등록 하단에 설명글과 업체 정보글을 활용하여 스타일리스트를 소개해야 합니다.

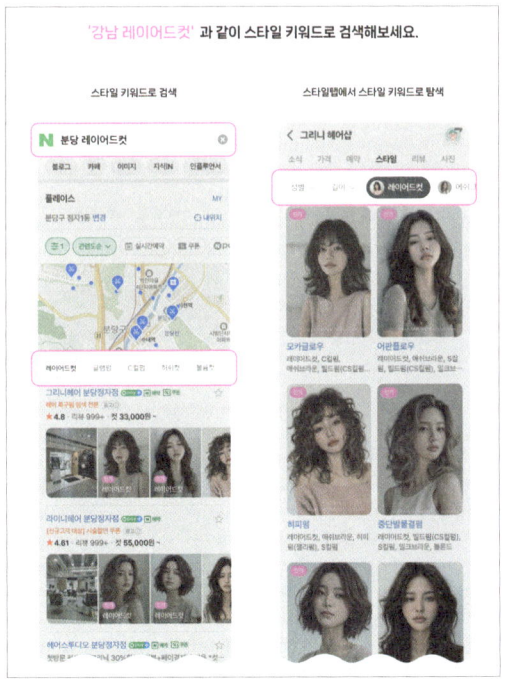

〈그림 24〉 2025년 4월 네이버 스마트플레이스의 업데이트

스타일 정보를 추가하고 나면 위와 같이 스마트플레이스 메인 홈 카테고리 중 [스타일] 부문에 노출됩니다. 또한 스타일 정보 등록 과정에서 우리가 포함시킨 키워드로 네이버 측에서 매장을 검색결과로 노출시킵니다.

01 기장에 따른 추가 요금을 입력해준 뒤 스타일 정보를 추가해 보겠습니다.

〈그림 25〉 기장 추가 요금 설정

02 스타일 정보 추가하기

〈그림 26〉 스타일 정보 추가하기

(1) 나의 스타일이라는 것을 명시하기 위해 이름+기장+컷+펌 or 염색 조합으로 입력하는 것이 좋습니다. 플레이스의 핵심은 키워드를 반복적으로 사용해 인식시키는 것입니다. 스타일명은 우리가 지속적으로 네이버에 노출시킬 키워드를 정하는 핵심입니다.

(2) 스타일 카테고리를 선택합니다.

(3) 남여 성별을 선택한 후 기장을 선택합니다.

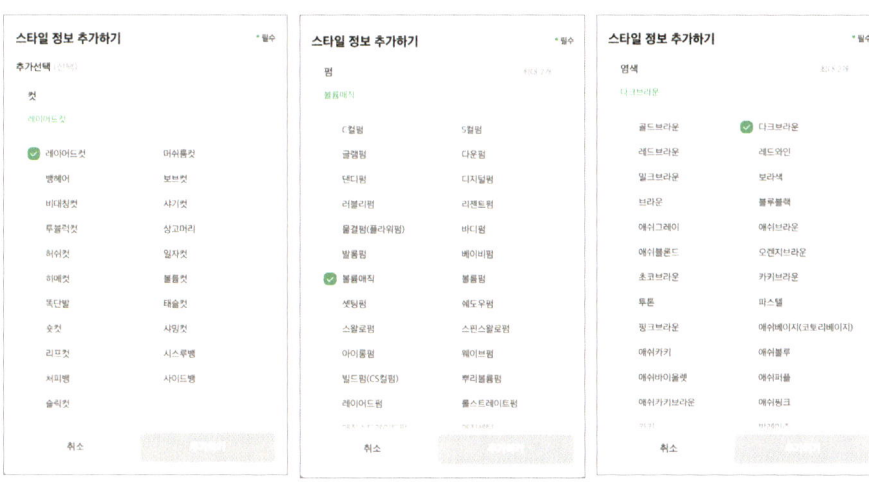

〈그림 27〉 컷   〈그림 28〉 펌   〈그림 29〉 염색

    기장까지 입력하고 나면 컷/펌/염색 카테고리마다 구체적인 스타일 정보를 추가할 수 있는 항목이 나옵니다. 컷은 최대 1개 나머지는 최대 2개까지 선택이 가능합니다. 이곳에서 선택한 키워드와 방금 전 스타일 명에 입력한 키워드의 조합이 중복되는 것이 중요합니다.

   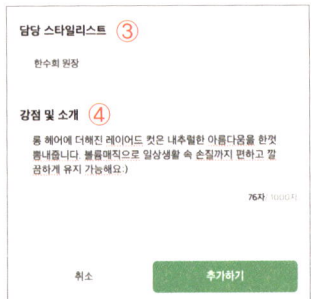

〈그림 30〉 스타일 사진 등록   〈그림 31〉 담당 스타일리스트 연결과 소개글

(1) 스타일 사진은 10MB 이하 최대 10장까지 등록 가능합니다. 정해진 특정 비율은 없지만, 스타일탭과 플레이스 대표 사진 노출을 고려했을 때 2:3 비율이 적절합니다. 여러 노출화면을 고려해 여백을 넉넉히 두는 것을 추천합니다.

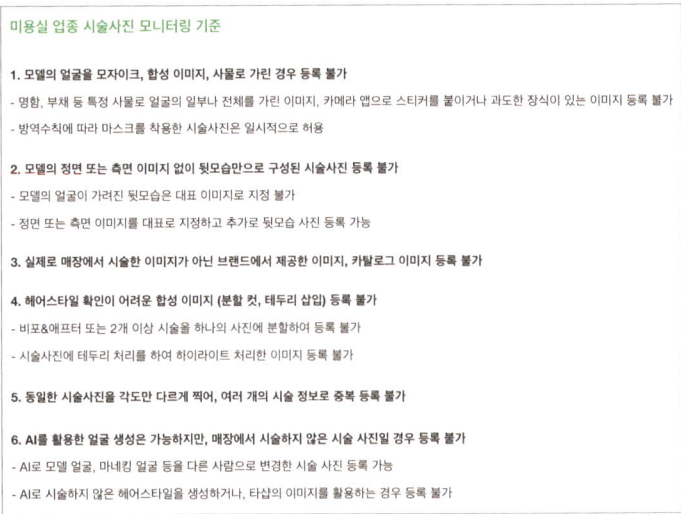

〈그림 32〉 스타일 사진 모니터링 기준

(2) 스타일이 어울리는 정보는 최대 6개까지 선택 가능합니다. 스타일 정보에서 추가하는 모든 것들은 추후에 검색 태그에 포함됨으로 누락 없이 등록하는 것이 좋습니다.

(3) 담당 스타일리스트 연결은 네이버 예약상품 등록 후 가능합니다. 스마트플레이스 등록이 완료되어야 네이버 예약 서비스 사용이 가능하니, 예약상품 등록 후 연결하실 수 있습니다.

(4) 해당 스타일 소개에 대한 자세한 문장을 적어줍니다. 여기서도 동일한 키워드를 꾸준히 반복하며 우리가 업로드할 스타일 정보를 네이버에 확실하게 인식시켜줍니다.

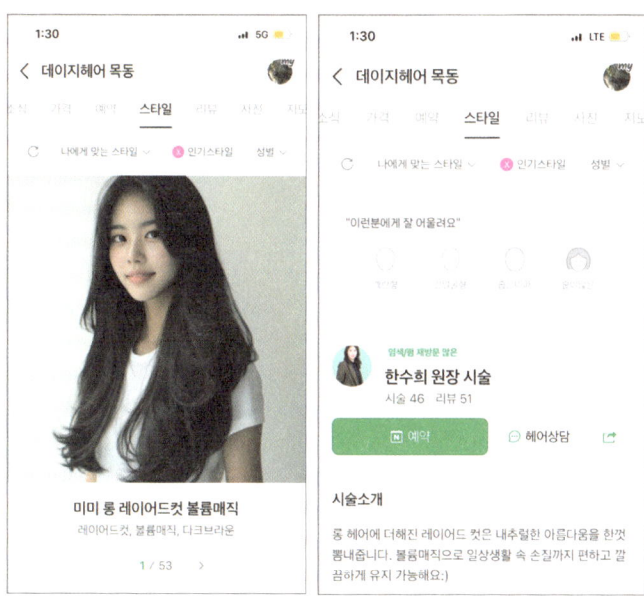

〈그림 33〉 스타일 정보 등록 후 노출되는 화면   〈그림 34〉 연결된 시술자와 시술 소개글

등록이 완료되면 위 화면과 같이 스타일탭에서 스타일 정보를 확인할 수 있습니다.

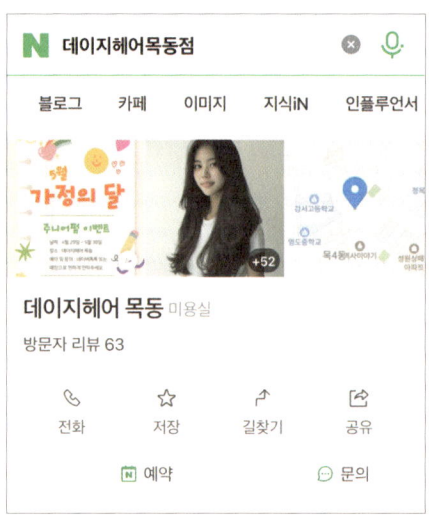

〈그림 35〉 대표 사진으로 노출되는 스타일 정보

　현재 기준(2025년 6월) 플레이스 대표 이미지는 대표 업체 이미지 1장 + 스타일 정보 최대 6장이 랜덤으로 노출됩니다.

　스타일 정보는 매장당 300개만 등록이 가능합니다. 다인샵의 경우는 각 헤어디자이너마다 어느 정도 동등한 양의 스타일 정보를 나누어서 업로드하는 것이 좋습니다. 또한 수량이 다 차고 난 후, 주기적으로 새롭게 업로드해 주는 것이 고객 입장에서 트렌드에 맞춰 변화하고 따라가는, 활성화된 곳이라는 걸 느낄 수 있게 해줍니다.

가격정보 등록하기

01 가격 정보를 등록할 차례입니다.

〈그림 36〉 가격표 사진 추가

우선 모바일로 볼 수 있는 메뉴판 사진을 업로드해줍니다.

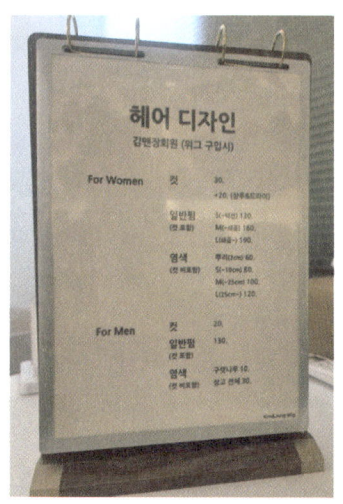

〈그림 37〉 한눈에 보기 어려운 메뉴판 사진

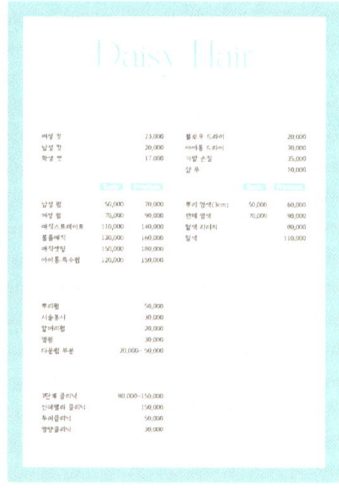

〈그림 38〉 한눈에 보기 쉬운 형태의 메뉴판 사진

사진형 메뉴판이라고 해서 실제 오프라인에서 사용하는 메뉴판을 핸드폰으로 찍어서 올리기보다는, 화면으로 눌러 확인했을 때 가시력 있게 한눈에 들어오는 이미지 파일로 만들어서 첨부하는 걸 추천합니다.

온라인 메뉴판의 경우에는 미리캔버스, 망고보드, 캔바 등 다양한 무료 디자인 템플릿 제공 웹사이트를 활용해 쉽게 만들 수 있습니다.

미리캔버스	https://www.miricanvas.com/
망고보드	https://www.mangoboard.net/
캔바	https://www.canva.com/

02 다음은 스마트플레이스 홈에서 가격 목록에 노출될 시술 가격을 추가할 차례입니다.

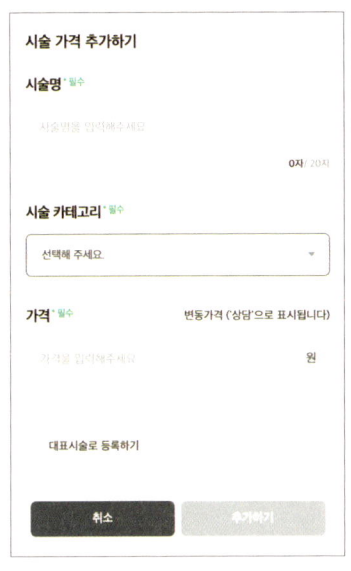

〈그림 39〉 시술 가격 추가하기

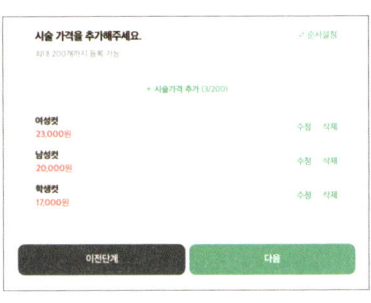

〈그림 40〉 추가된 시술 가격

시술명, 시술 카테고리, 가격을 알맞게 적어주세요. [변동 가격]을 누르면 해당 시술 가격이 변동으로 노출됩니다. [대표시술로 등록하기]를 누를 경우 대표시술 딱지가 붙어 노출됩니다.

최대 200개까지 등록이 가능하며 언제든지 수정 삭제할 수 있습니다. 메뉴 등록 후 직접 순서 설정을 통해 노출 순서를 설정하면 됩니다.

휴무일, 영업시간 등록하기

스마트플레이스 업체 등록하기 마지막 단계인 [휴무일, 영업시간] 설정 단계입니다.

〈그림 41〉 휴무일, 영업시간 설정하기

01 휴무일이 있다면 [휴무일이 있어요]를 선택한 뒤 정기 휴무일과 공휴일 휴무일에 대해서 알맞게 설정해줍니다.

〈그림 42〉 정기 휴무일 설정하기

〈그림 43〉 임시공휴일 및 그 외 휴무일

그리고 그 외 임시공휴일과 추가 휴무일이 있을 시 직접 추가해줍니다. 휴무일 설정 역시 언제든지 수정 보완이 가능하므로 현재 상황에 모든 휴무일을 미리 설정해둘 필요는 없습니다.

02 마지막으로 우리 샵 상황에 맞게 영업시간을 요일 혹은 평일/주말 상황에 맞게 설정해줍니다.

〈그림 44〉 영업시간 설정하기

스마트플레이스 업체 등록 완료

기본정보를 다 등록하고 나면 우리 매장의 스마트플레이스 등록이 완료됩니다! 물론 등록하고 나서도 최대 5일의 검수일이 있기에 검수가 완료될 때까지는 네이버에 샵 정보가 노출되지 않습니다. 혹시 정보를 잘못 입력했거나 추후에 변경 사항이 생겨 수정해야 할 경우에는 언제든지 스마트플레이스 홈에 들어와 직접 수정할 수 있습니다.

〈그림 45〉 스마트플레이스 업체 등록 완료

중요한 건 수정 후 '저장' 버튼을 눌러야만 수정 사항으로 업데이트됩니다. 스마트플레이스가 등록된 후 진행하는 수정 역시 최소 2시간에서 최대 5일의 검수 기간이 필요하기에 바로 업데이트되지 않을 수 있습니다. 수정을 했는데 취소하고 싶다면 수정 검토 기간 내에는 취소 신청이 가능합니다.

신규 오픈 90일 전이라면 주목! 〈새로 오픈했어요〉 혜택

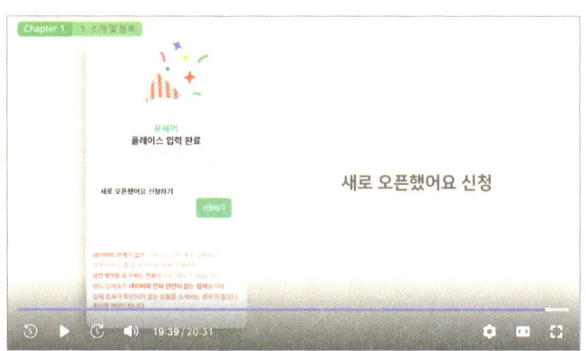

〈그림 46〉 〈새로 오픈했어요〉 혜택

잠깐! 현재 사업자등록증상 샵 오픈 날짜가 90일이 지나지 않았다면 집중해야 합니다. 방금 업체 등록을 마치고 난 후, 〈새로 오픈했어요〉 혜택에 부합한 업체라면 등록과 동시에 위 사진과 같이 〈새로 오픈했어요〉 신청하기 버튼이 나올 것입니다.

〈그림 47〉 〈새로 오픈했어요〉 노출 화면

〈새로 오픈했어요〉는 네이버가 신규 오픈 90일이 지나지 않은 매장들에게 해당 지역 미용실에 대한 정보를 검색했을 경우 무료 홍보해 주는 혜택입니다.

기준은 사업자등록증상으로 개업일 90일 이전인 매장들에게 제공되며, 노출기간은 검수 완료일로부터 최대 90일이고 노출 순서는 랜덤으로 진행됩니다. 첫 등록 시에는 기본정보 등록 후 다음 단계에 바로 신청 버튼이 나오지만, 이미 스마트플레이스를 등록하여 놓쳤더라도 해당 조건에 부합한다면 다시 신청할 수 있습니다.

〈그림 48〉 〈새로 오픈했어요〉 신청하기

신청 방법은 간단합니다.

01 스마트플레이스 → 내 업체 → 솔루션 → 마케팅 → 〈새로 오픈했어요〉 버튼을 누르고 해당 안내에 따라 신청합니다.

02 신규 업체 등록 후 표시되는 버튼을 클릭하여 〈새로 오픈했어요〉 솔루션을 신청합니다.

2. 네이버 예약 연동하기

네이버 예약 서비스란?

〈그림 49〉 네이버 예약 서비스

네이버 예약 서비스는 고객들이 우리 매장 스마트플레이스로 유입되었을 때 몇 시에 특정 헤어디자이너에게 어떤 메뉴로 시술을 할지 예약을 걸 수 있는 시스템입니다. 네이버 예약이 필수로 필요한 이유는 24시간 현장 응대 없이 고객이 원할 때 언제든지 시술 예약을 진행할 수 있기 때문입니다.

또 최근 업데이트를 통해 스타일리스트 정보와 예약상품이 하나로 합쳐졌습니다. 네이버 예약 서비스를 사용하지 않는 미용실의 경우에는 별도로 스타일리스트 정보를 고객에게 확실하게 제공할 수 있는 노출영역이 사라진 것이죠. 기본적으로 우리가 스마트플레이스를 운영하는 이유는 네이버라는 매체에 우리 미용실의 정보를 넣음으로 다양한 키워드의 검색결과를 노출시켜 고객들에게 알리는 것입니다. 이제 네이버 예약은 떼려야 뗄 수 없는 상위노출의 핵심 지표가 된 것입니다.

네이버 예약 시스템과 우리가 미용실에서 사용하는 고객관리 프로그램이 연결되어 있는 경우가 많기에 예약관리, 고객관리, 매출 분석 등 각종 정보를 한곳으로 모아 쉽게 활용할 수 있습니다.

네이버 예약 서비스 연동하기

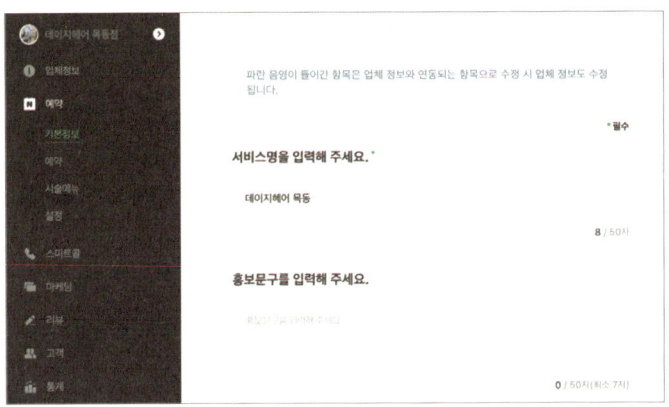

〈그림 50〉 이미 채워진 기본정보

스마트플레이스 업체 등록 검수가 끝나고 난 후, 왼쪽 카테고리에서 예약 버튼을 누르면 [네이버 예약 사용하기] 항목을 보실 수 있습니다.

네이버 예약 사용하기를 누르고 나면 간단한 약관 확인 후 연결하기 버튼을 누르면 네이버 예약 서비스를 시작하게 됩니다.

그럼 지금부터 자세한 네이버 예약 서비스 설정 및 활성화 방법에 대해서 알아보겠습니다.

대부분의 정보는 스마트플레이스 업체 등록에서 활용했던 기본정보들로 이미 채워져 있습니다. 위 안내사항처럼 파란 음영이 들어간 항목을 수정할 경우에는 업체 정보도 함께 수정됨으로 주의해야 합니다.

기본 서비스 정보는 기존 스마트플레이스 업체 정보와 동일함으로, 새롭게 설정해야 하는 정보로 바로 넘어가도록 하겠습니다.

01 배경 색상 선택하기

〈그림 51〉 배경 색상 선택하기

〈그림 52〉 실제 노출되는 배경 색상

배경 색상은 네이버 예약 화면에서 보이는 전체적인 테마 색상이라고 보면 됩니다.

예약 서비스 정보 추가 오른쪽 화면을 보면 예약 서비스 미리보기 영역이 있습니다. 예약 서비스 정보를 입력하면서 실제 어떻게 노출되는지 미리보기 화면을 통해 확인할 수 있습니다.

02 네이버 예약을 사용한 고객들에게 줄 수 있는 혜택을 설정하는 곳입니다.

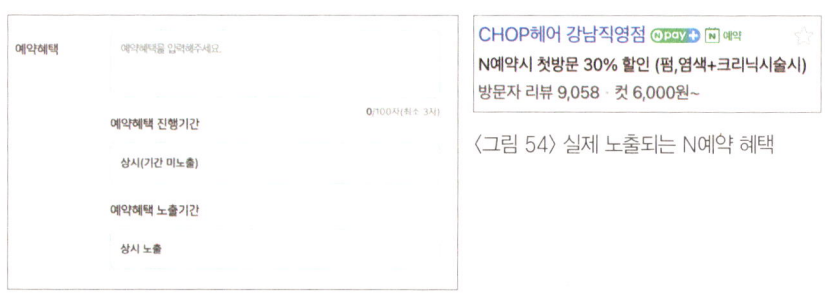

〈그림 53〉 N예약 혜택 설정

〈그림 54〉 실제 노출되는 N예약 혜택

이곳에서 혜택을 추가할 경우 스마트플레이스 메인 홈에 혜택에 대한 안내가 노출됩니다.

03 우리 매장과 맞는 업체 정보를 기입해 주면 됩니다.

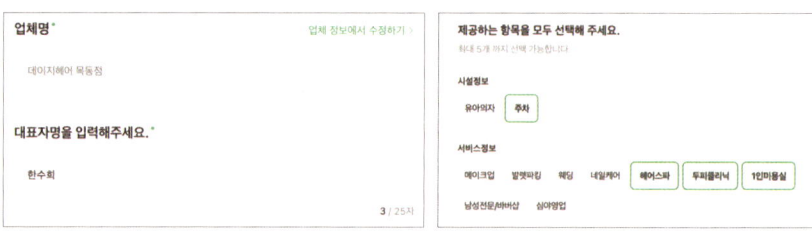

〈그림 55〉 매장 정보 기입

〈그림 56〉 제공하는 항목 선택

04 주소와 찾아오는 길에 대한 설명은 기존 업체 정보 등록 시에 넣었던 설명과 동일하게 업로드되어 있을 것입니다. 주차에 대한 항목을 자세하게 적어줍니다.

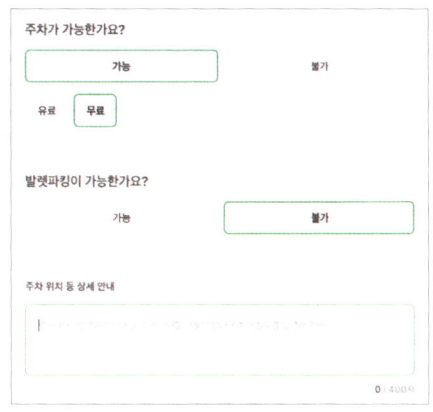

〈그림 57〉 주차 정보 기입

05 메인 관리자 연락처를 입력합니다. 추후에 네이버 예약이 잡혔을 경우 네이버 예약 관리자 번호로 예약에 대한 메시지가 옵니다. 만약 메시지를 원치 않을 경우에는 알림 설정에서 직접 해제할 수 있습니다.

〈그림 58〉 메인 관리자 정보 입력

06 마지막으로 업체서류 칸입니다. 이미 전에 사업자등록증을 업로드해 두었기에 사업자등록증은 첨부되어 있을 것입니다. 네이버 페이도 추후에 연동할 예정이기에 통신판매업 신고증도 첨부해 주어야 합니다.

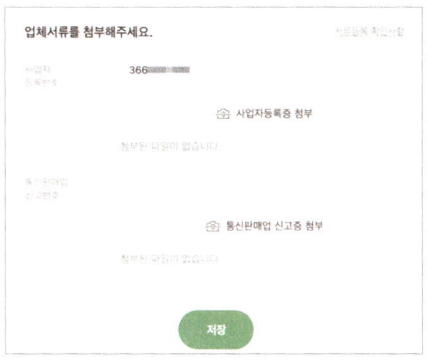

〈그림 59〉 업체서류 첨부

3. 네이버 예약상품 만들기

이번에는 네이버 예약 서비스 사용을 위한 본격적인 파트, 네이버 예약 상품 등록에 대해 알아볼 차례입니다.

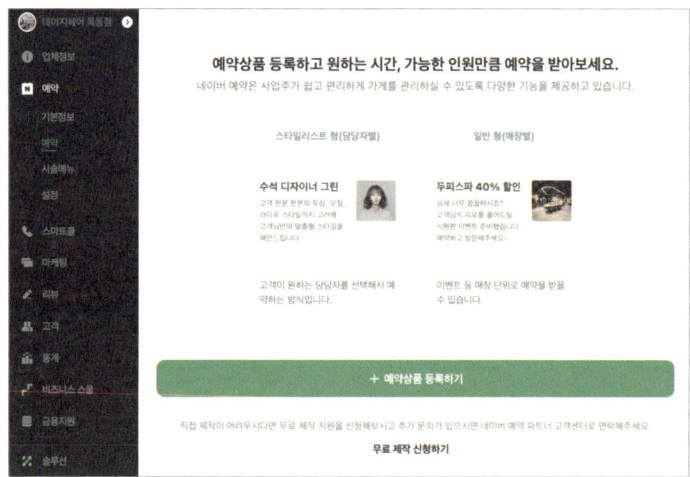

〈그림 60〉 예약상품 등록하기

예약상품 등록하기

〈그림 61〉 두 가지 유형의 예약상품

예약상품은 [스타일리스트형], [일반형] 두 가지로 나누어져 있습니다. 둘의 등록 방법은 거의 비슷하지만 실제 상품으로 등록했을 때 어떤 차이가 있는지 알아봅시다.

〈그림 62〉 스타일리스트형 예약상품

〈그림 63〉 일반형 예약상품

스타일리스트형은 개별 헤어디자이너 예약을 위한 창이며, 일반형은 특정 서비스나 상품 혹은 이벤트성 예약 창입니다.

스타일리스트형	일반형
특정 스타일리스트를 지정하여 예약	고객이 시간과 서비스만 선택하고, 스타일리스트는 매장에서 배정
플레이스 영역에 개별 스타일리스트 정보 표시	특정 스타일리스트가 아닌 제공되는 서비스 자체에 초점
헤어디자이너 예약을 위한	서비스 상품 예약을 위한

그럼 다시 예약상품 등록을 시작하겠습니다. 스타일리스트형과 일반형 모두 상품 등록 과정은 비슷하니 대표적으로 스타일리스트형 등록으로 진행해 보겠습니다.

01 예약상품 기본정보 등록하기

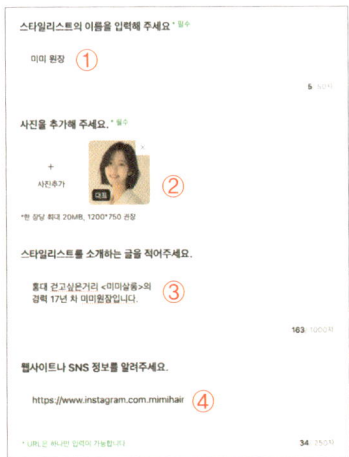

〈그림 64〉 예약상품 등록하기 1   〈그림 65〉 예약상품 등록하기 2

(1) 스타일리스트 이름을 입력해줍니다. [이름+직급]
(2) 프로필 사진을 추가해줍니다. 권장 사이즈는 1200 × 750이며 예약창에는 가로형으로 노출되기에 양 옆에 여백을 두는 것을 추천합니다.
(3) 스타일리스트 소개글을 적어줍니다. 어떤 디플로마를 수료했고, 어떤 경험이 있다는 뻔한 이야기보다는 고객 입장에서 기억에 남을 나만의 개성을 살린 이야기를 담는 것을 추천합니다. 또한 스마트플레이스에 꾸준하게 인식시키고 싶은 키워드를 포함시키는 것도 좋습니다.
(4) 예약상품 바로 아래 메인으로 노출될 메인 링크를 입력합니다.
(5) 예약화면 아래에 노출될 방문 관련 유의사항을 적어줍니다. 예약에 관해

미리 알려줄 주의사항이 있다면 주의사항을, 혹은 고객들과 만나기 전, 전하고 싶은 메시지를 남겨주면 됩니다.

(6) 스타일 정보는 스마트플레이스 등록 과정에서 추가했던 스타일 정보 목록이 담겨 있을 것입니다. 여기서 나의 예약상품과 연결할 스타일 정보를 추가해 주면 됩니다. 예약상품 등록 후에도 언제든 추가 연결이 가능합니다.

예약상품에 대한 내용을 입력하는 창 오른쪽 미리보기 화면을 통해 어떻게 노출되는지 확인할 수 있습니다.

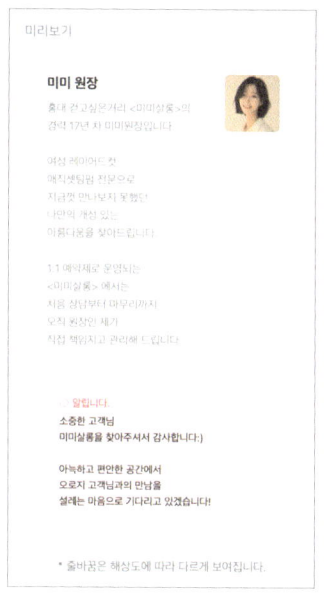

〈그림 66〉 미리보기 화면으로 확인하는 예약상품

02 예약 운영시간과 휴무일 설정하기

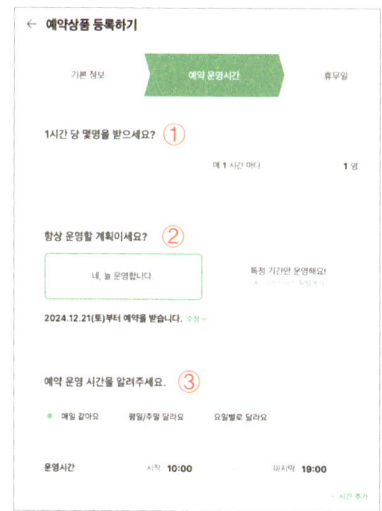

〈그림 67〉 예약상품 운영시간 설정

〈그림 68〉 예약상품 휴무일 설정

(1) 1시간마다 몇 명의 고객을 받을지 입력합니다.
(2) 예약상품의 운영기간을 설정합니다(특정 상품일 경우).
(3) 예약상품의 운영시간을 설정합니다.
(4) 휴무일을 설정합니다(샵 휴무와 별개로 개인 예약상품 휴무).

〈그림 69〉 예약상품 등록 완료

휴무일까지 설정하고 나면 예약상품 등록이 완료됩니다.

예약상품 시술 메뉴 추가하기

이제 예약상품을 등록했으니 고객들이 예약 버튼을 눌렀을 때 시술 메뉴를 선택할 수 있게끔 시술 메뉴들을 추가하여 연동할 차례입니다.

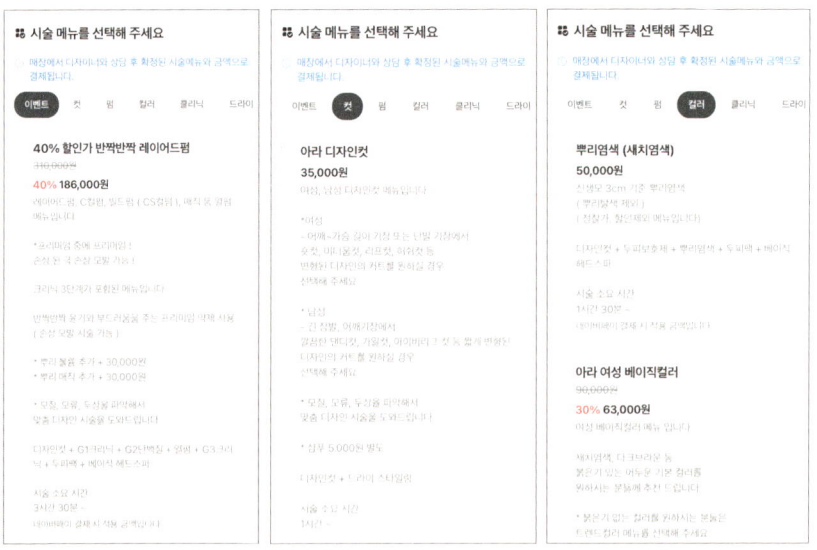

〈그림 70〉 이벤트 시술 메뉴   〈그림 71〉 컷 시술 메뉴   〈그림 72〉 컬러 시술 메뉴

처음에 이야기했던 양주에서 1인샵을 운영 중인 A원장님의 경우, 네이버 예약에 연동해둔 시술 메뉴들을 하나하나 꼼꼼하게 적어두어 대부분의 고객들이 예약 과정에서 시술에 대한 궁금증이 미리 해결된다고 합니다.

어떤 시술인지, 어떤 과정을 거치는지, 클리닉 같은 경우에는 어떤 제품을 활용하는지까지. 고객들이 전화로 혹은 시술 과정에서 의문을 가질 점들을 미리 자세한 설명으로 해결하는 것입니다.

또한 주기적으로 진행하는 이벤트의 경우, 이벤트 카테고리를 활용하여 가장 맨 앞에 노출시켜 이벤트 메뉴를 통한 매출이 상대적으로 증폭되는 효과를 톡톡하게 누리고 있다고 합니다.

01 시술 메뉴 등록 버튼을 눌러줍니다.

〈그림 73〉 시술 메뉴 등록하기

02 카테고리를 알맞게 지정한 후 필수 항목들을 입력해줍니다.

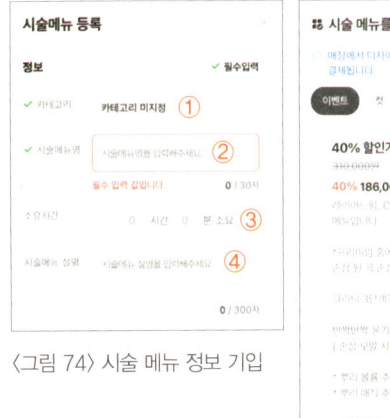

〈그림 74〉 시술 메뉴 정보 기입

〈그림 75〉 실제 노출되는 시술 메뉴

(1) 카테고리는 이벤트/컷/펌/컬러/클리닉/드라이/세트/메이크업 등 다양하게 있습니다.

(2) 시술 메뉴명의 경우에는 [40% 할인가 반짝반짝 레이어드펌], [○○쌤 시그니처 리얼 고데기펌] 등 해당 시술 메뉴만의 색다름이 잘 느껴지게끔 다양한 수식어를 넣어주는 것이 좋습니다. 예약상품(스타일리스트)마다 다른 시술 메뉴를 추가할 수 있음으로 특정디자이너의 언급을 넣어 나만의 시술이라는 특별성을 추가하는 것이 좋습니다.

(3) 대략적인 시술 소요 시간을 입력해줍니다.

(4) 시술 메뉴 설명 부분이 바로 위에서 강조했던 해당 시술에 대한 자세한 설명입니다. 어떤 것을 넣어야 할지 모르겠다면 아래 필수 체크리스트를 참고해 적는 것을 추천합니다.

시술 특징 한줄 소개	레이어드펌, C컬펌, 빌드펌, 매직 등 열펌 메뉴입니다.
시술 과정	디자인컷 + G1클리닉 + G2단백질 + 열펌 +G3클리닉 + 두피팩 + 베이직 헤드스파
사용하는 약제	반짝반짝 윤기와 부드러움을 주는 프리미엄 약제 사용
추가 비용	뿌리 볼륨 추가 +30,000 뿌리 매직 추가 +30,000

03 시술 가격을 입력해줍니다.

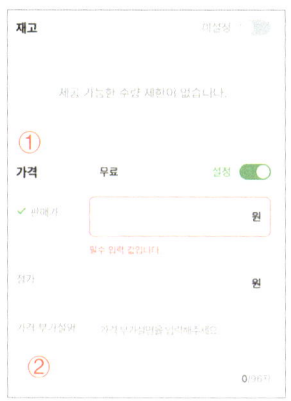

40% 할인가 반짝반짝 레이어드펌

40% **186,000원**

〈그림 77〉 실제 노출되는 시술 가격

〈그림 76〉 시술 가격 입력

(1) 〈그림 77〉처럼 정가의 경우에는 시술 메뉴 아래 작은 회색 글씨로 적혀져 있고 판매가의 경우에는 빨간색으로 할인 퍼센티지와 검정색 굵은 글꼴로 판매가가 적혀 있습니다. 고객 입장에서는 판매가와 정가의 차이로 할인율을 크게 인지할 수 있기에 판매가와 정가 모두 넣어주는 것이 좋습니다.

(2) 가격 부가설명에는 기장추가가 들어가는 금액인지 아닌지 등 가격 변동 사항이 생길 수 있는 항목에 대해서 자세하게 적어주면 됩니다.

04 특정 운영 기간이 필요하다면 설정 해줍니다.

〈그림 78〉 운영기간 설정

05 시술메뉴 등록 후 일치하는 예약상품과 연결해 주면 됩니다.

〈그림 79〉 원하는 예약상품과 연결

검수 신청하기

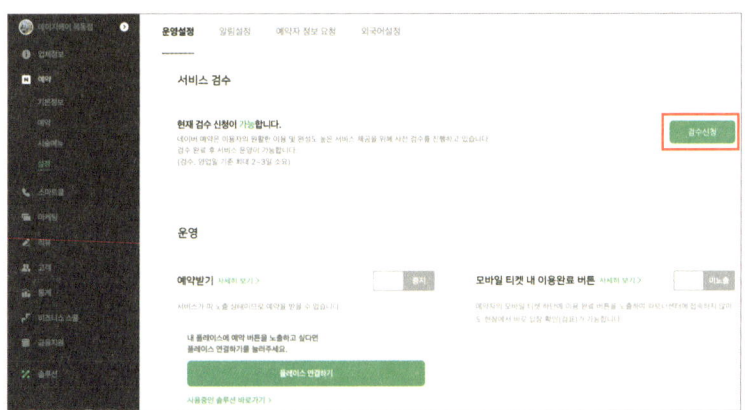

〈그림 80〉 검수 신청하기

마지막으로 [검수 신청] 버튼을 눌러주면 네이버 예약 서비스 사용 준비가 완료됩니다! 소요일은 2~3일 정도 걸리며, 검수가 완료되고 나면 예약 서비스 노출을 시작할 수 있습니다.

검수 신청 후 네이버 예약 서비스 시작하기

〈그림 81〉 예약받기 버튼   〈그림 82〉 예약 버튼 노출 시작

검수가 완료된 후, [예약받기] 버튼을 시작으로 누르면 네이버 예약 서비스가 시작됩니다. 그리고 네이버 예약 관련 여러 가지 사항들에 대해 직접 설정할 수 있습니다.

〈그림 83〉 예약 운영 설정

(1) 당일예약을 설정하는 칸입니다. 당일예약이 불가능한 샵인 경우에는 허용 버튼을 누르지 말고, 당일예약을 받는 샵은 허용 버튼을 누르면 됩니다. 최소 몇 시간 전까지 당일예약이 가능한지 마감 시간을 설정할 수 있습니다.

(2) 평균 별점은 흔히 우리가 네이버에 검색했을 때 고객들이 남긴 별점의 평균 점수를 볼 수 있는 항목입니다. 별점 노출을 원하지 않는다면 별점 노출을 꺼 둘 수 있습니다.(*별점 서비스는 현재 종료되었습니다.)

4. 네이버 페이 시작하기

매장 운영에 꼭 필요한 간편 결제 시스템인 [네이버 페이]를 신청하고 시작하는 법에 대해서 알아보겠습니다!

방금 함께 진행한 네이버 예약 서비스를 기본정보와 예약상품 등록 후 최종 검수가 완료되어야 네이버 페이 신청이 가능합니다.

그럼 이제 네이버 페이를 함께 연결해 보겠습니다. 두 가지 루트로 네이버 페이 연결을 시작할 수 있습니다.

01 예약 → 예약상품을 보면 예약상품 노출 중 버튼 아래[N Pay 결제받기]가 사용 안 함으로 체크되어 있을 것입니다.

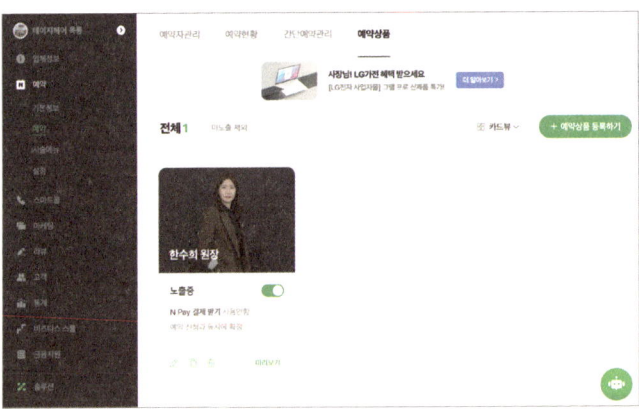

〈그림 84〉 예약상품

〈그림 85〉 N Pay 결제 사용하기

해당 글자를 누르면 [N Pay 결제 사용하기] 버튼이 보입니다. 사용하기를 누르면 네이버 페이 서비스를 시작할 수 있는 창으로 연결됩니다.

02 두 번째 방법은 솔루션 → 판매/결제 → [예약, 주문 시 N페이 결제사용]을 클릭해 주면 똑같이 네이버 페이 서비스를 시작할 수 있는 창으로 연결됩니다.

〈그림 86〉 스마트플레이스 솔루션 항목에서 시작하는 네이버 페이 서비스

03 본격적인 서비스를 시작하기 전 필수적으로 입력해야 하는 [환불 기준 설정] 창이 나옵니다. 우리 업체에 맞는 사항을 입력해 적용 버튼을 눌러줍니다.

〈그림 87〉 환불 기준 설정하기

04 환불 기준 설정 후 네이버 페이 가입 신청을 본격적으로 시작합니다. 약관에 동의 후 사업자등록증 사진을 업로드하고 나면 사업자 정보와 정산 정보를 입력하는 창이 나옵니다.

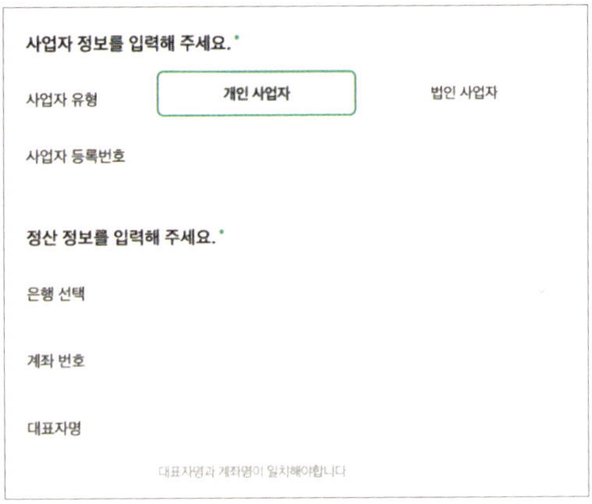

〈그림 88〉 사업자 정보와 정산 정보 입력하기

사업자 정보의 경우에는 방금 전 첨부한 사업자등록증상의 정보가 자동으로 업로드되어 있을 것입니다. 정산 정보는 네이버 페이 정산 후 입금될 계좌를 입력해 주면 됩니다. 대표자명과 계좌명이 일치해야 합니다.

05 모든 정보를 입력하고 나면 네이버 페이 가입신청이 완료됩니다! 네이버 페이 역시 검수 기간이 필요한데요. 최대 7일까지 소요되니 확인을 누른 후 기다리면 됩니다.

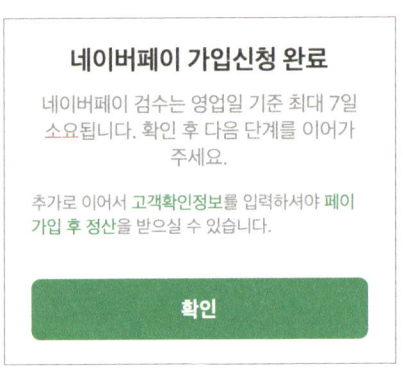

〈그림 89〉 네이버 페이 가입신청 완료

06 마지막으로 네이버 페이로 결제가 이루어지고 나면 정산을 받기 위한 고객
확인제도 정보를 입력해야 합니다. 개인 정보에 대한 자세한 항목들이 있
으니 천천히 확인하신 후 입력하시면 됩니다.

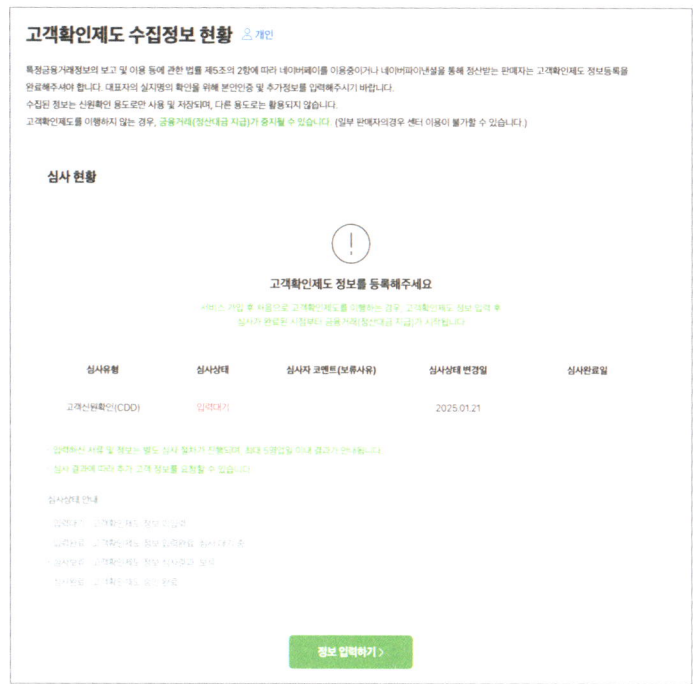

〈그림 90〉 고객확인제도 정보 입력하기

07 고객확인제도 정보까지 입력하고 나면 네이버 페이 서비스 신청은 마무리됩니다. 이제 네이버 페이도 사용 중인 솔루션으로 노출됩니다.

〈그림 91〉 사용 중인 솔루션으로 노출되는 네이버 페이

스마트플레이스 업체 등록부터 네이버 예약 연동과 예약상품 등록, 마지막으로 네이버 페이까지! 기본적으로 스마트플레이스 운영에 필요한 모든 서비스 등록을 끝마쳤습니다.

다음으로는 스마트플레이스 플랫폼을 어떻게 활용하면 좋을지, 실제로 적용 가능한 여러 가지 활용 방안들에 대해서 알아보겠습니다.

스마트플레이스 더 활용하기

1. 인기스타일 등록하기

스마트플레이스 등록과 네이버 예약 서비스 연동까지 완료되었으니, 본격적으로 스마트플레이스를 활용하는 방법들에 대해서 알아보겠습니다. 먼저 핵심 중의 핵심인 [인기스타일] 집계되는 과정을 함께 해볼까요?

인기스타일이 왜 중요한가

스마트플레이스 알고리즘에서 설명했다시피, 인기스타일은 다양한 검색결과 노출에 핵심 지표로 자리 잡고 있습니다. 지역명+스타일명 (예: 강남 레이어드컷) 조합의 키워드 검색 시 노출되는 다양한 미용실들은 해당 스타일의 인기스타일을 검색결과로 보여주고 있습니다. 더불어 각종 미용실 관련 키워드 검색 시 지역별로 노출되는 [인기 스타일리스트] 역시 인기스타일 건수로 순위를 매겨 노출되고 있습니다. 마지막으로 네이버 예약상품에 붙는 [재방문 많은] 라벨 또한 자세한 기준은 밝혀지지 않았지만 특정 기간 내에 특정 기준을 초과한 디자이너에게 붙는다는 네이버 측의 발표로 어림잡아 해당 건수는 인기스타일 건수로 짐작할 수 있습니다.

인기스타일 등록 전 준비사항

인기스타일 건수에 집계되려면 아래 3가지 기준에 충족되어야 합니다.

(1) 네이버 예약상품 등록하기
(2) 네이버 페이 결제 활성화하기
(3) 스타일 정보 등록하기

인기스타일 집계되는 법

네이버 예약상품도 잘 등록해 두었고 네이버 페이까지 활성화되었다는 가정하에 진행해 보겠습니다.

01 스타일 정보 등록하기

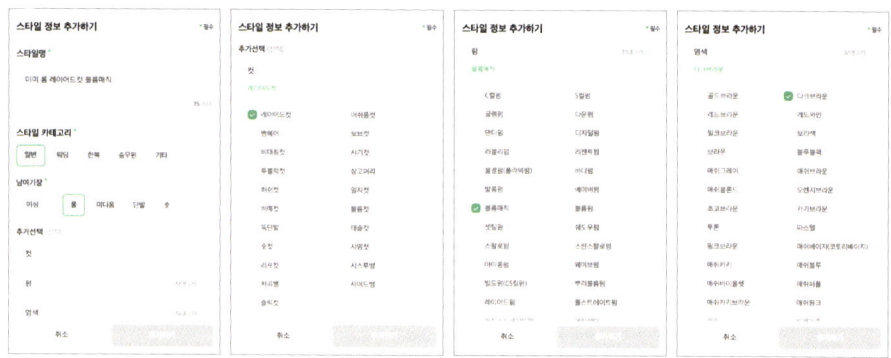

〈그림 1〉 스타일 정보 추가하기 〈그림 2〉 컷 〈그림 3〉 펌 〈그림 4〉 염색

기본 등록에서 함께 진행했던 방식대로 스타일 정보를 등록합니다. 이때 유의해야 할 것은, 나의 핵심 스타일 키워드로 선택해야 합니다. 스타일명/카테고리/성별/기장/컷, 펌, 염색, 핵심 스타일, 모두 내가 건수로 집계될 스타일에 유의하며 정보를 골라주어야 합니다.

02 네이버 예약 고객의 시술이 끝나면 네이버 페이 결제 요청

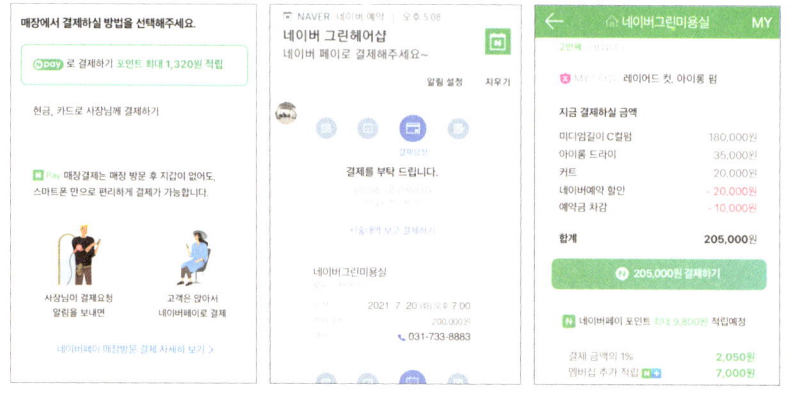

〈그림 5〉 고객에게 결제 요청 보내기 〈그림 6〉 톡톡으로 도착하는 결제 안내 〈그림 7〉 네이버 페이로 결제하기

03 스타일 정보 등록에 선택했던 키워드를 유의해 스타일 내역 입력

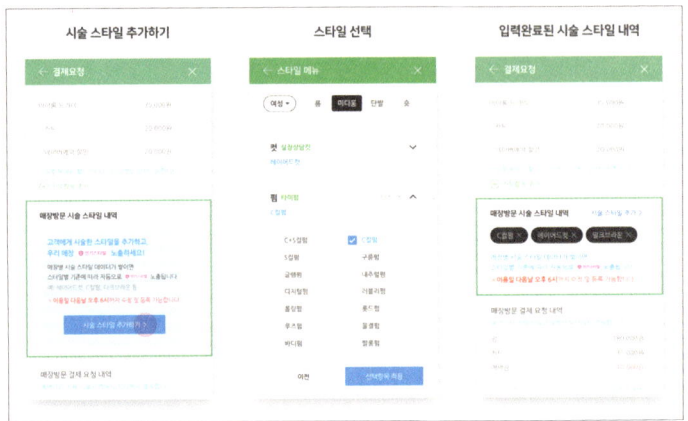

〈그림 8〉 시술 스타일 추가하기

고객에게 결제 요청을 보낸 이후, 시술 스타일을 추가할 수 있는 옵션이 제공됩니다. 이때 중요한 점은 기존에 등록한 시술 정보와 동일한 기준으로 업로드하는 것입니다. 성별, 기장, 시술 키워드 중 각 카테고리에서 하나의 키워드만 선택할 수 있으므로, 초기 등록 단계에서 메인으로 밀고 싶은 대표 키워드를 선정하고, 나머지 하나는 해당 시술을 보완 설명할 수 있는 키워드를 고르는 것이 효과적입니다.

기장과 성별 키워드를 정확히 매칭한 뒤 선택항목을 적용하면, 인기스타일 등록 과정이 완료됩니다. 다만, 네이버 페이 결제가 완료되어 스타일 정보가 등록되었더라도, 데이터가 바로 집계되지 않을 수 있습니다. 또한 매번 정보를 등록한다고 해서 자동 집계가 완벽하게 이루어지는 것도 아닙니다. 그러나 꾸준히 메인 키워드를 기반으로 정보를 지속적으로 업로드하고 추가하다 보면, 인기스타일 집계 건수는 점차 증가하게 될 것입니다.

인기스타일은 최근 90일 동안의 집계 데이터를 기반으로 노출됩니다. 따라서 최근 작업이 부진할 경우, 순위가 하락할 수 있으니 꾸준히 업데이트를 이어가는 것이 중요합니다. 이와 함께 지나치게 특수한 카테고리보다는 대중이 선호하는 카테고리를 선택하고, 등록 시 한 키워드는 대중성을 고려해 메인으로 선택하며, 나머지 하나는 시술 정보를 구체적으로 설명하는 키워드로 설정하는 전략이 효과적입니다.

2. 나만의 리뷰 답변 챗봇 만들기

스마트플레이스의 꽃이라고 할 수 있는 [방문자 리뷰]. 초반에는 리뷰마다 열심히 답변을 남겼지만 답변하지 못 한 리뷰들이 쌓이다 보면 끝도 없이 늘어나게 됩니다. 리뷰를 캡처한 사진만 보내면 나의 자연스러운 말투 그대로를 담아 맞춤으로 답변을 만들어주는 나만의 GPT를 지금부터 만들어보겠습니다!

1초만에 리뷰 답변 만들어주는 나만의 GPT 만들기

채팅에서 프롬프트를 전달하고 답변받는 것과 다르게, 나만의 맞춤형 챗봇인 GPT를 만들어볼 것입니다.

01 챗GPT에 들어와 왼쪽 GPT를 누른 후 오른쪽 만들기 버튼을 클릭해줍니다.

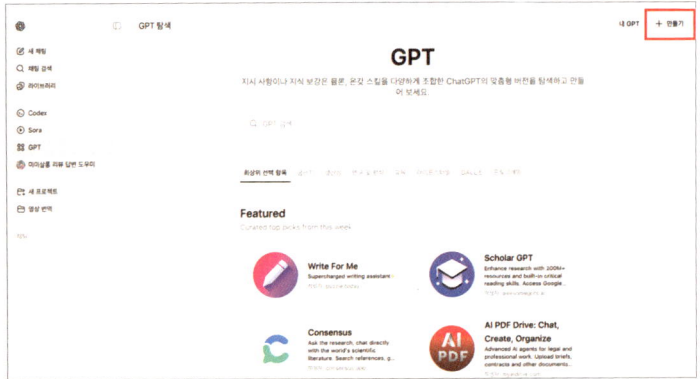

〈그림 9〉 맞춤형 GPT

왼쪽 창에는 [만들기]와 [구성], 오른쪽 창에는 [미리보기]로 이루어져 있는데요. [만들기]에서는 채팅 형식으로 GPT와 대화하며 맞춤형 챗봇을 만들 수 있고, [구성]은 빈칸에 입력하여 원하는 맞춤형 챗봇을 만드는 형식입니다. 내용을 입력하면 오른쪽 미리보기를 통해 실시간으로 만들어진 챗봇을 테스트해 볼 수 있습니다.

〈그림 10〉 GPT를 만들기 시작하면 보이는 화면

02 구성 입력 방식을 활용해 GPT를 만들어보겠습니다. 빈칸에 원하는 GPT에 맞게 알맞은 내용을 채워 넣어주면 됩니다.

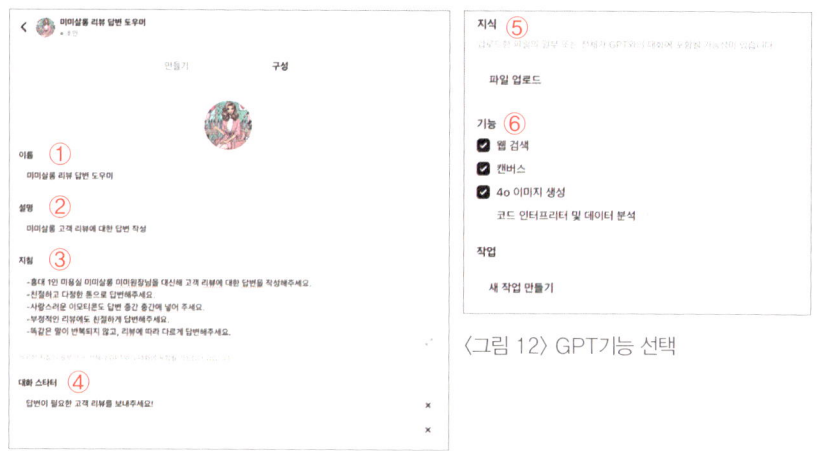

〈그림 11〉 나만의 GPT 구성

〈그림 12〉 GPT기능 선택

(1) 이름 : GPT의 이름을 적어주세요.

(2) 설명 : GPT의 역할을 적어주세요.

(3) 지침 : 어떤 업무를 어떻게 수행해야 하는지, 요청 사항과 맥락을 자세하게 적어주세요.

(4) 대화 스타터 : 처음 대화를 시작할 때 참고할 질문을 적어주세요.

(5) 지식 : 다양한 파일을 미리 업로드해 둘 수 있습니다.

(6) 기능 : 필요한 기능이 있다면 선택해 주세요.

03 구성이 완료되었다면 오른쪽 미리보기 창에서 GPT를 테스트해 보겠습니다.

고객이 직접 남긴 리뷰를 캡처합니다.

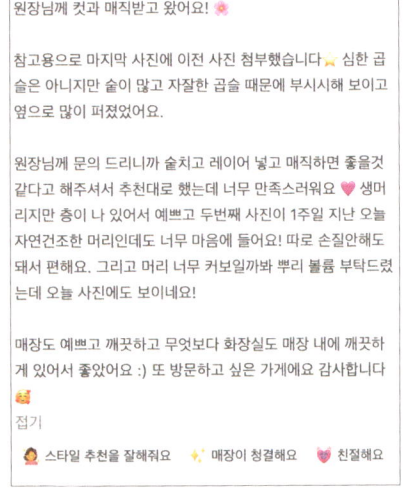

〈그림 13〉 실제 고객의 네이버 리뷰

오른쪽 미리보기 채팅에 아무 프롬프트 없이 사진만 전송해 봅니다.

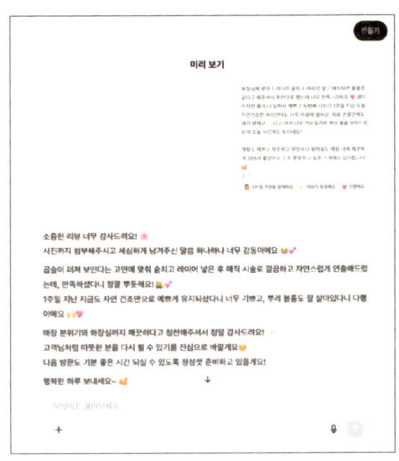

〈그림 14〉 리뷰를 챗봇에게 전달

와우! 리뷰를 캡처한 이미지를 보냈더니 해당 리뷰에 대해 자연스러운 답변을 만들어주었습니다. GPT가 제 기능을 톡톡히 하는 것 같군요.

04 만들기 버튼을 누르면 GPT 사용 범위를 설정할 수 있습니다. 다른 사람들과 공유해 사용할 수도 있지만, '나'에게 최적화된 GPT이니 나만 보기로 설정해 사용해도 됩니다.

〈그림 15〉 GPT 사용 범위 설정

05 이제 고객들의 소중한 리뷰 놓치지 말고 GPT로 답변을 남겨보세요!

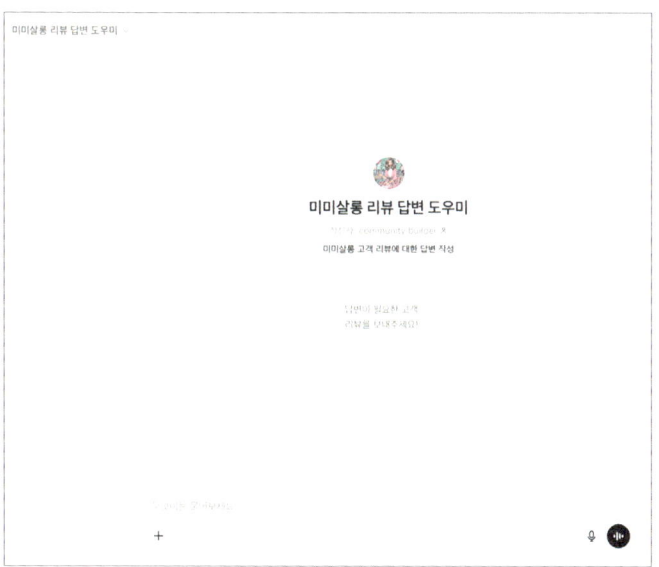

〈그림 16〉 완성된 나만의 리뷰 답변 도우미 GPT

chapter 2 미용실 온라인 매장, 스마트플레이스

3. 고객과 소통하는 소식란

요즘은 개인 SNS를 통해 각종 안내사항을 공유하는 경우가 많지만, 매장의 전체적인 공지는 네이버 소식란을 활용하는 것을 적극 추천드립니다.

소식란은 스마트플레이스 홈 화면 가장 위에 노출되는 영역으로, 매장 정보를 확실히 전달할 수 있을 뿐 아니라, 지속적인 업데이트를 통해 매장이 활발한 활동을 하고 있다는 인식을 고객에게 줄 수 있는 효과적인 홍보 수단입니다.

〈그림 17〉 매장을 대표하는 소식통 소식란

소식란에서 공유할 수 있는 주요 콘텐츠

소식란에 올릴 수 있는 콘텐츠는 크게 세 가지로 나눌 수 있습니다.

01 이벤트 소개(할인 행사, 특별 프로모션 등 홍보 목적)

〈그림 18〉 이벤트 소개

02 샵 공지(임시 휴무, 명절 안내, 운영시간 변경 같은 중요 정보)

〈그림 19〉 샵 공지

03 매장 일상 공유(직원 활동, 매장 내부 모습, 고객과의 소통 등)

〈그림 20〉 매장 일상 공유

또한 소식란에 동영상을 업로드하면 스마트플레이스 메인 홈 화면 대표 동영상으로 노출됩니다.

〈그림 21〉 대표 동영상으로 노출

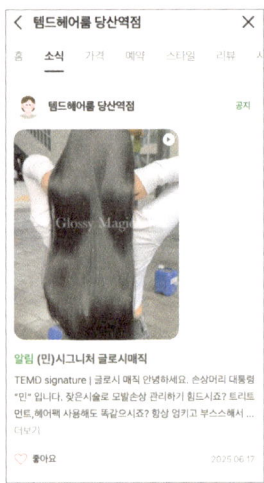

〈그림 22〉 소식란에 업로드한 동영상

소식 쓰기

그럼 이제 본격적으로 소식을 쓰는 법에 대해서 알아보겠습니다.

01 스마트플레이스 관리자 메인 화면에서 [새 소식 쓰기] 버튼을 누르거나, 내 플레이스 보기를 누르면 나오는 스마트플레이스 메인 화면에서 [새 소식 쓰기]를 누릅니다(운영자 계정으로 로그인되어 있어야 가능).

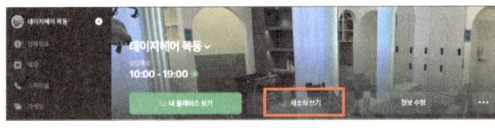

〈그림 23〉 관리자 화면에서 새 소식 쓰기

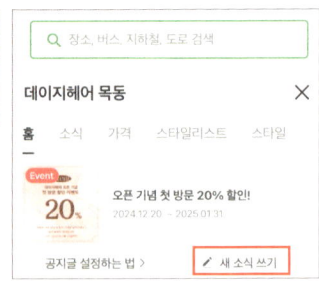

〈그림 24〉 메인 화면에서 새 소식 쓰기

02 네이버에서 제공하는 새 소식 카테고리는 총 5개(알림, 임시휴무, EVENT, SALE, NEW)로 이루어져 있습니다. 카테고리에 따라 안에 적게 되는 내용이 조금씩 다릅니다.

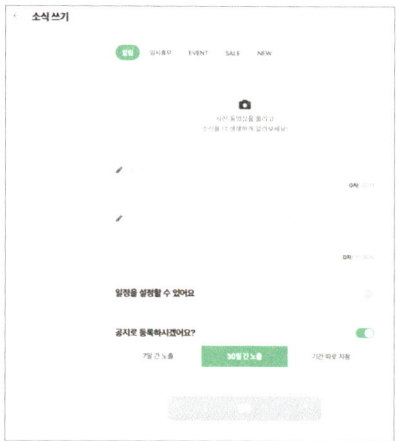

〈그림 25〉 5개의 카테고리로 이루어진 소식 쓰기

오픈 기념 첫 방문 할인 20% 소식을 적어보겠습니다. 소식란은 사진 없이 텍스트만으로도 업로드가 가능하지만, 사진을 첨부했을 경우 고객에게도 훨씬 눈에 띌 수 있기에 간단한 카드뉴스 형식의 포스터를 만들어서 이벤트 내용을 알려보도록 하겠습니다.

캔바에서 소식란 이미지 만들기

먼저 캔바에 들어가 디자인 만들기 버튼을 눌러줍니다.

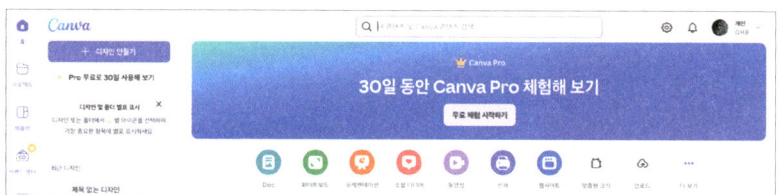

〈그림 26〉 캔바에 들어가기

소식란의 경우에는 1080 × 1080 1:1 비율입니다.

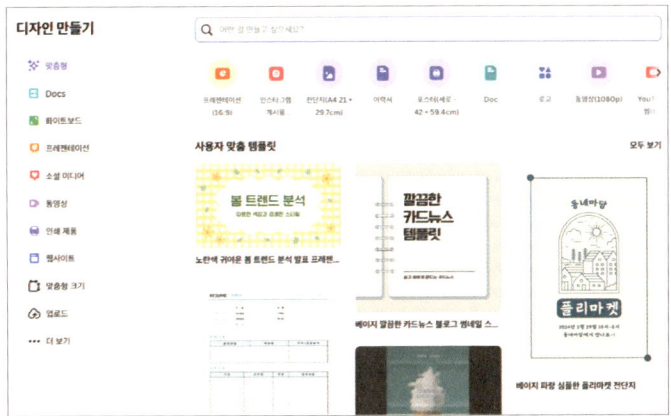

<그림 27> 캔바 디자인 만들기

빈 화면이 나오고 왼쪽에 보면 템플릿 유형을 구경하고 또 특정 템플릿 키워드를 검색할 수 있는 검색창이 나옵니다. [첫 방문 할인] 키워드를 검색해 마음에 드는 템플릿을 고릅니다.

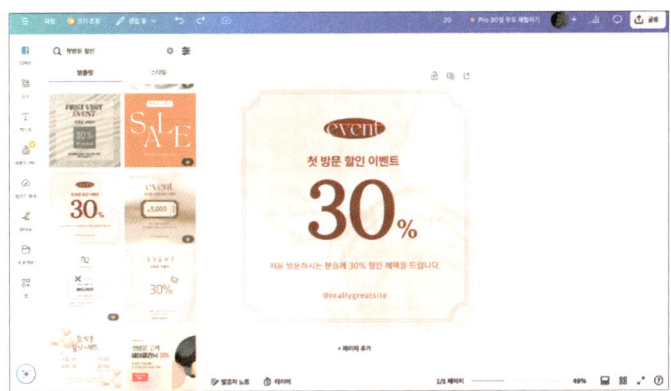

<그림 28> 첫 방문 할인 키워드 검색 후 원하는 템플릿 선택

우리 매장 소식에 맞게 텍스트를 변경해줍니다. 텍스트뿐 아니라 여러 요소들의 색깔과 글꼴체 역시 모두 변경이 가능합니다.

〈그림 29〉 우리 매장 소식에 맞게 텍스트 변경

챗GPT가 만들어주는 소식란 이미지

이번에는 챗GPT에게 소식란 이미지를 만들어달라고 요청해 보겠습니다. 필요한 이미지에 대한 설명과 원하는 형식을 간단하게 써 요청합니다.

> 미미살롱 첫 방문 할인 20% 이벤트 내용이 담겨 있는 1:1 사이즈의 이미지를 만들어줘. 전체적인 디자인은 눈에 확 들어오면서도 귀여운 글씨체로 만들어줘. 이미지 안에 아래 내용을 포함해줘.
>
> -자세한 가격 및 문의 사항은 연락 주세요:)
> -일부 품목은 제외입니다.
> -기간은 25년 12월 31일까지입니다.

〈그림 30〉 챗GPT에게 소식란 이미지 제작 요청

눈에 확 들어오는 할인 이벤트 POP가 만들어졌습니다. 귀여운 글씨체까지 아주 잘 반영해 주었네요.

〈그림 31〉 챗GPT가 만들어준 소식란 이미지

특정 색을 원하거나 일러스트가 포함되었으면 하는 경우에는 요청할 때 해당 사항을 포함하면 됩니다. 캔바의 장점은 훨씬 전문가적인 디자인 템플릿이 다양하게 있다는 점이고, 챗GPT의 장점은 프롬프트 한 번으로 뚝딱 손쉽게 만들어준다는 것입니다. 필요한 상황에 맞춰 활용하면 되겠죠?

03 다시 소식 쓰기에 돌아와 방금 전 제작한 사진을 업로드해준 뒤 알맞은 내용을 적어줍니다.

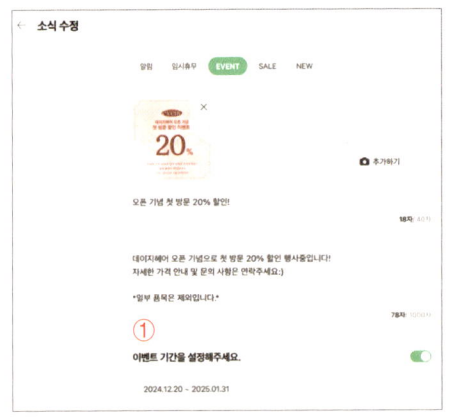

〈그림 32〉 소식 내용 작성하기

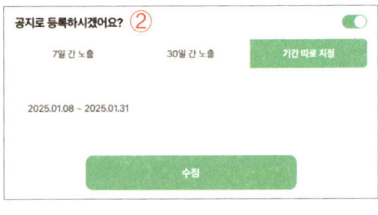

〈그림 33〉 공지 및 기간 설정

⑴ 이벤트 기간은 해당 이벤트 진행 날짜 안내입니다.

⑵ 공지로 등록하게 되면 소식 중에 가장 맨 위에 공지 딱지와 함께 자리 잡게 됩니다. 공지 기간은 최대 45일까지 가능하며, 이벤트 기간과는 별개로 지정 가능합니다. 그 후에도 공지 기간을 늘리고 싶다면 기간이 지난 후 다시 설정 하면 됩니다.

04 최종 저장하고 나면 우리 매장 스마트플레이스 바로 아래 노출되어 있는 것을 확인할 수 있습니다.

〈그림 34〉 실제 노출되는 소식

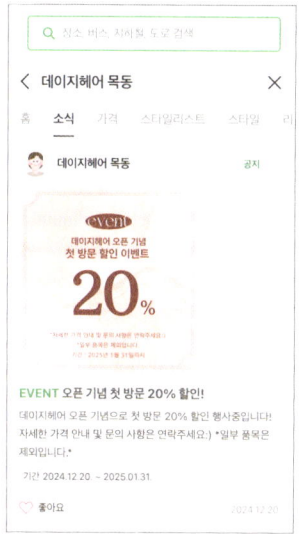
〈그림 35〉 소식란 카테고리

4. 전화 상담이 필요 없어지는 네이버 톡톡

우리 매장에 대한 다양한 정보가 궁금한 고객들과 24시간 원하는 시간 때에 맞춰 1:1 상담도 진행가능하고 원하는 타깃 고객에게 마케팅 메시지도 무료로 전달이 가능한 서비스인 네이버 톡톡 활용법에 대해서 함께 알아보겠습니다.

그전에 네이버 톡톡을 먼저 연결해 볼까요?

네이버 톡톡 연결하기

01 네이버 톡톡을 연결하는 루트는 두 가지가 있습니다. 네이버 스마트플레이스 관리자 화면에서 마케팅 → 마케팅메시지 → 마케팅메시지 보내기 버튼을 누르거나 솔루션 → 고객응대 → 메신저로 고객과 소통하기를 누르면 네이버 톡톡 연결 창으로 넘어갑니다.

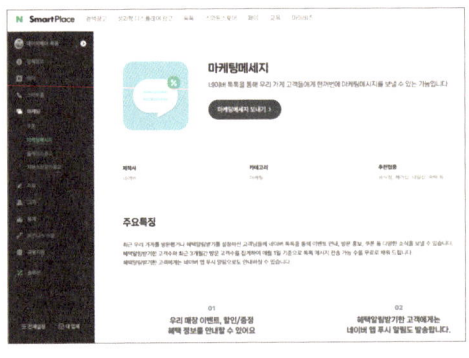
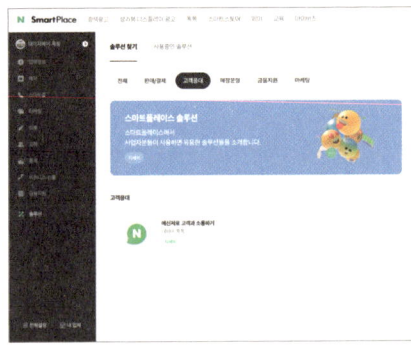

〈그림 36〉 마케팅메시지   〈그림 37〉 솔루션

02 [네이버 톡톡 사용하기] 버튼을 클릭해줍니다.

〈그림 38〉 네이버 톡톡 사용하기

03 스마트플레이스 운영자 아이디로 톡톡 계정을 연결시켜주고 핸드폰 번호를 통해 받은 링크에 들어가 네이버 톡톡 모바일앱을 다운로드받습니다.

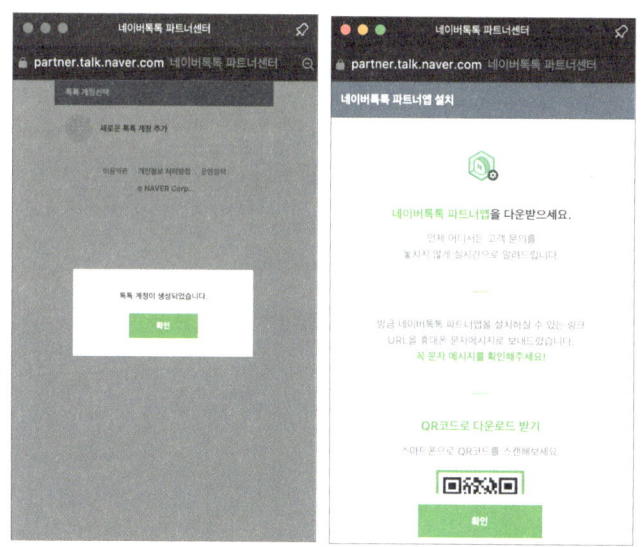

〈그림 39〉 톡톡 계정 생성하기   〈그림 40〉 네이버 톡톡 파트너앱 다운받기

04 솔루션 → 사용 중인 솔루션 항목에서 볼 수 있듯이, 이제 톡톡 연결이 완료되었습니다!

〈그림 41〉 연결 완료된 네이버 톡톡

네이버 톡톡 기본 세팅하기

톡톡은 궁금한 문의 사항이 있는 고객들이 1:1로 채팅을 요청하면 답변해 주는 기능을 가지고 있습니다. 이번에는 톡톡 연결 후 기본적인 안내 문구와 채팅이 가능한 시간 및 자주 묻는 질문들에 대한 안내를 세팅해 보도록 하겠습니다.

01 네이버 톡톡은 스마트플레이스 관리자 화면에서 설정하는 것이 아닌, 톡톡 파트너센터에서 채팅을 관리하고 계정을 설정할 수 있습니다. 먼저 프로필 설정 화면을 보겠습니다.

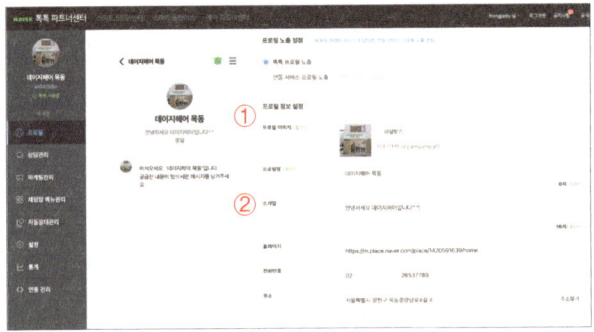

〈그림 42〉 톡톡 파트너 센터 프로필 설정

(1) 기본적인 프로필은 네이버 스마트플레이스에서 설정했던 정보들로 입력되어 있습니다.

(2) 소개말은 비어 있으니 45자 이내로 채워 주면 됩니다. 소개말은 프로필 사진과 이름 아래 한 줄로 업로드됩니다.

02 채팅방 메뉴관리로 넘어가겠습니다.

〈그림 43〉 채팅방 메뉴관리

채팅방 메뉴는 채팅방 하단에 버튼 형식으로 노출되어 고객이 버튼을 누르면 미리 입력해둔 정보를 텍스트 형식이나 이미지 형식으로 볼 수 있으며 URL도 함께 첨부할 수 있습니다.

메뉴 스타일은 아이콘은 2단과 1단, 텍스트는 최대 12개까지 유형 선택이 가능합니다. 1단(아이콘 3개) 유형을 선택한 후 메뉴 내용을 입력해 보도록 하겠습니다.

메뉴1이 클릭된 상태에서 메뉴 아이콘 선택을 눌러줍니다. 총 36개의 다양한 아이콘이 나오네요! 영업시간 안내가 가능한 메뉴를 만들어 보겠습니다. 원하는 아이콘을 선택한 후 선택 버튼을 눌러줍니다.

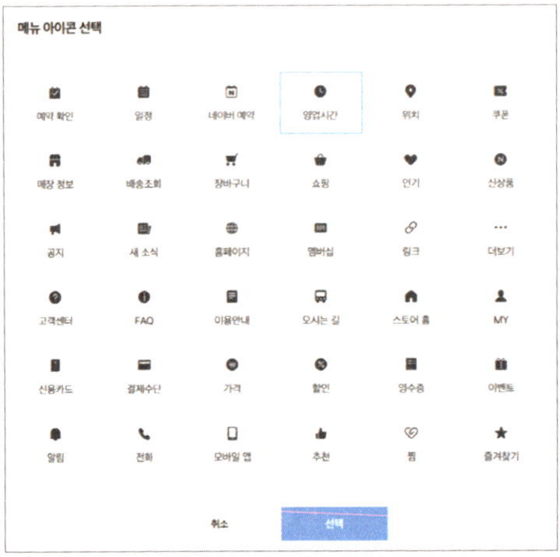

〈그림 44〉 메뉴 아이콘 선택

그럼 메뉴 내용을 채울 수 있는 템플릿 유형이 설명형과 이미지형으로 나옵니다. 설명형은 글과 URL만 첨부 가능하며 이미지형은 추천 이미지를 선택할 수도 있고 직접 원하는 이미지를 첨부할 수도 있습니다.

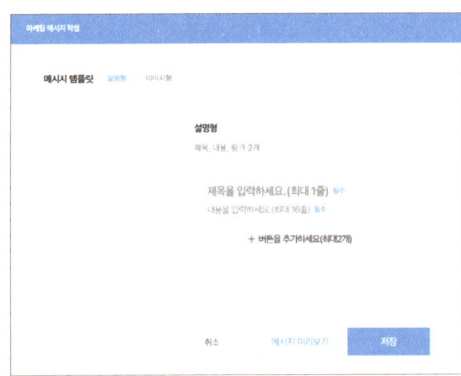

〈그림 45〉 설명형

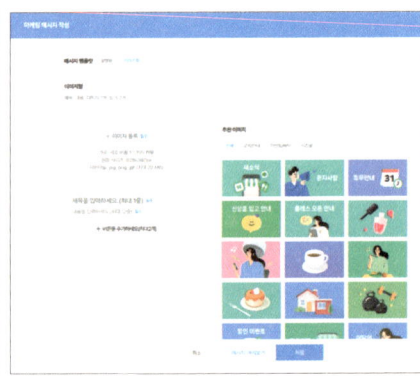

〈그림 46〉 이미지형

추천 이미지를 사용해 영업시간과 휴무일을 안내해 보도록 하겠습니다. 원하는 이미지 선택 후 제목과 내용을 입력해줍니다. 하단에 미리보기 버튼을 눌러, 고객이 해당 버튼을 클릭했을 경우 어떻게 메시지가 전송되는지도 확인해 볼 수 있습니다.

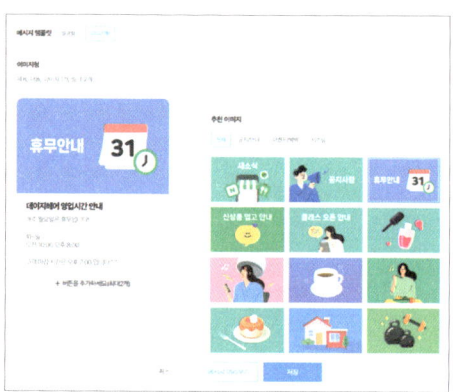 

〈그림 47〉 추천 이미지 사용   〈그림 48〉 실제 고객에게 가는 메시지 예시

나머지 버튼들도 내용에 알맞게 채워준 뒤, [톡톡 메뉴 사용] 버튼을 ON으로 눌러 활성화시켜주고 입력 내용을 저장해 주면 됩니다.

〈그림 49〉 톡톡 메뉴 사용 ON

03 이번에는 자동 메시지를 설정해 보겠습니다. 자동 메시지는 두 가지 상황에 전달되는데요, 고객이 처음 채팅을 시작했을 때 보내는 [환영 메시지]와

고객이 알림받기를 눌렀을 때 전달되는 [알림받기 완료 감사 메시지]를 설정해 보겠습니다.

톡톡 파트너센터 왼쪽에 자동응대관리 → 자동 메시지 설정을 클릭해줍니다.

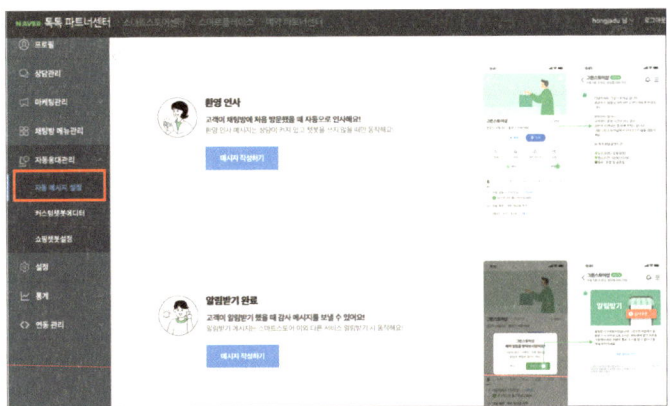

〈그림 50〉 자동 메시지 설정

환영인사 메시지를 작성해줍니다. 환영인사는 고객이 채팅을 처음 시작했을 때 보내는 메시지입니다. 간단한 인사말과 소통이 가능한 채팅 가능 시간을 넣어주세요. 이미지와 URL은 첨부가 불가합니다.

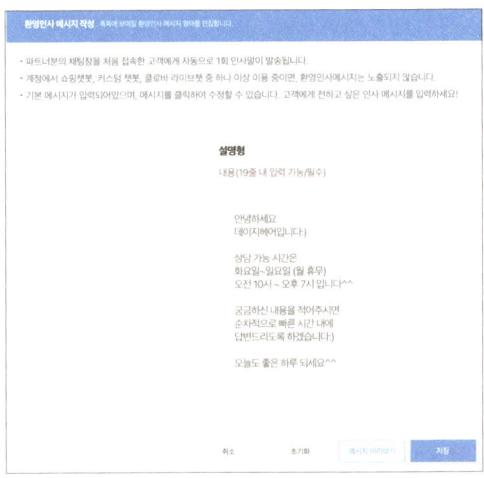

〈그림 51〉 환영인사 메시지 작성

알림받기 감사 메시지를 작성합니다. 환영인사 메시지와는 다르게 이미지와 URL을 첨부할 수 있습니다.

〈그림 52〉 알림받기 감사 메시지 작성

04 마지막으로 상담시간 및 대표자 설정을 진행해 보겠습니다.

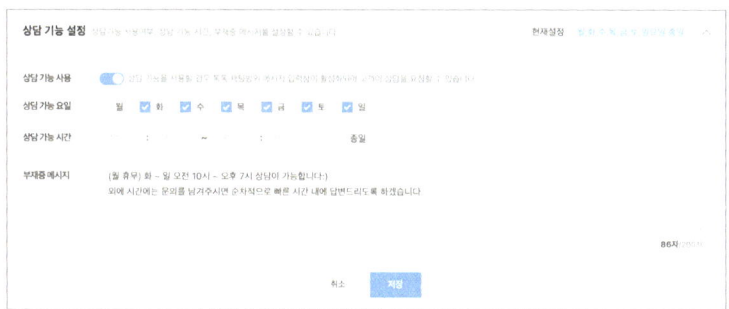

〈그림 53〉 상담 기능 설정

톡톡 파트너센터 → 아래 설정창을 누릅니다. 여러 가지 설정 항목들이 나오는데요, 우선 상담 기능 설정(상담이 가능한 시간 설정)을 먼저 입력해 보겠습니다.

상담 기능 사용을 눌러야만 1:1 톡톡 상담이 가능합니다. 기능 사용을 누른 후 가능한 요일과 가능한 시간을 설정해줍니다. 부재중 메시지는 상담시간이 아닐 경우 고객이 상담 메시지를 보냈을 때 자동으로 고객에게 가는 메시지입니다. 현재는 상담시간이 아니고, 언제 상담이 가능한지 안내 멘트를 적으면 됩니다.

그다음 알림 설정 항목입니다. 톡톡은 수시로 고객에게 1:1 채팅이 오는 중요한 소통 플랫폼인만큼 알림받기 설정이 중요합니다. PC에서 어떻게 알림받을지, 모바일앱으로 어떻게 알림받을지 설정하면 됩니다. 톡톡 파트너센터 모바일앱을 설치하면 고객과 상담하기가 훨씬 수월하니 꼭 설치하기 바랍니다.

〈그림 54〉 알림 설정

상담 멤버 관리 항목입니다. 대표자는 1명이며 [새로운 멤버 초대하기]를 누르면 관리자를 추가할 수 있습니다.

〈그림 55〉 상담 멤버관리

마지막으로 서비스연결 항목입니다. 우리가 운영 중인 네이버 서비스는 스마트플레이스와 네이버 예약 두 가지가 있죠. 둘 다 연결되어 있으면 고객에게 톡톡 버튼이 노출됩니다. 연결을 끊고 싶으면 연결끊기 버튼을, 혹은 서비스 연결이 안 되어 있다면 서비스 연결 추가 버튼을 누르면 됩니다.

〈그림 56〉 네이버 톡톡 서비스 연결

5. 신규 고객을 부르는 쿠폰

이번에는 신규 고객을 부르는 핵심 요소 중 하나인 쿠폰 만들기에 대해 알아보겠습니다! 네이버 스마트플레이스의 쿠폰 등록 기능은 신규 고객을 유치하고 기존 고객을 단골로 전환하는 데 큰 효과를 발휘하는 핵심 도구 중 하나입니다.

쿠폰은 단순한 할인 혜택을 넘어, 특정 고객층을 타깃으로 한 맞춤 마케팅이 가능합니다. 매장을 처음 방문하는 신규 고객부터, 알림받기를 설정한 관심 고객, 더 나아가 네이버 톡톡으로 소통하는 단골 고객까지, 각각의 고객 그룹에 맞춤형 혜택을 제공할 수 있습니다. 이러한 세분화된 쿠폰 마케팅은 고객과의 관계를 더욱 돈독히 하는 데 큰 도움이 됩니다.

〈그림 57〉 신규 고객을 부르는 쿠폰

쿠폰 등록은 매장의 검색 노출도 향상시킬 수 있습니다. 네이버 검색 시 사용자들이 '쿠폰' 필터를 사용할 경우, 쿠폰을 제공하는 매장이 우선적으로 노출되며 자연스러운 상위 노출이 가능하게 됩니다.

그렇다면 네이버 쿠폰을 어떻게 등록하고 이를 효과적으로 활용할 수 있을까요? 지금부터 그 방법을 하나씩 자세하게 알아보겠습니다.

〈그림 58〉 쿠폰 필터가 적용된 검색결과

쿠폰 등록하기

01 스마트플레이스 관리 메인 화면 마케팅 카테고리에 들어가 쿠폰을 선택합니다. [신규 쿠폰 만들기] 버튼을 클릭해줍니다.

〈그림 59〉 신규 쿠폰 만들기

02 쿠폰은 [할인 쿠폰]과 [증정 쿠폰]으로 두 가지 유형이 있습니다.

〈그림 60〉 두 가지 유형의 쿠폰

할인 쿠폰은 정액과 정률로 나누어져 있는데요. 정액의 경우에는 쉽게 1,000원 3,000원 등 금액 자체로 할인이 가능하며 정률의 경우에는 10% 20% 할인으로 결제 금액에 비례해 할인 금액을 설정할 수 있습니다.

〈그림 61〉 정액 할인형   〈그림 62〉 정률 할인형

증정 쿠폰은 서비스 및 상품을 '증정'하는 쿠폰입니다. 때문에 [헤어 에센스 증정], [헤어롤 증정], [클리닉 무료 서비스] 등과 같은 쿠폰 혜택을 제공해야 합니다.

〈그림 63〉 증정 쿠폰

증정 쿠폰은 사진을 함께 등록할 수 있습니다. 해당 사진은 쿠폰 대표 사진으로 노출되며 사진을 등록하지 않으면 선물 모양의 쿠폰 기본 이미지가 올라오게 됩니다.

03 쿠폰 제공 대상을 선택합니다.

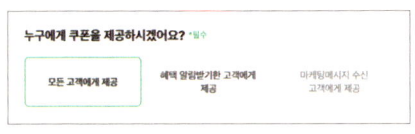

〈그림 64〉 쿠폰 제공 대상

[모든 고객에게 제공]은 조건 없이 우리 매장 플레이스에 방문한 모든 고객이 쿠폰을 다운로드할 수 있습니다. [혜택 알림받기한 고객에게 제공]은 우리 매장의 혜택과 알림받기에 동의한 고객만 쿠폰을 받을 수 있습니다. [마케팅 메시지 수신 고객에게 제공]은 네이버 톡톡을 통해서 직접 선택한 고객 유형에게 톡톡 메시지로 쿠폰을 보낼 수 있습니다.

04 쿠폰 노출 기간과 사용 가능한 장소를 선택합니다. 헤어샵의 경우에는 방문 사용만 가능합니다.

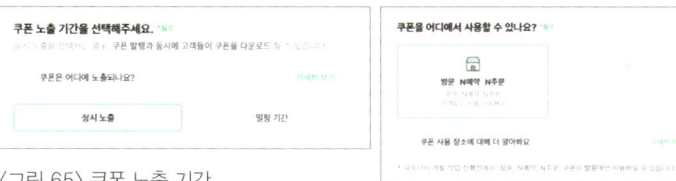

〈그림 65〉 쿠폰 노출 기간

〈그림 66〉 쿠폰 사용 가능 장소 선택

05 쿠폰 유효 기간을 설정합니다. 유효 기간은 노출 기간과 다르게 쿠폰을 다운로드하고 언제까지 사용 가능한지 설정하는 항목입니다.

〈그림 67〉 쿠폰 유효 기간 설정

06 쿠폰 수량 제한을 설정합니다.

〈그림 68〉 제한 없음　　　〈그림 69〉 제한 있음

쿠폰 제공 대상이 [모든 고객에게 제공]일 경우에는 한 고객당(ID) 몇 장의 쿠폰이 제공 가능한지 설정할 수 있습니다. [혜택 알림받기한 고객에게 제공]은 자동으로 한 고객당 쿠폰은 1장만 발급됩니다.

수량은 쿠폰의 양 자체를 설정하는 항목입니다. 총__장은 기간 상관없이 총 쿠폰 발행량을 설정하는 항목이며 하루 __장 제한은 하루에 고객에게 발급하는 쿠폰의 양을 설정하는 항목입니다.

07 쿠폰 사용 조건을 입력합니다.

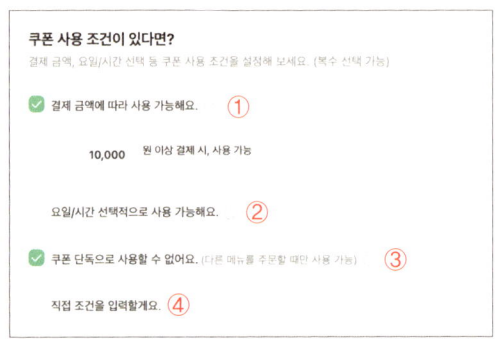

〈그림 70〉 쿠폰 사용 조건

(1) 최소 얼마의 금액 이상을 결제해야 쿠폰 사용이 가능한지 설정하는 항목입니다.
(2) 특정 요일/시간 대에만 쿠폰 사용이 가능하도록 설정할 수 있습니다.
(3) 제품 증정 및 여러 가지 경우에 쿠폰만 단독으로 사용할 가능성이 있기에 해당 상황을 방지할 수 있는 항목입니다.
(4) 추가적으로 쿠폰 사용에 대해 설명할 조건이 있다면 입력하면 됩니다.

08 쿠폰 이름을 적어줍니다.

〈그림 71〉 관리자 확인용 쿠폰 이름 작성

09 쿠폰 사용 시 매장에서 확인 가능한 코드를 설정합니다.

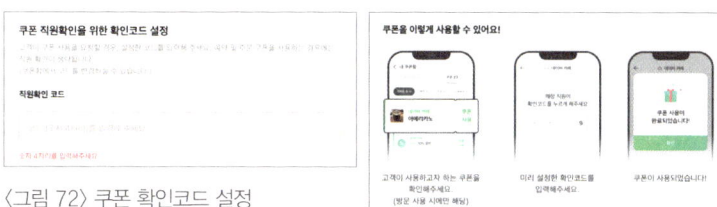

〈그림 72〉 쿠폰 확인코드 설정

〈그림 73〉 쿠폰 사용법

쿠폰은 매장에서 직원이 확인코드를 입력해야 사용 완료 처리됩니다. 확인코드는 설정 후 인지하고 있어야 합니다.

10 이제 쿠폰 등록이 완료되었습니다!

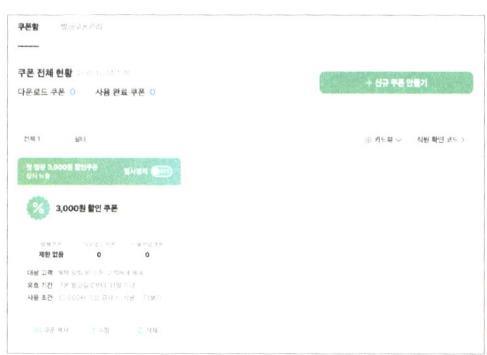

〈그림 74〉 쿠폰 등록 완료

쿠폰 등록 후 노출 버튼을 누르면 노출이 시작됩니다. 다운로드 횟수와 사용완료 횟수를 확인할 수 있으며 쿠폰 수정이 필요한 경우에는 수정할 수 있습니다.

6. 24시간 현장대기 스마트콜

기본 세팅에서 함께 설정했던 스마트콜은, 사업자들을 위해 네이버에서 제공하는 무료 전화 서비스입니다. 스마트콜을 설정하면 050으로 시작하는 가상 번호를 네이버를 통해 발급받게 되고, 걸려온 전화들을 분석할 수 있으며 스마트ARS로 자동응답 기능과 여러 가지 정보들을 전화를 받지 못 하는 상황 혹은 전화 연결 전에 미리 해결할 수 있게 됩니다.

바쁜 미용실에서 톡톡으로는 채팅 서비스를 통해 미리 고객이 필요한 정보를 제공하고 응답할 수 있다면, 스마트콜은 전화가 편리한 고객들에게 전화로 몇 가지의 질문에 대해서는 간편하게 상담하고 또 전화를 건 고객들의 출처와 여러 정보들을 분석할 수 있는 서비스입니다.

스마트콜은 전에 기본정보 등록에서 확인했던 것과 같이, 업체정보 → 전화번호 입력란 아래 [우리 가게 전화 대신 받아주기] 옆 [사용하기] 버튼을 체크해 주면 연결이 완료됩니다.

〈그림 75〉 기본정보 등록 시 연결했던 스마트콜

스마트콜 활용하기

01 스마트플레이스 관리자 메인 화면 왼쪽 [스마트콜] 카테고리를 누른 후, 자동응답 기능인 [스마트 ARS] 사용하기 버튼을 클릭합니다.

〈그림 76〉 스마트 ARS 사용하기

02 활성화를 시키면 처음 전화 연결이 되었을 때 나오는 자동응답 기본 멘트를 보여줍니다. 기본 멘트 수정을 눌러 원하는 내용으로 바꾸어줍니다.

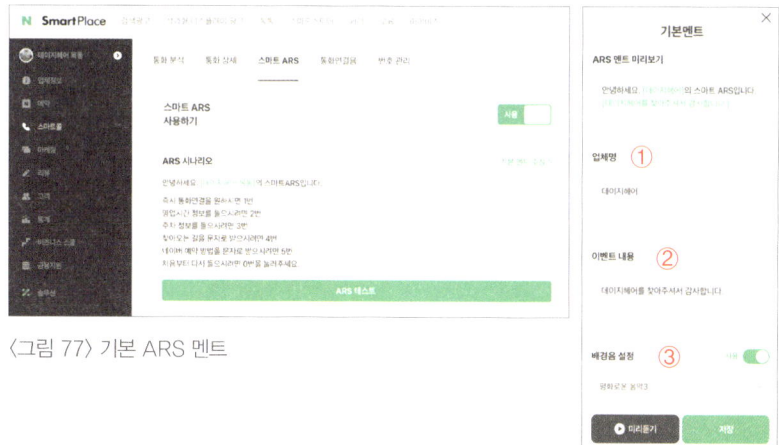

〈그림 77〉 기본 ARS 멘트

〈그림 78〉 멘트 수정하기

(1) 우리 업체명이 기본으로 입력되어 있습니다.

(2) 이벤트 내용은 인사말 바로 아래 추가되는 멘트입니다. 우리 업체를 강렬하게 소개하거나 현재 진행 중인 이벤트를 초입에 광고할 수 있으니 활용하는 것을 추천합니다. 특별하게 할 말이 생각나지 않는다면 찾아주셔서 감사하다는 감사멘트를 넣는 것도 좋습니다.

(3) 배경음을 설정할 수 있습니다. 여러 가지 음악이 있으니 미리듣기를 눌러 들어보고 마음에 드는 음악을 설정하면 됩니다.

모든 기본 멘트 설정을 마친 후 꼭 저장 버튼을 클릭하여 줍니다.

03 다음으로 전화가 연결되었을 때 안내 멘트를 들은 후 고객이 원하는 내용에 알맞은 번호를 눌러 미리 설정해둔 답변을 자동응답기를 통해 들을 수 있는 ARS 항목을 설정합니다.

〈그림 79〉 자동 ARS 추가하기

각 버튼마다 수정사항을 눌러 해당 항목을 안내할 것인지 설정합니다. 영업시간의 경우에는 언제 영업할 것인지 예외사항(휴무일, 단축영업)

등이 있을 시 적어 저장해줍니다.

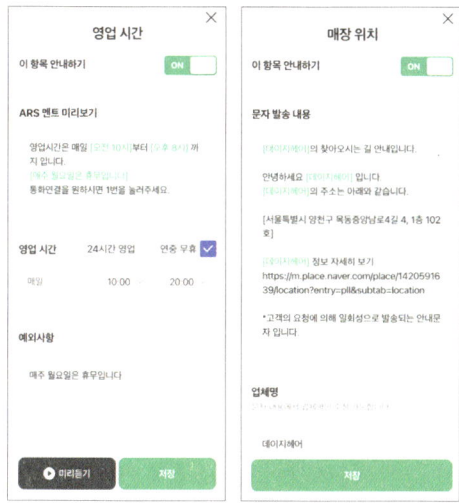

〈그림 81〉 영업시간 안내   〈그림 80〉 매장 위치 안내

매장 위치와 예약 정보의 항목은 고객이 정보를 요청했을 시 문자를 통해 자동으로 필요한 정보가 안내됩니다. 문자 발송 내용의 경우 업체명만 수정이 가능하며 나머지는 우리 매장 스마트플레이스 정보를 바탕으로 기본 문구 내에서 전달됩니다.

설정을 완료하고 나면, 안내를 원하지 않는 항목은 OFF 버튼을 눌러 활성화시키지 않을 수 있습니다. 또한 ARS 항목들의 순서 변경도 가능합니다.

04 통화연결음을 설정해 보겠습니다.

통화연결음은 고객이 1번 통화연결을 눌렀을 시 전화가 연결되는 사이 안내되는 멘트입니다. 문구는 직접 설정이 가능합니다. 미리듣기로 확인할 수 있으며 배경음 설정도 가능합니다.

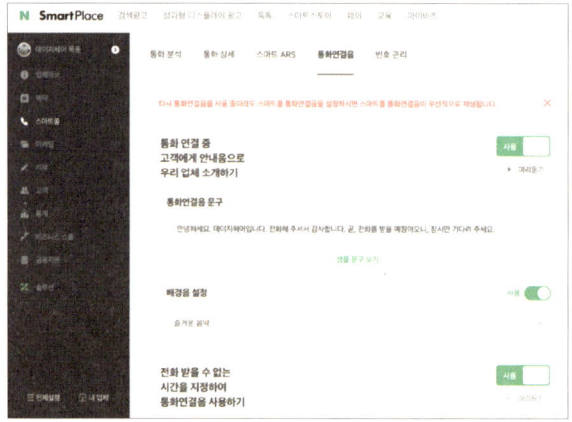

〈그림 82〉 통화연결음 설정하기

영업시간 외에 전화가 올 경우 전화받을 수 없는 시간을 지정하여 해당 시간에만 전달되는 안내 멘트를 설정할 수 있습니다.

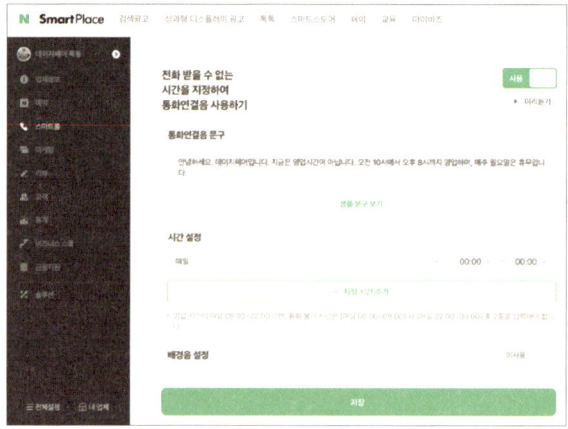

〈그림 83〉 전화받을 수 없는 시간 지정하기

영업 시간이 매일 09:00 ~ 22:00라면, 통화 불가 시간은 [매일 00:00 ~ 09:00] 와 [매일 22:00 ~ 00:00] 총 2줄을 입력해야 합니다.

05 번호 추가를 통해, 네이버뿐 아니라 다른 매체에서도 스마트콜이 사용 가능합니다.

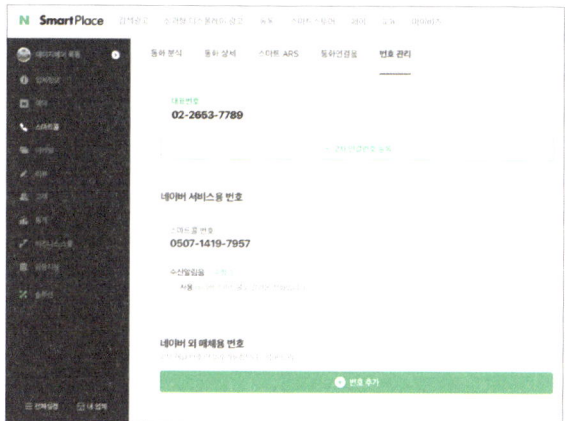

〈그림 84〉 번호 추가하기

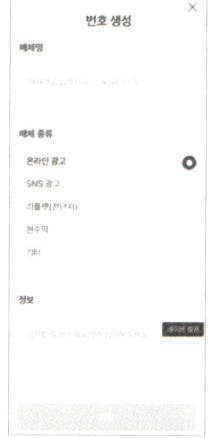

〈그림 85〉 타 매체에서 활용 가능한 번호 추가하기

네이버 외 다른 온라인 플랫폼이나 오프라인 행사를 통해 전달하는 번호를 따로 생성하여, 해당 매체를 통해 전화가 왔다는 걸 확인할 수 있습니다. 번호는 최대 5개까지 설정이 가능합니다.

7. 헤어디자이너 인물 정보 등록하기

이제는 헤어디자이너도 네이버에 이름을 검색하면 주요 인물로 노출되는 시대가 되었습니다. 고객이 여러분의 이름을 네이버에 검색했을 때, 인물 정보로 프로필이 노출된다면 얼마나 매력적일까요? 이는 단순히 이름값을 높이는 것을 넘어, 전문성과 신뢰를 고객에게 전달하는 강력한 브랜딩 도구가 될 수 있습니다. 지금부터 네이버 인물 정보 등록 방법을 함께 진행해 보겠습니다.

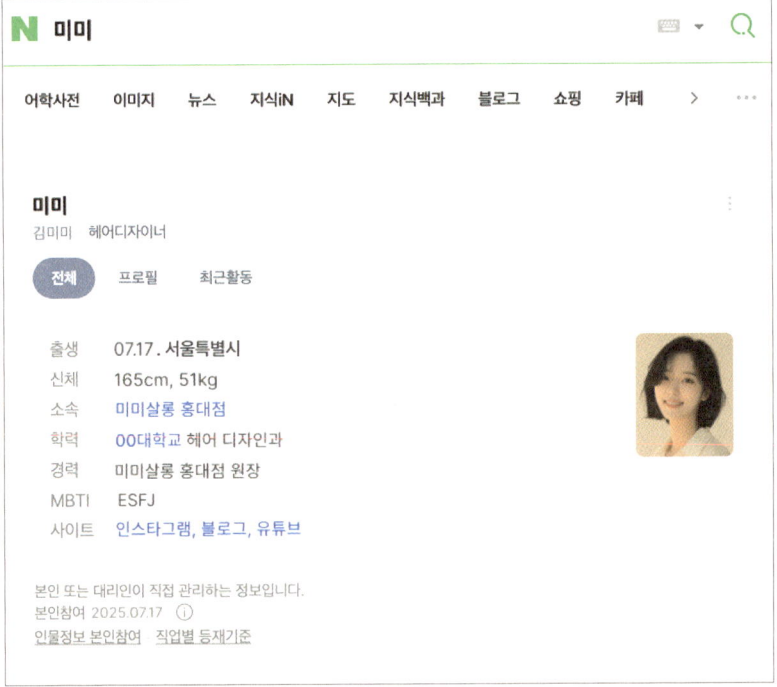

〈그림 86〉 가상인물 미미 원장의 네이버 프로필

01 네이버에 [네이버 인물 정보]를 검색해 해당 홈페이지 접속 후 아래 초록색 칸에 들어 있는 [등록신청] 버튼을 누릅니다.

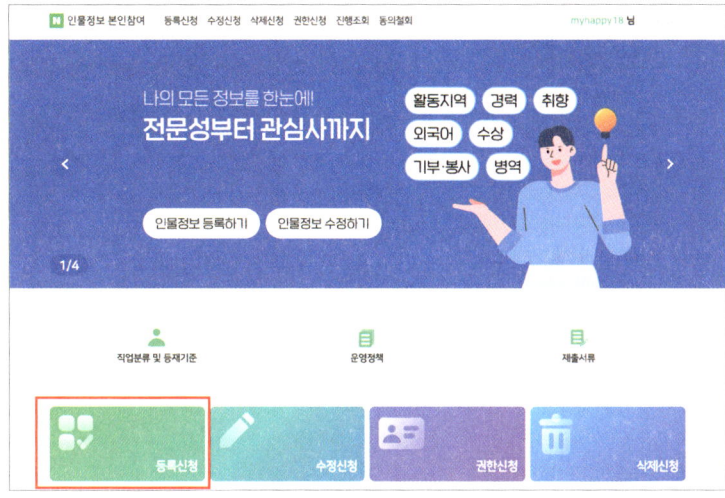

〈그림 87〉 네이버 인물 정보 홈페이지

02 필요한 정보를 순서대로 입력한 후 본인 인증을 진행합니다.

〈그림 88〉 본인 인증하기

03 대표 이미지로 등록될 프로필 사진을 4:5 비율에 맞춰 업로드합니다. 최대 2장까지 업로드가 가능합니다. (최소 360픽셀 최대 5000픽셀)

〈그림 89〉 프로필 사진 업로드하기

04 직업명을 입력해줍니다. 직업명은 꼭 [헤어디자이너]로 입력해야 합니다. 추가로 헤어디자이너라는 게 증명 가능한 URL 혹은 파일을 첨부해줍니다.

〈그림 90〉 직업명 추가하기

05 대표 SNS 링크(인스타그램, 블로그, 유튜브)를 업로드해줍니다. 현재 내가 근무 중인 매장 스마트플레이스도 연결이 가능합니다.

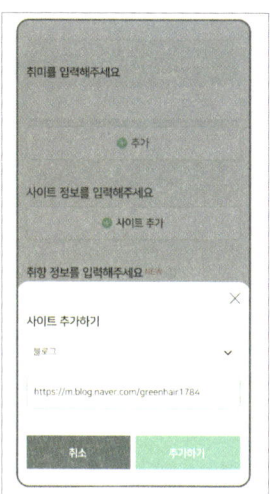
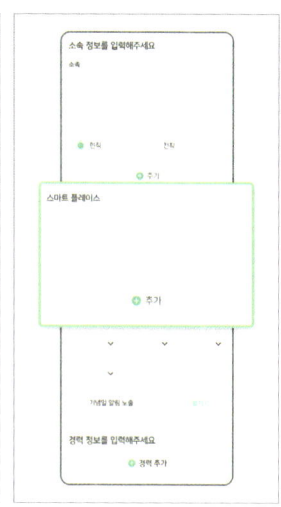

〈그림 91〉 대표 SNS 링크 추가하기   〈그림 92〉 스마트플레이스 연결하기

06 수상 경력 및 학력 정보에 대해 입력합니다.

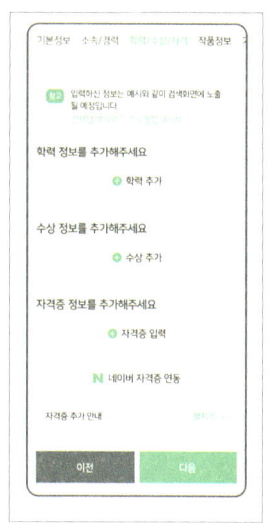

〈그림 93〉 수상 경력 및 학력 정보

이제 인물 정보 등록이 완료되었습니다. 등록 후에는 최소 3일에서 최대 5일간의 검수 기간을 거치게 됩니다. 등록 후에도 인물 정보 수정이 가능합니다.

미션 수행하기

1. 우리 매장 방문 경로가 잘 설명되어 있나요? ☐

2. 매장 대표 키워드 5개가 설정되어 있나요? ☐

3. 스타일리스트별 예약상품이 잘 등록되어 있나요? ☐

4. 스타일 정보가 인기스타일로 등록되었나요? ☐

5. 쿠폰 이벤트를 진행해 보았나요? ☐

6. 신규업체 등록 시 〈새로 오픈했어요〉 서비스를 신청해 보았나요? ☐

7. 헤어디자이너 인물 정보가 등록되어 있나요? ☐

chapter 3

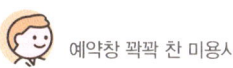 예약창 꽉꽉 찬 미용사

글 하나로
고객이 직접 찾아오는,
블로그

블로그는 왜 중요한가

인스타그램 전에 블로그로 유명해진 1세대 헤어디자이너가 많이 있습니다. 2016년경 인스타그램이 새로운 SNS 플랫폼으로 뜨겁게 불타오르면서, 대부분의 헤어디자이너들이 인스타그램 마케팅만 집중하고 블로그는 서서히 잊기 시작했습니다. 하지만 블로그야말로 여전히 우리가 놓쳐서는 안 되는 헤어디자이너에게 필수인 마케팅 플랫폼입니다. 그럼 지금부터 헤어디자이너가 블로그를 해야 하는 이유에 대해서 함께 알아볼까요?

고객이 직접 찾아온다!

알고리즘이라는 단어 많이 들어보셨을 겁니다. 대부분의 SNS는 알고리즘에 의해 '선택'받아야만 수많은 조회수와 관심을 얻습니다. 예를 들면 인스타그램의 경우에는 특정 키워드를 활용해 검색하기보다 릴스를 넘기다 발견한다던지 탐색탭에서 나에게 추천으로 뜬다던지 우연히 콘텐츠가 노출되고 사람들이 유입되는 경우가 대부분입니다. 각 플랫폼의 대표가 아닌 이상 알고리즘을 100% 이해하고 있는 사람은 없기에 우리가 통제할 수 없는 부분이 너무나 명확합니다. 하지만 블로그의 경우는 다르다고 말할 수 있습니다. 고객이 직접 궁금하거나 관심 있는 키워드를 검색했을 때 우리의 글이 노출되게끔 의도적으로 만들 수 있는 것이죠.

〈그림 1〉 궁금한 키워드는 네이버에 검색

블로그는 검색 기반 노출 마케팅에 가깝습니다. 고객이 필요한 키워드를 검색하고 노출된 글들 사이 눈에 띄는 글이 있다면 자연스럽게 들어오게 될 것이고 그렇게 찾아온 고객들의 대부분은 우연히 만난 고객이 아닌, 정말 서로의 니즈에 딱 맞는 찐고객이 될 확률이 현저하게 크다는 것입니다. 물론 흔히 말하는 상위노출 글의 핵심인 '검색엔진 최적화' 역시 네이버 측에서 컨트롤하는 영역이기에 어떤 요소를 넣었을 때 무조건 이 글은 상위노출이라고 확신할 수는 없습니다. 하지만 중요한 건 고객이 우리가 전략적으로 타깃한 그 '특정 키워드'를 통해 들어오는 시스템이라는 것입니다.

네이버에 키워드를 검색할 때 고객은 '홍대 남자 히피펌', '진주 아이롱펌', '전포 남자 미용실' 등 지역명과 시술 키워드를 아주 세밀하게 검색합니다. 인스타그램에서는 릴스의 조회수가 아무리 100만뷰 이상 나오더라도 만약 우리 미용실의 위치가 모두에게 접근성이 좋은 도심 한가운데가 아닌 이상 고객들이 콘텐츠를 보고 찾아올 확률이 모두에게 공평하지 않습니다. 물론 100만뷰가 나오는 일도 정말 쉽지 않은 일이고요. 하지만 블로그는 우리 지역 자체를 타깃에 두고 검색해서 들어온 고객이 대부분이기에 예약으로 전환될 확률이 훨씬 큽니다.

〈그림 2〉 1일 방문자수가 무려 2000명이 넘는 1인샵 원장님의 블로그

진주에서 1인 미용실을 운영 중인 L원장님의 경우에는 변두리에서 간판도 없이 미용실을 운영하고 있습니다. 하지만 L원장님의 신규 고객 대부분은 블로그를 통해 유입됩니다. 최근에는 [진주 아이롱펌]이라는 키워드로 업로드한 글의 조회수가 1,000회를 돌파했다고 합니다. 그중 단 1%만 고객으로 온다고 하더라도 10명의 신규 고객이 방문하는 것이

며 아이롱펌으로 인한 매출은 무려 120만원에 달하는 금액이 창출됩니다. 시간이 지날수록 조회수는 더 늘어날 것이고, 그렇게 남자 아이롱펌 글을 보고 방문한 고객의 수가 증가한다면 글 하나로 인해 만들어진 매출은 정말 상상 그 이상의 금액으로 자리 잡게 되겠죠?

한 번 작성된 글은 꾸준한 효도상품

빠른 트렌드로 인해 휩쓸리고 사라지는 다른 SNS 플랫폼과는 다르게, 블로그의 검색 기반 시스템은 한 번 작성된 콘텐츠가 지속적으로 고객에게 도달할 수 있는 구조를 가지고 있습니다. 우리가 작성한 글이 시간이 지날수록 사람들이 더 많이 유입되고 우리 글에 머무는 시간도 늘고 꾸준하게 해당 키워드의 검색량은 존재하고, 한 번 올린 글이 반짝 노출되었다가 없어지는 게 아닌, 계속 해당 키워드로 검색한 고객들에게 노출된다는 것입니다.

또한 처음 올리자마자는 잠잠했던 콘텐츠도 시간이 지난 후 나중에 갑자기 노출이 잘되고 고객들의 반응이 터지는 경우도 있습니다. 강남의 S디자이너의 경우에는 여러 시술 메뉴를 올리다가 갑자기 여성 중단발 블로그 글이 수많은 관심을 받게 되었고 그때 이후로 해당 메뉴는 시그니처 메뉴가 되어 현재도 여성 중단발 신규 고객만 매달 150명 가까이 오고 있다고 합니다. 이처럼 금방 식고 금방 꺼지는 단발성 콘텐츠가 아닌, 블로그 글 하나하나가 가지고 있는 위력은 시간이 지나도 커지면 커질 뿐 절대 꺼지지 않습니다.

편한 분위기 속에서 평소처럼 소통하기

블로그 특성상 짧고 자극적인 시각적 요소보다도, 상대적으로 긴 호흡의 글과 여러 장의 사진들로 구성되어 있습니다. 그렇다고 해서 글을 잘 써야 한다는 부담감을 갖을 필요는 전혀 없습니다. 오히려 힘을 빼고 평소 내 말투처럼 자연스럽게 쓴 글일수록 고객 입장에서는 읽었을 때 이해하기 쉬우며 서로가 궁금해하는 점을 잘 해소할 수 있는 매력 포인트가 됩니다. 또 짧은 글과 짧은 영상으로만 판단되지 않고, 천천히 글을 읽고 여러 장의 사진을 보면서 자연스럽게 스며들게 됩니다.

요즘에는 블로그를 통해 단순 헤어 시술만 소개하는 것이 아닌, 평소의 일상이나 생각들을 적어 고객들과 소통하는 디자이너들도 많이 있습니다. 키워드를 통해 유입시켜 고객으로 전환되는 마케팅 도구임과 동시에 나라는 사람이 어떤 사람인지 다방면에서 고객들과 깊게 소통할 수 있는 브랜딩 도구이기도 합니다.

블로그
알고리즘

어떤 기준들로 상위노출되는 걸까

네이버에 키워드를 검색하면 나오는 수많은 글들 사이, 어떻게 하면 나의 글이 상위로 노출되게끔 할 수 있는 걸까요?

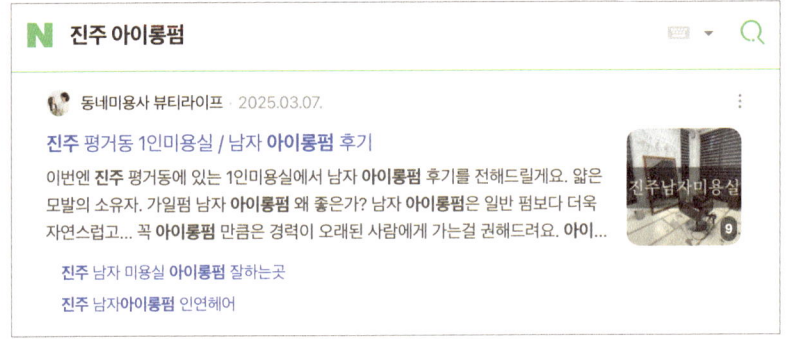

〈그림 1〉 진주 아이롱펌 키워드 검색결과

상위노출에는 우리가 100% 이해할 수 없고 밝혀지지 않은 수많은 요소들이 작용하겠지만, 네이버 측에서 2가지 공식 알고리즘에 대해 설명한 바 있습니다.

누가 썼는지를 체크하는 C-Rank

C-Rank는 해당 문서를 작성한 블로그 자체의 신뢰도와 인기도를 판단하는 알고리즘으로 쉽게 말해 '이 글을 누가 썼냐'가 중요한 판단 기준입니다.

〈그림 2〉 C-Rank의 3가지 요소 출처: 네이버 공식 블로그

네이버에서 이야기하는 C-Rank를 구성짓는 3가지 요소는 '맥락(Context)', 즉 얼마나 전문성 있게 한 분야를 꾸준히 작성하는가, '내용(Content)', 즉 작성한 글의 질은 얼마나 높은가, 마지막으로 '연결성(Chain)' 해당 블로그의 실질적인 독자들의 반응과 상호작용으로 이루어지는 인기도가 포함되어 있습니다.

아무래도 C-Rank에서 좋은 점수를 받으려면, 이제 막 새로 시작한 신생 블로그보다는 어느 정도 꾸준하게 질 높은 글을 작성해 온, 운영 기간이 꽤 쌓인 블로그가 유리할 것입니다. C-Rank와 흔히 상위노출의 아주 근본적인 요소라고 이야기하는 '블로그 지수'의 정의는 거의 비슷합니다.

C-Rank는 딱 이 3가지만 기억하면 됩니다. 1. 전문성 있는 한 분야를 2. 얼마나 꾸준하게 3. 질 높은 글을 써 발행했느냐!

사람들이 좋아할 만한 글을 판단하는 D.I.A

D.I.A(다이아)는 Deep Intent Analysis의 약자로 사람들이 어떤 글을 좋아할지 사람들의 의도를 미리 예측해 좋아할 만한 글을 보여주는 알고리즘입니다. C-Rank와는 다르게, 블로그 자체를 보는 것이 아닌 해당 '글'만을 보고 점수를 매깁니다.

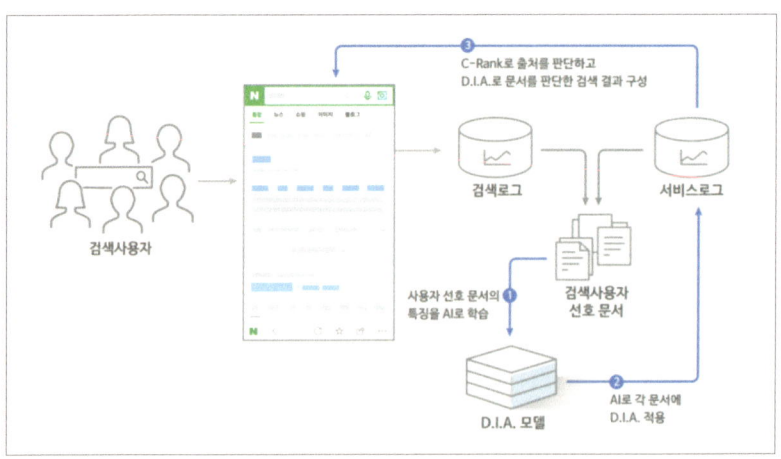

〈그림 3〉 D.I.A 알고리즘 출처: 네이버 공식 블로그

네이버에 따르면 D.I.A(다이아)에는 문서의 주제 적합도, 경험 정보, 정보의 충실성, 문서의 의도, 상대적인 어뷰징 척도, 독창성, 적시성 등 다양한 요소가 포함된다고 합니다. 또한 계속해서 사용자들의 반응에 따라 기준들은 업데이트되고 있습니다.

핵심적으로는 작성자의 진짜 경험을 바탕으로 작성된 후기와 전문성 있는 글들이 사용자들이 좋아할 만한 글로 판단되어 D.I.A 알고리즘에 최적화된다고 이야기하고 있습니다.

블로그 글의 또 다른 상위노출 핵심 포인트라고 이야기하는 '검색엔진 최적화', 해당 단어는 블로그의 검색엔진인 네이버에 최적화되게끔 글을 구성하는 과정을 뜻합니다. 그리고 '검색엔진에 최적화시키는 과정'은 D.I.A 알고리즘에서 좋은 점수를 받는 요소가 되는 것이죠.

D.I.A는 딱 이 3가지만 기억하면 됩니다. 1. 사람들이 누르고 싶고 2. 오래 읽게 되는 3. 진짜 도움 되는 글을 쓰자!

성실한 블로그 운영은 기본, 사람들이 좋아하는 글을 써라!

C-Rank는 블로그 초기부터 좋은 점수를 받을 수 있는 영역은 아닙니다. 절대적인 시간이 필요한 것이죠. 꾸준하게 전문성 있는 분야에서 성실하게 글을 쓰고 사람들과 소통을 많이 하다 보면 자연스럽게 좋아지는 영역입니다. D.I.A는 블로그 초기 운영자여도 바로 좋은 점수를 받을 수 있습니다. 검색엔진 최적화 과정을 거치며 사람들이 좋아할 글을 잘 작성하여 올리면 됩니다.

알고리즘과 검색결과는 계속해서 변화합니다. AI가 고도화되면 고도화될수록 더욱 디테일해지고 판단하기 어려운 영역들이 생기기 마련입니다. 하지만 변하지 않는 건 사람들이 좋아하는 글을 쓰고 성실하게 블로그를 운영하면 무조건 좋은 점수를 받을 수 있다는 것입니다. 알고리즘 변화에 관심을 갖는 것도 좋지만, 결국 꾸준함과 성실함이 이깁니다.

블로그 시작하기

1. 블로그 홈 화면 알아보기

네이버 블로그는 우리에게 너무나도 익숙한 플랫폼입니다. 네이버 아이디만 가지고 있다면 누구나 나만의 블로그도 가지고 있을 텐데요. 시작 전 간단히 블로그의 메인 홈에는 어떤 영역들이 있는지 알아보고, 블로그 계정 설정을 함께 진행해 보겠습니다.

〈그림 1〉 네이버 블로그

블로그 홈 화면 알아보기

아래는 PC로 접속했을 때 보이는 블로그 메인 화면입니다.

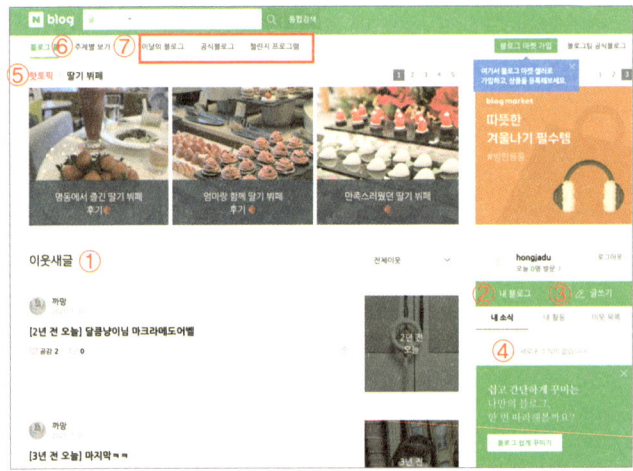

〈그림 2〉 블로그PC 메인화면

(1) 이웃새글 : 이웃추가한 이웃들의 새글을 볼 수 있는 영역입니다.

(2) 내 블로그 : 해당 버튼을 누르면 나의 블로그 메인 화면으로 넘어갑니다.

(3) 글쓰기 : 블로그 글쓰기 화면으로 넘어갑니다.

(4) 알림 : 블로그 알림을 한눈에 볼 수 있습니다.

(5) 핫토픽 : 하루에 하나씩 블로그씨의 질문을 모든 블로그는 받을 수 있는데요, 해당 질문 답변 포스팅 중 선정된 블로그는 핫토픽 글로 노출됩니다.

(6) 주제별 보기 : 여러 가지 주제별로 블로그 글과 블로그를 볼 수 있습니다.

(7) 이달의 블로그/ 공식 블로그/ 챌린지 프로그램 : 이달의 블로그는 주제별로 네이버 블로그에서 선정한 블로그를, 공식 블로그는 네이버에서 기관 기업 단체에서 운영하는 블로그를, 챌린지 프로그램은 블로그에서 진행하는 여러 챌린지들을 볼 수 있습니다.

아래는 모바일로 접속했을 때 보이는 블로그 메인 화면입니다.

〈그림 3〉 블로그 모바일 메인 화면

(1) 클립 : 네이버의 숏폼입니다. 이웃추가한 블로그들이 업로드한 클립을 볼 수 있는 영역입니다. 오른쪽 보라색 클립 홈 버튼과 왼쪽 만들기 버튼도 있습니다.

(2) 블로그 메인 홈 버튼 : 해당 버튼을 누르면 위 사진과 같은 메인 홈 화면이 나옵니다.

(3) 추천 버튼 : 기본적으로 블로그에서 추천해 주는 글들도 나오고 특정 주제를 선정하면 해당 주제에 맞는 추천 글들을 보여줍니다.

(4) 클립 만들기/ 글쓰기 버튼 : 클립을 만들거나 블로그 글을 작성할 수 있습니다.

(5) 내 소식 버튼 : 블로그 알림을 한눈에 볼 수 있습니다.

(6) 내 블로그 보기 버튼 : 내 블로그 메인 화면을 볼 수 있습니다.

2. 블로그 정보 관리하기

기본적인 블로그 화면 구성을 살펴보았으니 자세한 블로그 설정으로 들어가 보겠습니다! 모바일 화면에서는 설정이 어려운 부분도 있어 PC로 진행하겠습니다.

01 [내 블로그]로 들어간 후 오른쪽 상단에 있는 내 메뉴 → 관리 버튼을 눌러 준 뒤 내 정보에 맞게 기입해줍니다.

〈그림 4〉 블로그 정보 입력하기

(1) 연령그룹 : [연령 정보로 검색 및 추천 허용]을 누르면 내 네이버ID상의 연령을 기반으로 검색결과로 노출하거나 추천할 수 있습니다.

(2) 블로그 주소 : 기본적으로 네이버ID로 주소가 생성되어 있지만, 딱 1회 원하는 주소로 수정할 수 있습니다. 1회만 변경이 가능하니 신중해야 합니다. 변경 전 블로그 글은 연결이 끊길 수도 있고 기타 다른 유의사항들이 있으니 꼭 확인 후 변경하기 바랍니다.

(3) 블로그명 : 내 블로그의 제목입니다. 어떤 블로그 제목을 지어야 할지 고민이라면, 상단에서 설명했던 [이달의 블로그] 탭을 눌러 인기 있는 블로그는 어떤 제목을 짓는지 아이디어를 얻는 걸 추천합니다. 최대 25자까지 입력할 수 있으며 나의 특징이 잘 나타나는지 기억하기 쉬운 제목을 짓는 것이 좋습니다.

(4) 별명 : 블로그명과 다르게, 별명은 나의 닉네임을 설정하는 것입니다.

(5) 소개글 : 블로그의 성격이나 주제를 200자 내외로 간단하게 입력합니다.

(6) 내 블로그 주제 : 블로그의 주요 카테고리를 선정하는 항목입니다. 주제는 총 32가지 있지만, 블로그 주제 역시 최적화에 중요한 포인트이기에 여러 가지를 고려하는 것보다 내가 메인으로 밀고 갈 헤어 주제에 알맞은 카테고리를 선택하는 것이 좋습니다. [패션, 미용] 카테고리를 선택하면 됩니다.

(7) 블로그 프로필 이미지 : 나의 프로필 사진을 업로드해 주면 됩니다. 하단에 체크 표시를 선택할 경우에는 네이버 프로필도 함께 변경됩니다.

(8) 모바일앱 커버 이미지 : 블로그 모바일앱에서 노출될 배경 사진입니다.

〈그림 5〉 모바일앱 커버 이미지 예시

3. 블로그 디자인 꾸미기

모바일 블로그의 경우에는 기본 틀에 맞춰서 노출되지만, PC화면으로 봤을 때는 휑해 보일 겁니다. 아주 쉽게 블로그에서 제공하는 여러 가지 디자인 틀 중에 마음에 드는 틀을 골라 블로그를 꾸밀 수 있습니다. 그럼 시작해 볼까요?

01 내 블로그 → 블로그 관리로 들어오면 오른쪽 상단에 [블로그 쉽게 꾸미기] 버튼을 누릅니다. 블로그 쉽게 꾸미기는, 블로그에서 제공하는 다양한 블로그 화면 디자인 템플릿입니다. 시작하기를 누릅니다.

〈그림 6〉 블로그 쉽게 꾸미기

02 테마와 단에 맞춰서 마음에 드는 스킨을 골라봅니다.

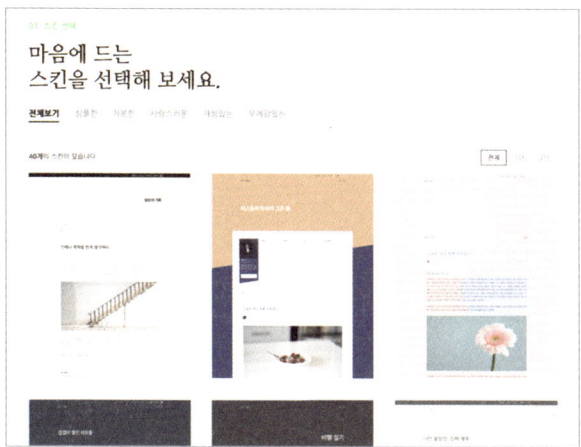

〈그림 7〉 마음에 드는 스킨 선택

03 마음에 드는 스킨을 고르면 미리보기를 통해 어떤 식으로 내 블로그가 꾸며지는지 확인해 볼 수 있습니다.

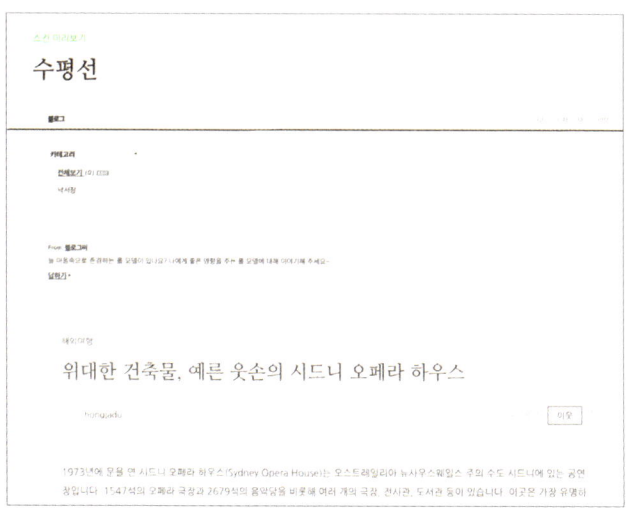

〈그림 8〉 미리보기를 통해 나의 스킨 확인하기

04 아직 블로그 정보를 입력하지 않았다면, 블로그 정보를 입력해 주면 됩니다.

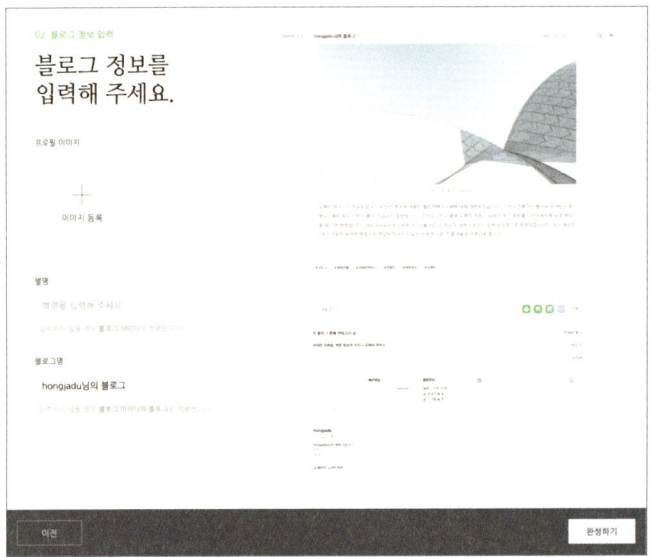

〈그림9〉 블로그 정보 입력하기

완성하기 버튼을 누르면 초간단 나만의 블로그 스킨이 완성됩니다.

블로그 콘텐츠 만들기

1. 어떤 글을 올릴까

이제, 블로그 콘텐츠를 만들어볼 차례입니다! AI를 활용하여 블로그 글을 쓰기 전, 큰 틀에서 헤어디자이너가 쓰면 좋은 블로그 글 주제에 대해서 정리해 보았습니다.

내가 직접 한 헤어 시술에 대한 글

〈그림 1〉 네이버 블로그: 동네미용사 뷰티라이프

첫 번째로는 '내가 한 시술 소개글'입니다. 고객이 키워드를 검색해 유입되었을 때, 시술에 대한 정보를 블로그 글에서 얻고 바로 예약으로 이어질 수 있는 핵심 글입니다.

사람들이 궁금해할 헤어 정보를 제공하는 글

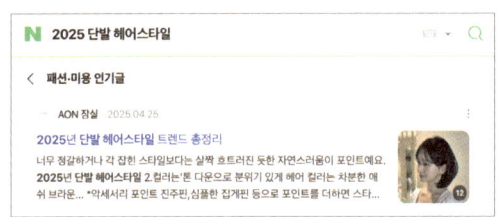

〈그림 2〉 네이버 블로그: AON 잠실

두 번째로는 '사람들이 궁금해할 헤어 정보에 대한 글'입니다. '헤어디자이너'라는 직업은 일반인과는 다른 전문가의 영역입니다. 그렇기에 헤어디자이너만이 제공할 수 있는 헤어 정보라는 것은 분명 특화되어 있습니다. 네이버 검색창의 가장 기본적인 역할은 지식을 얻기 위함입니다.

블로그는 한 가지 키워드만 집중하는 것보다, 다양한 글들을 통해 다양한 키워드에서 많이 읽히는 것이 중요합니다.

내 브랜드 스토리를 담은 글

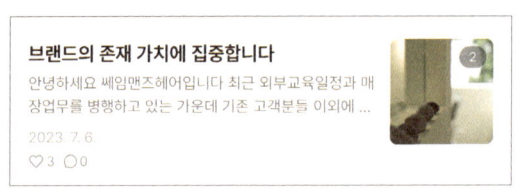

〈그림 3〉 네이버 블로그: SAME man's hair

마지막으로는 '나의 브랜드 스토리를 담은 글'입니다. 블로그 운영에 있어 키워드를 노리고 상위노출하는 것만이 중요한 게 아닙니다. 블로그라는 플랫폼을 통해 나와 우리 매장의 스토리를 담아 알리며 고객과 한껏 친밀해질 수 있는 매개체이기도 합니다.

다른 글들로 처음 유입된 고객도 자연스럽게 우리 매장에 대한 글을 보며 호감도를 높일 수도 있고, 블로그 계정은 네이버 스마트플레이스와도 연결할 수 있기에 우리 매장과 나에 대한 자세한 이야기들을 듣고 싶은 고객들과 소통할 수 있는 좋은 창구입니다.

2. 나의 헤어 시술 글 작성하기

첫 번째로 내가 직접 한 헤어 시술을 소개하는 글을 작성해 볼 것입니다. 블로그 상위노출 핵심에서 소개했듯이, 네이버는 직접 경험한 후 적는 후기 글에 대해 굉장히 관대한 편입니다.

01 주제 정하기

먼저, 어떤 헤어 시술을 소개할 건지 메인 주제를 정해야겠죠? 홍대 걷고 싶은 거리에서 1인샵을 운영 중인 미미살롱 미미원장님을 예시로 들어보겠습니다. 원장님의 시그니처인 중단발 레이어드컷을 블로그 글로 소개해 보겠습니다.

주제는 내가 소개하고 싶은 시술이 무엇인지에 따라 달라질 것입니다. 주제가 자세하고 확실할수록 내가 타깃하는 고객을 만날 가능성이 높아지니 자세하게 정해주는 것이 좋습니다.

02 핵심 키워드 찾기

주제를 정했으면 블로그의 키포인트라고 할 수 있는 '핵심 키워드'를 찾을 차례입니다. 우리가 정한 핵심 키워드를 통해 사람들이 우리의 글에 유입되는 것이죠. '핵심 키워드 1개' '보조 키워드 2개'를 찾아보겠습니다.

헤어 시술은 특정한 시술명이 이미 주어지기에 '레이어드컷'이 메인임을 알 수 있습니다. 하지만 레이어드컷 자체는 범위가 넓은 키워드이기에, 파생될 수 있는 숨은 키워드들을 찾아보겠습니다.

네이버에서 보여주는 단서들!

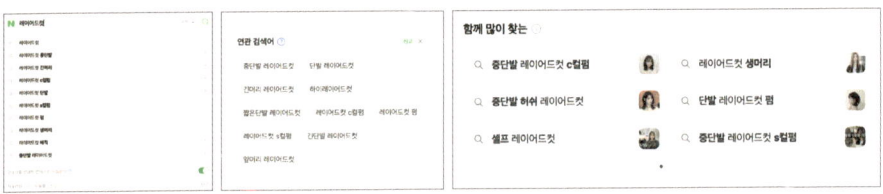

〈그림 4〉 자동완성 기능   〈그림 5〉 연관 검색어   〈그림 6〉 함께 많이 찾는

1차적으로 네이버에 [레이어드컷]을 검색해 보겠습니다. 첫 번째, 자동완성 기능을 켜두면 레이어드컷 뒤에 사람들이 많이 추가하는 단어들이 무엇인지 확인할 수 있습니다. 레이어드컷 + 중단발/ 긴머리/ C컬펌/ 단발 등등 여러 시술 키워드를 붙여서 검색하네요.

그리고 레이어드컷을 검색하고 나면 오른쪽 화면에 [연관 검색어]를 띄워줍니다. 레이어드컷 앞에 중단발/ 단발/ 긴머리 등 기장이 붙기도 하네요.

마지막으로 아래로 내리다 보면 [함께 많이 찾는] 영역을 볼 수 있습니다. 중단발+레이어드컷+C컬펌, 중단발+레이어드컷+S컬펌 등 기장+레이어드컷+펌시술 3가지 조합으로도 많이 검색하는 걸 볼 수 있습니다.

키워드 검색량 정확하게 확인하기

네이버에서 제공하는 단서만으로도 많은 사람들이 레이어드컷과 기장/펌시술 조합으로 검색한다는 걸 1차적으로 확인할 수 있습니다. 그러면, 어떤 키워드가 얼마나 검색되는지 정확한 수치를 확인해 우리가 메인으로 가져갈 키워드를 정해 보겠습니다.

키워드를 분석할 수 있는 도구와 사이트는 다양하기에 각자 개인에 맞는 것을 선택해 활용해도 됩니다. [마피아넷]이라는 키워드 검색 도구 사이트를 활용해 핵심 키워드와 보조 키워드를 선정해 보겠습니다. 구글에서 [마피아넷] 검색 후 사이트에 들어와주세요.

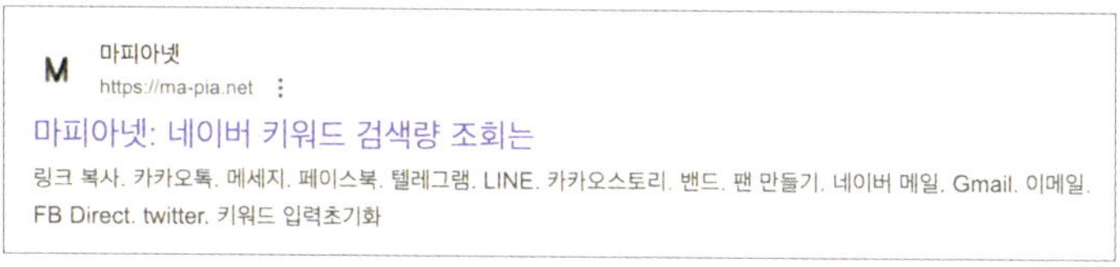

〈그림 7〉 마피아넷

마피아넷에 들어온 후 [연관 키워드]를 선택해 우리가 궁금한 키워드 3가지를 검색해 보겠습니다. 연관 키워드는 한 줄에 한 키워드 입력 가능하며 한 번에 최대 5가지 키워드를 검색할 수 있습니다.

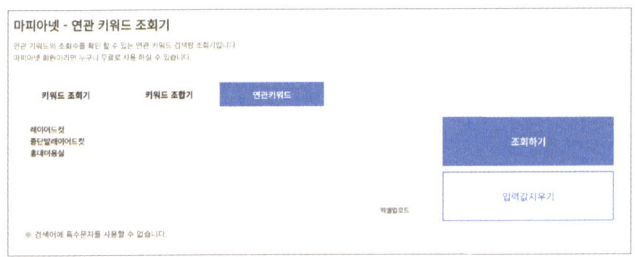

〈그림 8〉 마피아넷 연관 키워드 조회하기

키워드 입력 후 [조회하기] 버튼을 누르니 수많은 연관 키워드를 확인할 수 있습니다. 이 키워드들 중 검색수에 비해 블로그 발행수는 상대적으로 적은, 즉 포화도는 높지 않으면서도 맥락상 중단발 레이어드컷과 조화롭게 어울릴 만한 키워드들을 선택합니다. 그리고 [다운로드] 버튼을 눌러 엑셀 파일로 선택한 키워드만 추출해줍니다.

키워드 조회 결과 다운로드 ※키워드를 선택하신 후 다운로드가 가능합니다 검색값초기화

☐	NO	키워드	월간검색수		검색수합계	월간 블로그 발행		네이버쇼핑 카테고리	월평균클릭수		월평균클릭율		경쟁정도	월평균노출광고수
			PC	Mobile		수량	포화도		PC	Mobile	PC	Mobile		
☑	1	중단발레이어드컷	6,330	81,700	88,030	1,683	1.9%	카테고리없음	5.9	329.5	0.1	0.44	중간	12
☑	2	레이어드컷	8,000	120,900	128,900	11,870	9.2%	카테고리없음	7.8	632.8	0.11	0.57	높음	15
☑	3	홍대미용실	2,660	19,800	22,460	1,440	6.4%	카테고리없음	4.9	133.8	0.2	0.73	높음	15
☐	4	히피펌	8,090	80,900	88,990	3,454	3.9%	카테고리없음	6.4	404.8	0.09	0.54	높음	15
☑	5	중단발헤어스타일	1,900	22,100	24,000	983	4.1%	카테고리없음	3.8	138.5	0.22	0.68	중간	12
☐	6	빌드펌	1,670	15,900	17,570	950	5.4%	카테고리없음	1.3	58	0.09	0.39	중간	12
☐	7	레이어드펌	2,690	28,100	30,790	9,815	31.9%	카테고리없음	3.8	140.5	0.15	0.54	중간	12
☐	8	허쉬컷	3,500	53,400	56,900	1,479	2.6%	카테고리없음	2.7	134.5	0.09	0.27	중간	12
☐	9	긴머리레이어드컷	1,820	22,200	24,020	2,506	10.4%	카테고리없음	2	144.8	0.12	0.7	중간	12
☐	10	긴머리펌	1,110	12,800	13,910	3,953	28.4%	카테고리없음	3.6	154.5	0.35	1.28	중간	12
☐	11	단발펌	5,920	73,500	79,420	784	1.0%	카테고리없음	9.5	899.6	0.17	1.32	높음	15
☐	12	아이롱펌	2,650	24,400	27,050	2,386	8.8%	카테고리없음	2.7	104.8	0.11	0.46	중간	12
☐	13	단발레이어드컷	5,580	81,100	86,680	2,359	2.7%	카테고리없음	5.5	374	0.11	0.5	중간	12

〈그림 9〉 키워드 선택하기

다운로드받은 엑셀 파일을 열면 선택한 키워드를 한눈에 쉽게 볼 수

있습니다. 핵심 키워드는 '중단발레이어드컷' 보조 키워드는 '홍대미용실'과 '중단발헤어스타일'로 선택하겠습니다.

키워드	월간검색수 PC	월간검색수 모바일	검색수 합계	월간 블로그 발행 수량	월간 블로그 발행 포화도
중단발레이어드컷	6,330	81,700	88,030	1,683	1.9%
레이어드컷	8,000	120,900	128,900	11,870	9.2%
홍대미용실	2,660	19,800	22,460	1,440	6.4%
중단발헤어스타일	1,900	22,100	24,000	983	4.1%

〈그림 10〉 엑셀 파일로 다운로드받은 연관 키워드

03 챗GPT와 블로그 글 쓰기

우리의 메인 주제는 '중단발 레이어드컷' 헤어 시술이고 핵심 키워드는 '중단발레이어드컷' 보조 키워드는 '홍대미용실' '중단발헤어스타일'로 정해졌습니다. 그럼 이제 글을 써야겠죠?

블로그 글은 강렬한 후킹멘트가 들어간 카피 문구가 아니더라도, 작성자의 분위기와 진솔함이 그대로 묻어나게 부담 없이 고객에게 이야기하듯이 작성하면 됩니다. 직접 작성하면 가장 좋겠지만 하루종일 고객 상대하느라 바쁜 헤어디자이너에게 블로그 글 쓰는 시간을 내는 것조차 쉽지 않을 것입니다.

그래서 우리는 챗GPT와 함께 나의 자연스러운 말투 그대로 프롬프트 요청 한 번으로 뚝딱 블로그 글을 작성할 것입니다.

상위노출 글을 만드는 프롬프트

챗GPT를 열고 블로그 글을 작성해달라는 프롬프트를 전달해 보겠습니다.

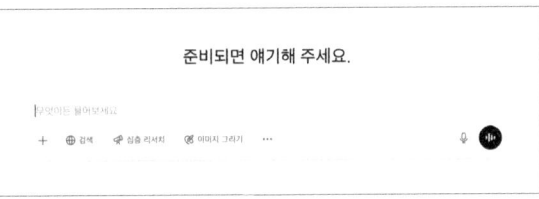

〈그림 11〉 챗GPT 열기

먼저 앞에서 소개했던 PCTF 프롬프트 기법으로 블로그 글 작성을 요청해 보겠습니다.

프롬프트는 [역할 지정]+[수행할 임무]+[임무에 대한 요청사항]+[말투와 분량 등 디테일한 지시사항]과 같이 구성했습니다.

> 너는 홍대 걷고싶은거리 1인샵 미미살롱의 경력 17년차 미미원장이야. 너의 주요 고객은 2030 여성들이야. 너의 시그니처 메뉴인 여성 중단발 레이어드컷 시술 과정이 담긴 네이버 블로그 글을 SEO에 최적화해 작성해줘.
>
> 글 안에는 30대 여성 고객님의 밋밋했던 긴생머리가 러블리하고 생기 넘치는 중단발 레이어드컷으로 변화하는 과정을 담고 있어. 시술 전 비포, 간략한 시술 과정, 놀라운 애프터, 마지막으로 고객의 만족스러운 후기를 담아줘.
>
> 핵심 키워드는 [중단발레이어드컷] 보조 키워드는 [홍대미용실], [중단발헤어스타일]이야. 본문에 핵심 키워드는 2~3회 보조 키워드는 2회씩 자연스럽게 넣어줘. 글은 1500자 이상 작성해줘.
>
> 인사로 글을 시작해줘. 친근하면서도 부드러운 전문가 말투로 작성해줘. 마지막에 네이버 예약으로 연결되는 문구를 작성해줘.

〈그림 12〉 블로그 글 작성을 위한 프롬프트

꼭 위의 구성을 100% 따르지 않아도 챗GPT가 블로그 글을 작성해 주지만, 우리가 원하는 요소에 대해 확실한 정보를 주고 요청할수록 답변의 퀄리티는 높아지기에 최대한 위 구성을 따르는 것을 추천합니다.

안에 포함된 내용들은 여러 상황과 항목에 맞춰 바꾸어 활용하면 되겠죠?

뚝딱 만들어준 블로그 글

챗GPT가 만들어준 글을 확인해 보겠습니다.

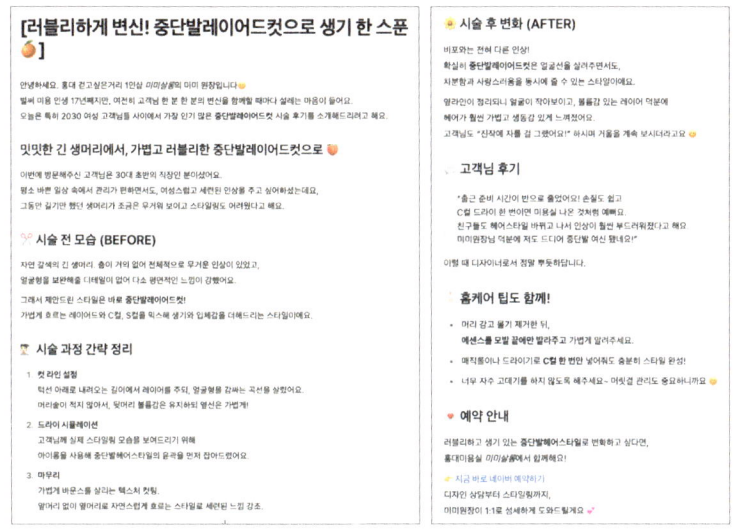

〈그림 13〉 챗GPT가 만들어준 글   〈그림 14〉 챗GPT가 만들어준 글

특별한 수정사항이 필요 없을 정도로 전체적인 맥락이 자연스럽게 잘 써졌죠? 요청하지 않았는데도 홈케어 팁까지 디테일하게 쓰여져 있습니다. 바로 업로드해도 손색이 없을 정도로 완성도 높은 글이 뚝딱 만들어졌습니다.

수정 사항 혹은 다른 요청 사항이 있을 경우, 챗GPT에게 해당 채팅 안에서 연결지어 요청하면 됩니다. 중간에 사진이 들어가면 좋은 부분들을 짚어달라고 요청해 보겠습니다.

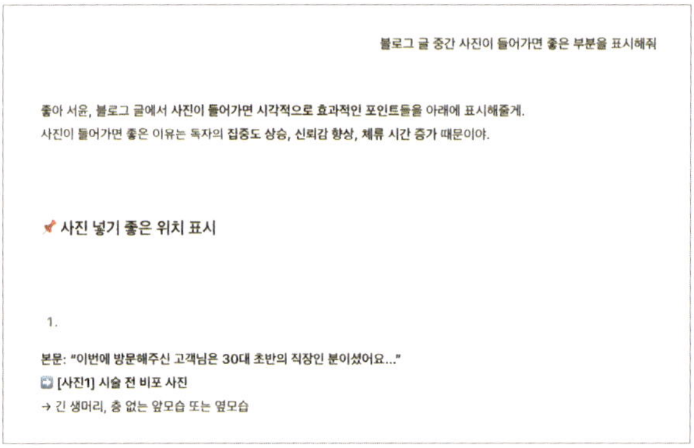

〈그림 15〉 중간에 사진이 들어가면 좋은 부분 요청

처음에 만들어준 제목이 조금 아쉽게 느껴져, 핵심 키워드와 보조 키워드를 활용한 제목을 다시 한번 요청해 보겠습니다.

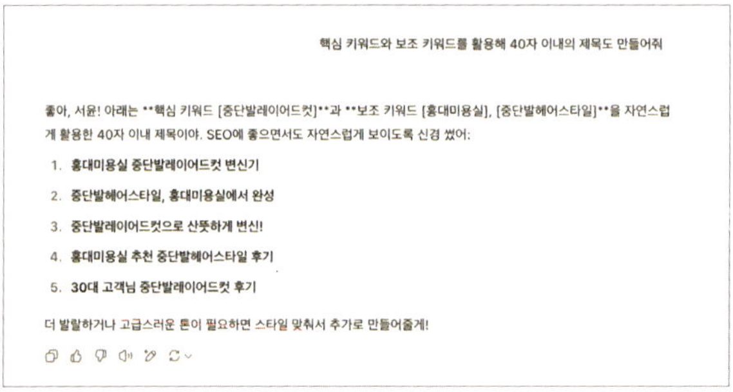

〈그림 16〉 블로그 제목 요청

04 블로그 글쓰기 창에서 편집하기

이제는 네이버 블로그 글쓰기 창에서 챗GPT와 완성한 글을 가독성 좋게 수정해 보겠습니다.

네이버 블로그에 들어가 글쓰기 버튼을 눌러 글쓰기 창을 열어줍니다.

〈그림 17〉 네이버 블로그 글쓰기

방금 챗GPT와 완성한 글과 제목을 나의 톤앤매너에 맞게 살짝 다듬어 타이핑합니다. (네이버 측에서 복사 붙여넣기한 글은 저품질 글로 인식할 위험이 있습니다.)

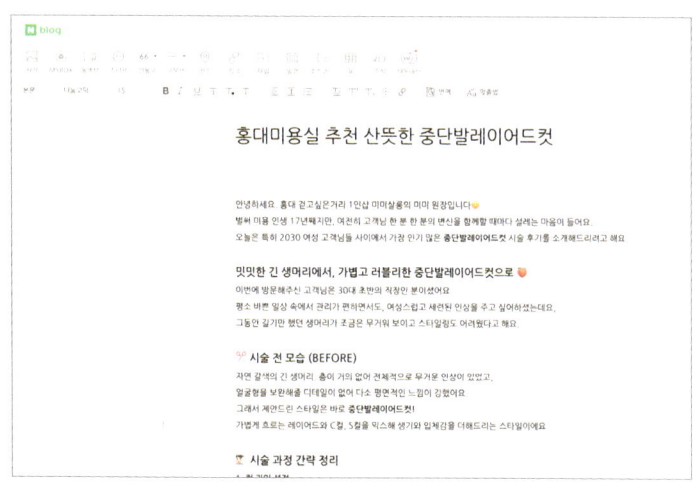

〈그림 18〉 챗GPT가 작성해준 글 다듬어서 넣기

화면 오른쪽 아래 버튼을 클릭하면 모바일 화면에서 보이는 사이즈로 글을 미리 볼 수 있습니다. 대부분의 사람들이 모바일로 글을 읽으니 모바일 전용으로 글을 수정하는 것이 좋습니다.

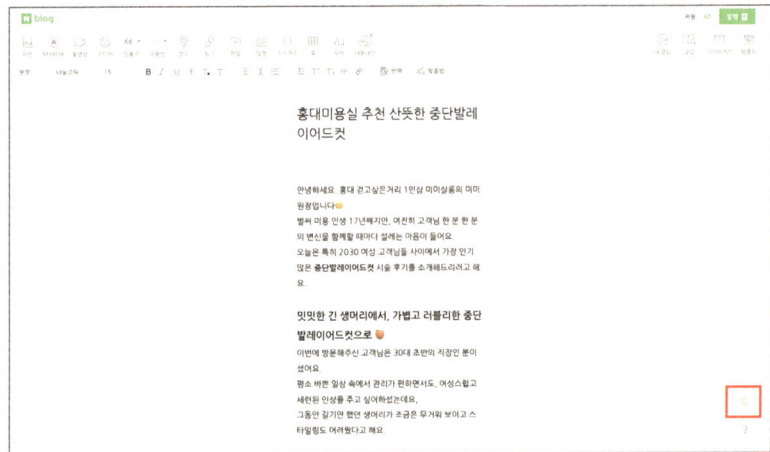

〈그림 19〉 모바일 화면 노출 사이즈로 변경

가독성 좋게 글 꾸며주기

이제 보는 사람들이 글을 술술 편하게 읽을 수 있게끔 문단도 나누어 주고 블로그 자체의 기능들을 활용해 꾸며줄 차례입니다.

〈그림 20〉 글을 꾸미는 각종 기능들

블로그 글쓰기 창에서 활용할 수 있는 스티커/인용구/구분선 등을 활용하여 글을 꾸며줍니다.

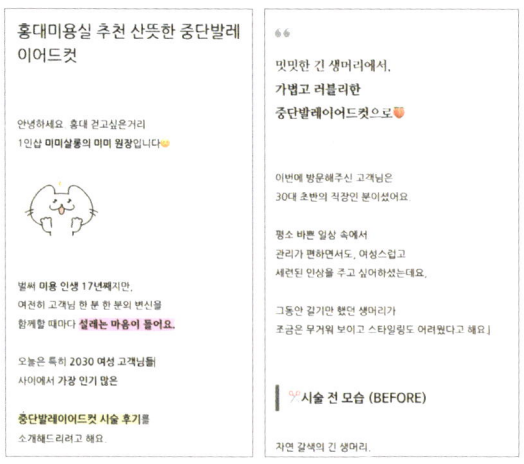

〈그림 21〉 이모티콘과 글 바탕 〈그림 22〉 인용구와 제목 나누기
색 넣기

시술 사진 넣기

글이 다듬어졌다면 이제 직접 시술한 레이어드펌 사진을 넣어줄 차례입니다. 상단 맨 왼쪽에 사진 버튼을 눌러 업로드할 수도 있고, 원하는 위치 클릭 후 +버튼을 눌러 사진을 업로드해도 됩니다.

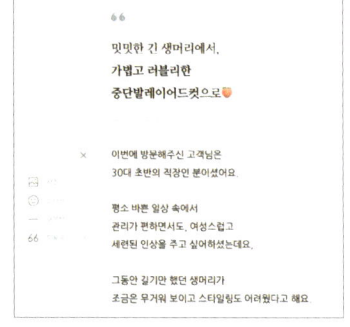

〈그림 23〉 시술 사진 넣기

chapter 3 글 하나로 고객이 직접 찾아오는, 블로그   175

여러 장의 사진을 한 번에 업로드하면 개별사진/ 콜라주/ 슬라이드 3가지의 방식으로 업로드할 수 있습니다.

〈그림 24〉 사진 첨부 방식

사진이 큼직하게 잘 보이는 슬라이드 방식으로 비포 이미지 두 장을 업로드했습니다.

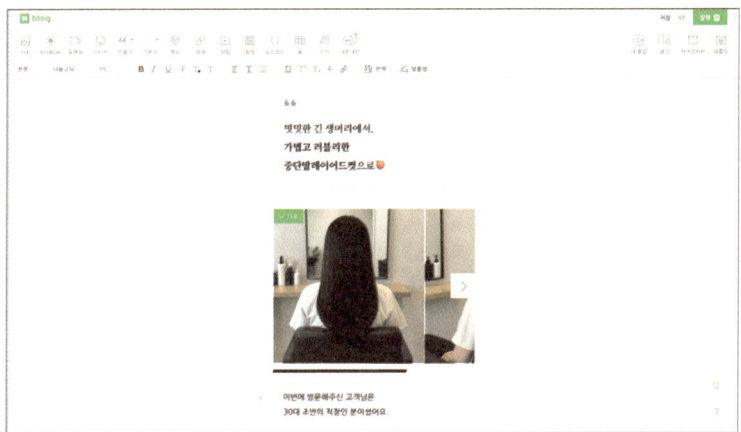

〈그림 25〉 슬라이드 방식으로 이미지 두 장 첨부

대표 이미지로 선택하면 해당 이미지가 블로그 썸네일로 노출됩니다. 중간중간 원하는 위치에 적절한 시술 사진들을 업로드한 후 대표 이미지를 선택해 주면 됩니다.

우리 샵 위치 추가하기

시술 이미지까지 업로드했다면 최종 업로드 전 몇 가지 기능을 활용해 볼 차례입니다. 먼저 우리 샵의 위치를 추가해 보겠습니다.

왼쪽 상단바에 [장소]를 클릭하면 추가할 장소를 검색하는 화면이 나옵니다. 스마트플레이스에 우리 미용실이 등록되어 있다면 검색 시 추가 가능한 주소가 노출될 것입니다.

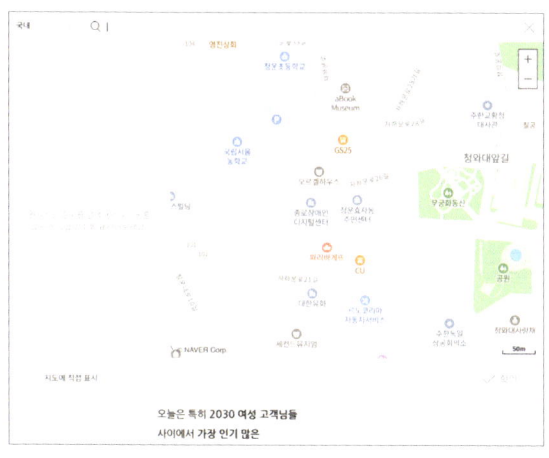

〈그림 26〉 장소 추가하기

알맞은 주소를 클릭한 후 원하는 위치에 큰 지도 화면이나 작은 위치 표시 바 둘 중 원하는 노출방식을 선택해줍니다. 위치는 맨 위에 한 번,

맨 아래 한 번, 총 두 번 추가하는 걸 추천합니다.

〈그림 27〉 제목 바로 아래 우리 샵 위치 추가하기

네이버 예약 링크 연결하기

우리가 블로그 글을 작성한 핵심 이유, 바로 글로 유입된 잠재 고객들이 예약까지 이어지도록 만드는 것입니다. 글을 다 읽은 후 마지막에 클릭 한 번으로 자연스럽게 넘어갈 수 있게끔 네이버 예약창 연결 링크를 추가해 보겠습니다.

네이버 예약 링크는 스마트플레이스 관리자 메인 화면에서 예약상품을 누르고 원하는 예약상품 미리보기를 클릭한 후 노출되는 화면의 링크를 복사하면 됩니다.

 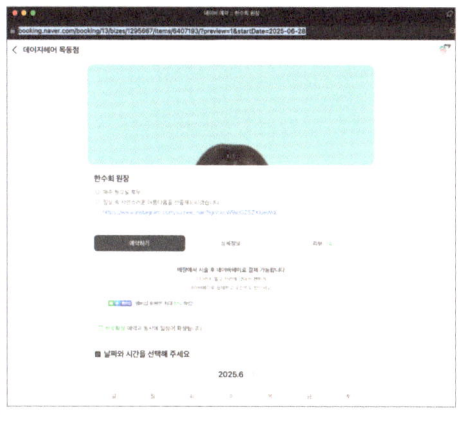

〈그림 28〉 네이버 예약상품   〈그림 29〉 네이버 예약상품 미리보기

해당 링크를 복사했다면 상단에 링크 버튼을 눌러 복사한 링크를 붙여 넣어줍니다.

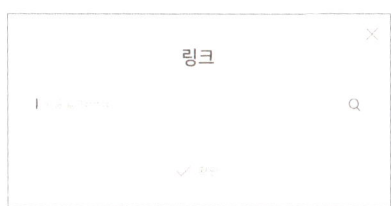

〈그림 30〉 링크 붙여 넣기

네이버 예약 링크뿐 아니라 인스타그램 계정, 카카오톡 오픈채팅방 등 다양한 링크를 하단에 첨부해 고객들이 쉽게 전환될 수 있도록 활용해 보세요.

또한 블로그를 운영하다 보면 자연스레 쌓인 다른 글들을 하단에 첨부해 고객들이 다른 시술 글도 읽어볼 수 있는 기회를 만드는 것도 좋습니다. 그럼 자연스럽게 나의 블로그에 머무는 시간이 길어지겠죠? 오래 보고 머무는 시간이 긴 것은 블로그 지수에 굉장히 좋은 영향을 끼칩니다.

맞춤법 검사하기

마지막 단계입니다. 네이버 블로그는 맞춤법을 검사할 수 있는 기능을 제공합니다.

〈그림 31〉 맞춤법 검사 버튼

맞춤법 검사하기 버튼을 클릭하면 자동으로 본문 글에 맞춤법을 검사해줍니다. 수정하고 싶지 않은 단어는 제외하고, 수정이 필요한 단어는 수정하여 글의 완성도를 높여줍니다.

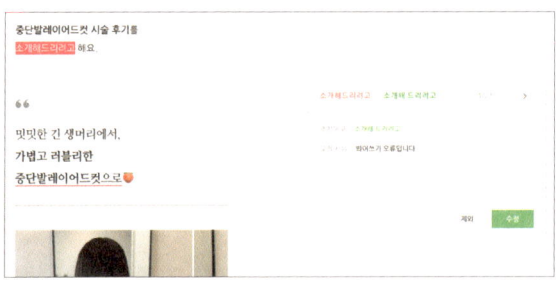

〈그림 32〉 맞춤법 검사하기

05 블로그 글 업로드하기

드디어 블로그 글을 발행할 차례입니다. 현재 글을 발행하고 싶지 않다면 상단에 있는 저장 버튼을 눌러 작성한 글을 임시저장해 둘 수도 있습니다. 우선 바로 발행해 보도록 하겠습니다.

발행 버튼을 클릭하면 발행 전 아래 화면이 보입니다.

〈그림 33〉 발행 전 설정 화면

(1) 기본으로 설정해 두었던 나의 블로그 카테고리 중 해당 글이 업로드될 카테고리를 설정해줍니다.

(2) 주제를 골라줍니다. 카테고리에 이미 주제가 선정되어 있다면 해당 주제가 기본적으로 선택되어 있습니다. 변경하고 싶다면 변경 가능합니다. 우리의 글은 [패션, 미용] 주제와 가장 가깝기에 해당 주제로 선택해 주는 것이 좋습니다.

(3) 전체 공개는 모든 사람들이 글을 볼 수 있습니다. 이웃공개는 나를 이웃추가 한 사람에게만 글이 노출됩니다. 서로이웃은 서로이웃을 맺은 이웃에게만 글이 노출됩니다. 비공개는 블로그 주인인 나만 글을 볼 수 있습니다. 검색결과로 노출되어 고객들을 만나기 위해서는 전체 공개로 글을 설정해야 합니다.

(4) 검색허용은 필수로 선택해 주어야 네이버 검색결과에 노출됩니다.

(5) 이 설정을 기본값으로 유지하면 앞으로 글을 올릴 때마다 해당 설정이 기본값으로 유지됩니다. 매번 설정하는 건 번거로우니 기본값으로 유지를 선택해 주는 것이 좋겠죠.

(6) 태그는 최대 30개까지 가능하지만 핵심 키워드 3~5개 정도 입력하는 것을 추천합니다. 우리가 메인으로 밀었던 핵심 키워드와 보조 키워드를 넣어 입력해줍니다.

(7) 발행 시간을 현재로 선택하면 발행 버튼을 누르는 즉시 글이 업로드됩니다. 특정 시간에 글을 발행하고 싶다면 예약 버튼을 눌러 지정할 수 있습니다.

(8) 공지사항으로 등록하면 해당 글이 공지로 등록됩니다.

나의 헤어 시술 글 업로드 완료!

이제 초록색 발행 버튼을 누르면 드디어 발행이 완료됩니다!

내가 직접 한 헤어 시술은 여러 가지 블로그에 올릴 수 있는 콘텐츠 중 가장 기본적이면서도 핵심적인 콘텐츠라고 할 수 있습니다. 내가 어떤 시술을 어떤 고객과 어떻게 진행하는지가 그대로 담기는 글은 나의 고객이 되기 전, 우리 매장을 방문하기 전 나를 미리 간접적으로 경험해볼 수 있는 유용한 기회가 됩니다.

3. 헤어 정보 글 작성하기

궁금한 것이 생겼을 때 여러분은 어떻게 하나요? 가장 먼저 생각나는 건 바로 초록창입니다.

〈그림 34〉 궁금할 땐? 우선 네이버 초록창

헤어 정보 글은 블로그가 존재하는 핵심과도 아주 밀접하게 맞닿아 있는 콘텐츠입니다. 블로그 알고리즘에서도 설명했던 '전문가'가 '양질의 정보'를 제공하는 글은 사용자들에게도 정보를 제공하는 네이버 플랫폼 측에서도 아주 유용한 콘텐츠입니다.

헤어 분야에서는 누구보다 전문가인 헤어디자이너가 직접 전하는 헤어 관련 정보 글 작성을 지금부터 시작해 보겠습니다!

01 주제 정하기

가장 먼저 주제를 정해 볼 차례입니다. 헤어 시술의 경우에는 나의 [시술메뉴] 자체가 주제였다면, 이번에는 사람들이 궁금해할 만한 주제를 직접 골라보아야 합니다. 주제를 고르는 데는 여러 가지 방법이 있습니다. 직접 고객과 대화하다 떠오른 주제일 수도 있고, 사람들이 질문했던 정보일 수도 있고, 키워드를 먼저 찾아보고 고를 수도 있겠죠. 우리는 챗GPT와 함께 주제를 선정해 보려 합니다.

챗GPT에게 주제 후보를 물어보자!

챗GPT에 들어가 새로운 채팅창을 누른 후 헤어 정보 블로그 글 주제 후보를 요청해 보겠습니다.

> 너는 홍대에 위치한 1인샵 미미살롱의 경력 17년차 미미원장이야. 헤어 정보에 대한 네이버 블로그 글을 작성하려고 해. 사람들이 헤어에 대해 궁금해할 만한 주제 10가지를 추천해 줘.

〈그림 35〉 헤어 정보 글 주제 추천 프롬프트

챗GPT가 건네준 주제 후보를 확인해 볼까요?

> 좋아 서윤! 미미원장으로서 2030 여성 고객들에게 신뢰감을 주면서도 실질적인 도움을 줄 수 있는 블로그 주제를 아래처럼 정리해봤어. 검색에도 잘 걸리면서, 고객들의 진짜 궁금증을 건드리는 주제들로 골랐어:
>
> 💇 **미미살롱 블로그 추천 주제 10가지**
>
> 1. 중단발 레이어드컷, 내 얼굴형에도 어울릴까?
>   👉 얼굴형별 중단발컷 추천 + 미미원장만의 시술 노하우
> 2. 앞머리 하나로 인상 바꾸는 법 (시스루뱅 vs 풀뱅 vs 처피뱅)
>   👉 앞머리 스타일별 분위기 변화, 유지법까지 정리
> 3. 긴머리에서 중단발로 자를까 말까 고민될 때 체크리스트
>   👉 실제 변신 사례 + 고객 반응 중심
> 4. 펌 오래가게 하는 꿀팁! 시술 후 홈케어 완전 정리
>   👉 펌 종류별 관리법 + 절대 하면 안 되는 실수들
> 5. 염색 지속력 높이는 방법 (퇴색을 늦추는 생활습관)
>   👉 쿨톤/웜톤별 컬러 추천 + 퇴색 방지법
> 6. 2025년 유행할 여자 헤어스타일 총정리
>   👉 미미원장이 뽑은 유행 예측! 중단발/레이어드/펌 트렌드
> 7. 헤어라인 커트 하나로 소두처럼 보이는 법
>   👉 이마 라인, 옆머리 컷팅으로 인상 개선하는 팁
> 8. 모발 손상도 진단하는 자가 테스트 + 해결책
>   👉 염색, 펌 반복한 고객들에게 유용한 글
> 9. 미용실에서 말 잘 못하는 고객들을 위한 커트 요청법
>   👉 '이렇게 말하면 원하는 스타일이 나와요' 예시 문장들
> 10. 한 번 가면 단골 되는 1인샵, 어떤 차이가 있을까?
>   👉 미미살롱만의 서비스 포인트 + 고객 후기 정리

〈그림 36〉 챗GPT의 추천 주제들

방금 전 헤어 시술 글을 작성하며 챗GPT와 여러 가지 정보를 주고받았더니 미미 원장이 중단발 레이어드컷을 시그니처로 하며 2030 여성들이 메인 타깃이라는 사실을 기억하고 맥락에 맞춰 주제를 작성해준 것을 확인할 수 있습니다.

챗GPT를 유료 결제하고 꾸준하게 활용하면 좋은 것은 사용하면 사용할수록 나에 대한 정보가 쌓이고 맥락이 저장되어 훨씬 더 효율적인 결과를 만들어낼 수 있다는 점입니다.

4번 "펌 오래가게 하는 꿀팁! 시술 후 홈케어 완전 정리"를 주제로 선정해 보겠습니다.

02 핵심 키워드 찾기

그다음 핵심 키워드 1개 보조 키워드 2개를 찾아보겠습니다. 위에서 설명했던 것과 같은 방식으로, 네이버 검색결과를 통해 여러 연관 키워드를 확인한 후 마피아넷을 활용해 키워드를 최종 선정해 주면 됩니다.

네이버에서 보여주는 단서들!

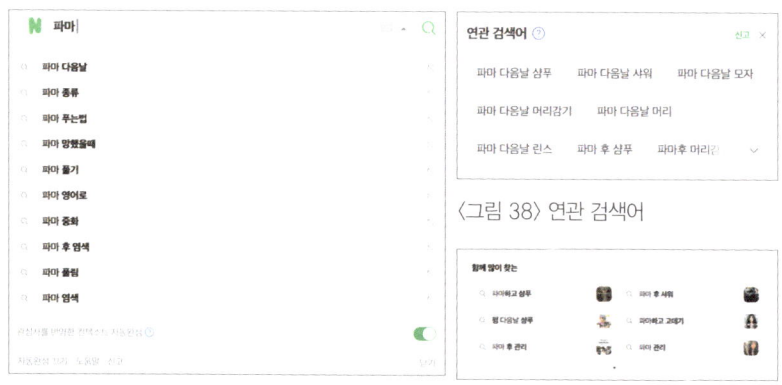

〈그림 37〉 검색어 자동완성   〈그림 38〉 연관 검색어

〈그림 39〉 함께 많이 찾는

'파마'만 검색해 봐도 수많은 연관 검색어들이 나옵니다. '파마 다음날'이라는 단어가 눈에 확 들어옵니다. 많은 고객들이 '파마 다음날 + 샴푸/샤워/머리감기/모자' 등 다음날 머리를 어떻게 관리해야 하는지 여러 상황들을 검색하는 걸 확인할 수 있습니다.

키워드 검색량 정확하게 확인하기

그다음 마피아넷으로 들어가 정확한 검색량을 확인하고 핵심 키워드와 보조 키워드를 선정해 보겠습니다.

방금 전 [홍대미용실], [중단발레이어드컷]과 같은 키워드와는 다르게 지금 우리가 검색할 [파마 다음날 샴푸]와 같은 더욱 구체적인 복합 키워드는 연관 키워드를 제공하지 않는 경우가 있습니다. 복합 키워드를 활용해야 할 때는 네이버에서 우리가 직접 확인하고 수집한 키워드들을 하나씩 적어 그 키워드마다의 검색량과 블로그 발행량을 확인한 후 선정하면 됩니다.

이번에는 [연관 키워드]가 아닌 [키워드 조회기]에 검색하고 싶은 키워드를 줄마다 하나씩 적습니다. 최대 100개까지 한 번에 검색 가능합니다.

〈그림 40〉 키워드 조회기

조회 결과를 모두 선택해 엑셀 파일로 다운로드받습니다.

키워드 조회 결과 다운로드 ※키워드를 선택하신 후 다운로드가 가능합니다 ※키워드 클릭시 상세정보 제공

NO	키워드	월간검색수		검색수합계	월간 블로그 발행		네이버쇼핑 카테고리	월평균클릭수		월평균클릭율		경쟁정도	월평균노출광고수
		PC	Mobile		수량	포화도		PC	Mobile	PC	Mobile		
1	파마다음날	70	2,000	2,070	545	26.3%	카테고리없음	0	0	0	0	낮음	0
2	파마다음날샴푸	20	370	390	86	22.1%	카테고리없음	0	0.9	0	1.76	중간	1
3	펌다음날	0	40	40	1,599	500% 이상	카테고리없음	0	0	0	0	낮음	0
4	펌다음날샴푸	20	440	460	309	67.2%	카테고리없음	0	0	0	0	중간	1
5	파마후관리	20	220	240	1,897	500% 이상	카테고리없음	0.8	0.8	4.35	0.53	중간	1
6	파마관리	10	90	100	2,880	500% 이상	카테고리없음	0	0	0	0	높음	3
7	펌관리	20	180	200	19	9.5%	카테고리없음	0	0.4	0	0.19	높음	3
8	펌오래가는법	0	30	30	112	373.3%	카테고리없음	0	0	0	0	중간	2
9	파마오래가는법	10	220	230	8	3.5%	카테고리없음	0	0	0	0	높음	3

〈그림 41〉 키워드 조회 결과

키워드 검색결과를 비교해 보며 경쟁도가 괜찮은 키워드를 표시해둡니다.

키워드	월간검색수		검색수 합계	월간 블로그 발행	
	PC	모바일		수량	포화도
파마다음날	70	2,000	2,070	545	26.3%
파마다음날샴푸	20	370	390	86	22.1%
펌다음날	0	40	40	1,599	500% 이상
펌다음날샴푸	20	440	460	309	67.2%
파마후관리	20	220	240	1,897	500% 이상
파마관리	10	90	100	2,880	500% 이상
펌관리	20	180	200	19	9.5%
펌오래가는법	0	30	30	112	373.3%
파마오래가는법	10	220	230	8	3.5%
파마다음날	70	2,000	2,070	545	26.3%
파마다음날샴푸	20	370	390	86	22.1%
펌다음날	0	40	40	1,601	500% 이상
펌다음날샴푸	20	440	460	310	67.4%
파마관리	10	90	100	2,883	500% 이상
펌관리	20	180	200	19	9.5%
파마관리법	0	20	20	595	500% 이상
펌관리법	0	20	20	4,583	500% 이상
파마오래가는법	10	220	230	8	3.5%
펌오래가는법	0	30	30	112	373.3%
파마후관리	20	220	240	1,898	500% 이상
펌후관리	0	50	50	17,412	500% 이상

〈그림 42〉 괜찮은 키워드 표시

[파마]와 [펌], 같은 뜻의 단어지만 둘의 사용도에 따라 놀라운 검색량과 포화도의 차이를 보여주고 있습니다.

[파마다음날], [파마오래가는법], [파마다음날샴푸], [펌관리] 4가지 키워드를 선택했습니다. 핵심 키워드는 [파마오래가는법] 보조 키워드는 [파마다음날], [펌관리]로 하겠습니다.

03 챗GPT와 글쓰기

상위노출 글을 만드는 프롬프트

방금 전 '나의 헤어 시술 글 작성하기'에서 사용한 프롬프트 그대로, 중간에 들어가는 내용만 변경하여 작성해 보겠습니다.

> 너는 홍대 걷고싶은거리 1인샵 미미살롱의 경력 17년차 미미원장이야. 파마 후 오래가는 법에 대한 전문가의 정보가 담긴 네이버 블로그 글을 SEO에 최적화해 작성해줘.
>
> 글 안에는 고객들이 파마 후 다음날 샴푸는 해도 되는지 안 되는지, 어떻게 집에서 관리하면 더 오래 스타일이 유지될 수 있는지를 포함한 3가지의 펌 관리 팁이 담겨 있어.
>
> 핵심 키워드는 [파마오래가는법] 보조 키워드는 [파마다음날샴푸], [펌관리]야. 본문에 핵심 키워드는 2~3회 보조 키워드는 2회씩 자연스럽게 넣어줘. 글은 1500자 이상 작성해줘.
>
> 인사로 글을 시작해줘. 친근하면서도 부드러운 전문가 말투로 작성해줘. 마지막에 네이버 예약으로 연결되는 문구를 작성해줘.

〈그림 43〉 헤어 정보 글 작성 요청 프롬프트

'전문가의 정보가 담긴'이라는 멘트를 넣어 전문가가 작성하는 정보 글이라는 것을 강조했습니다. 또한 우리가 고른 3가지 키워드가 자연스럽게 녹아들 수 있도록, '파마 후 다음날 샴푸 가능 유무'로 글을 시작해 달라고 요청했습니다. 키워드만 무조건적으로 반복시키는 것보다도, 글 전체의 맥락에 자연스럽게 녹아들게끔 하는 것이 중요합니다.

뚝딱 만들어준 블로그 글

챗GPT가 작성해준 블로그 글을 확인해 보겠습니다.

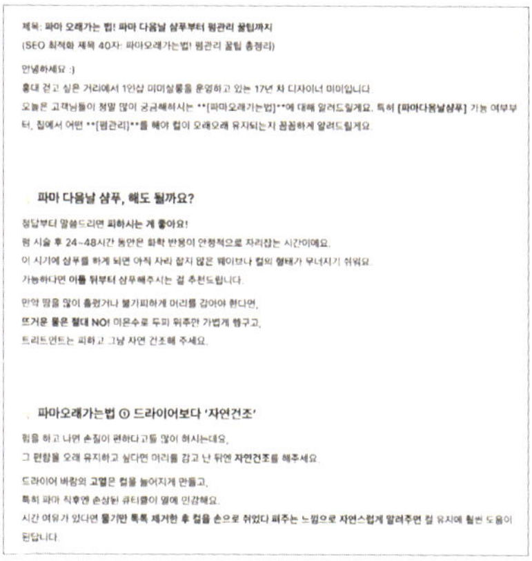

제목: 파마 오래가는 법! 파마 다음날 샴푸부터 펌관리 꿀팁까지
(SEO 최적화 제목 40자: 파마오래가는법! 펌관리 꿀팁 총정리)

안녕하세요 :)
홍대 걷고 싶은 거리에서 1인샵 미미살롱을 운영하고 있는 17년 차 디자이너 미미입니다.
오늘은 고객님들이 정말 많이 궁금해하시는 **[파마오래가는법]**에 대해 알려드릴게요. 특히 [파마다음날샴푸] 가능 여부부터, 집에서 어떤 **[펌관리]**를 해야 컬이 오래오래 유지되는지 꼼꼼하게 알려드릴게요.

파마 다음날 샴푸, 해도 될까요?

정답부터 말씀드리면 피하시는 게 좋아요!
펌 시술 후 24~48시간 동안은 화학 반응이 안정적으로 자리잡는 시간이에요.
이 시기에 샴푸를 하게 되면 아직 자리 잡지 않은 웨이브나 컬의 형태가 무너지기 쉬워요.
가능하다면 이틀 뒤부터 샴푸해주시는 걸 추천드립니다.

만약 땀을 많이 흘렸거나 불가피하게 머리를 감아야 한다면,
뜨거운 물은 절대 NO! 미온수로 두피 위주만 가볍게 헹구고,
트리트먼트는 피하고 그냥 자연 건조해 주세요.

파마오래가는법 ① 드라이어보다 '자연건조'

펌을 하고 나면 손질이 편하다고들 많이 하시는데요,
그 편함을 오래 유지하고 싶다면 머리를 감고 난 뒤엔 자연건조를 해주세요.

드라이어 바람의 고열은 컬을 늘어지게 만들고,
특히 파마 직후엔 손상된 큐티클이 열에 민감해요.
시간 여유가 있다면 물기만 톡톡 제거한 후 컬을 손으로 쥐었다 펴주는 느낌으로 자연스럽게 말려주면 컬 유지에 훨씬 도움이 된답니다.

〈그림 44〉 챗GPT가 만들어준 헤어 정보 글 1

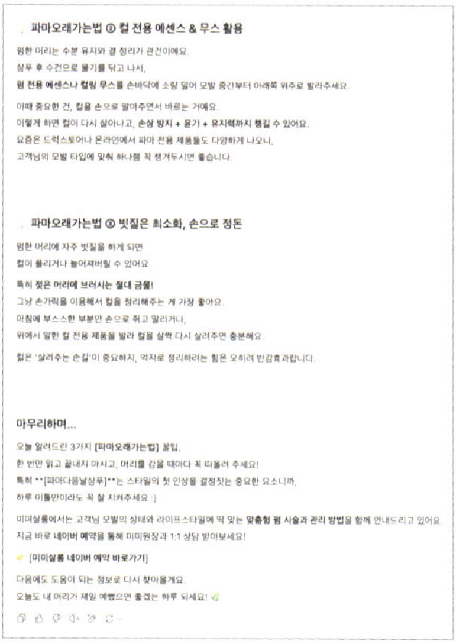

파마오래가는법 ② 컬 전용 에센스 & 무스 활용

펌한 머리는 수분 유지와 결 정리가 관건이에요.
샴푸 후 수건으로 물기를 닦고 나서,
펌 전용 에센스나 컬링 무스를 손바닥에 소량 덜어 모발 중간부터 아래쪽 위주로 발라주세요.

이때 중요한 건, 컬을 손으로 말아주면서 바르는 거예요.
이렇게 하면 컬이 다시 살아나고, 손상 방지 + 윤기 + 유지력까지 챙길 수 있어요.
요즘은 드럭스토어나 온라인에서 파마 전용 제품들도 다양하게 나오니,
고객님의 모발 타입에 맞춰 하나쯤 꼭 챙겨두시면 좋습니다.

파마오래가는법 ③ 빗질은 최소화, 손으로 정돈

펌한 머리에 자주 빗질을 하게 되면
컬이 풀리거나 늘어져버릴 수 있어요.

특히 젖은 머리에 브러시는 절대 금물!
그냥 손가락을 이용해서 컬을 정리해주는 게 가장 좋아요.
아침에 부스스한 부분만 손으로 쥐고 말리거나,
위에서 말한 컬 전용 제품을 발라 컬을 살짝 다시 살려주면 충분해요.

컬은 '살려주는 손길'이 중요하지, 억지로 정리하려는 힘은 오히려 반감효과랍니다.

마무리하며...

오늘 알려드린 3가지 [파마오래가는법] 꿀팁,
한 번만 읽고 끝내지 마시고, 머리를 감을 때마다 꼭 떠올려 주세요!
특히 **[파마다음날샴푸]**는 스타일의 첫 인상을 결정짓는 중요한 요소니까,
하루 이틀만이라도 꼭 잘 지켜주세요 :)

미미살롱에서는 고객님 모발의 상태와 라이프스타일에 딱 맞는 맞춤형 펌 시술과 관리 방법을 함께 안내드리고 있어요.
지금 바로 네이버 예약을 통해 미미원장과 1:1 상담 받아보세요!

[미미살롱 네이버 예약 바로가기]

다음에도 도움이 되는 정보로 다시 찾아올게요.
오늘도 내 머리가 제일 예뻤으면 좋겠는 하루 되세요!

〈그림 45〉 챗GPT가 만들어준 헤어 정보 글 2

요청하지 않아도 검색엔진에 최적화된 제목부터 우리가 요청한 3가지 키워드까지 전체적인 맥락과 짜임새에 맞춰 아주 잘 적어주었습니다. 또 정보만 주고 끝날 수 없으니 마지막 예약 링크 연결까지! 정보 글

도 충분히 고객을 만날 수 있는 창구가 될 수 있습니다.

04 블로그 글쓰기 창에서 편집하기

가독성 좋게 글 꾸미기

네이버 블로그를 열어 챗GPT 글을 다듬어서 타이핑하고 여러 가지 도구들을 활용하여 가독성 좋게 꾸며줍니다.

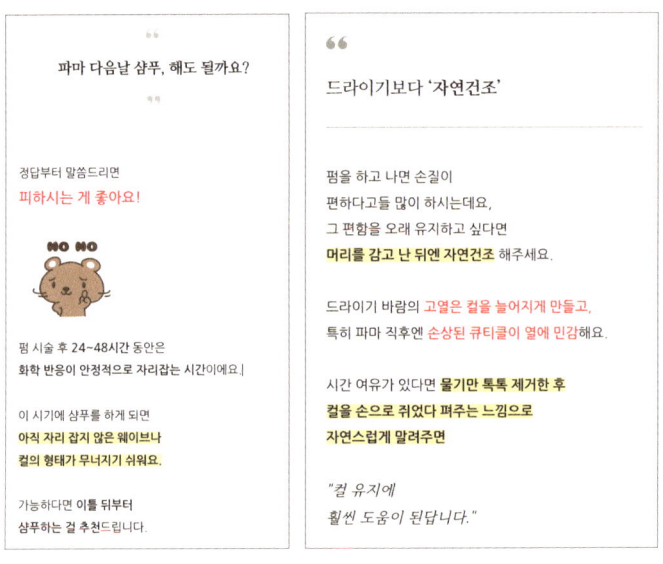

〈그림 46〉 글 꾸미기 1   〈그림 47〉 글 꾸미기 2

이미지 넣어주기

중간중간 필요한 이미지를 넣어줄 차례입니다. 정보성 글에 필요한 이미지는 두 가지 방식으로 만들거나 찾아서 넣을 수 있습니다. 무료 이미지 제공 사이트를 활용하거나, AI에게 부탁해 뚝딱 필요한 이미지를 만들면 됩니다.

무료 이미지 활용하기

무료 이미지 활용 사이트는 픽사베이(https://pixabay.com/ko/), 언플래쉬(https://unsplash.com/ko), pexels(https://www.pexels.com/ko-kr/) 3가지 사이트를 추천합니다. 또한 블로그 글쓰기 창 오른편에 보이는 [글감]에도 사용 가능한 이미지들이 제공되어 있습니다.

챗GPT로 필요한 이미지 만들기

'자연건조' 부분에 들어갈 이미지를 제작해 보겠습니다. 드라이기 대신 자연에서 머리를 말리고 있는 이미지를 제작해달라고 요청해 보겠습니다.

〈그림 48〉 수건으로 머리 말리는 모습 제작 요청

이미지 클릭 후 다운로드받아 알맞은 위치에 사진을 넣어줍니다.

〈그림 49〉 원하는 장면에 이미지 첨부

필요한 다른 사진들도 챗GPT를 통해 다양하게 만든 후 적절한 위치에 넣어보세요!

헤어 정보 글 완성

마지막으로 샵의 위치 추가/ 예약 링크 추가/ 맞춤법 검사 3가지 항목을 거친 뒤 글을 발행하면 '헤어 정보 글 작성하기', 완성입니다!

4. 나의 브랜드 스토리 글 작성하기

마지막 주제는 나의 브랜드 스토리를 작성하는 것입니다. 브랜드 스토리란 무엇일까요? 우리 매장이 추구하는 가치관, 우리 매장에서 제공하는 서비스, 우리 매장이 탄생하게 된 스토리, 고객과 내가 소통하는 다양한 경험과 과정들, 고객에게 더 높은 기술 퀄리티를 제공하기 위한 나의 기술 교육 기록 등 고객과 나 그리고 우리를 이루는 매장 모든 이야기들이 브랜드 스토리가 됩니다.

 브랜드 스토리라고 해서 거창할 필요는 없습니다. 가볍게 생각하면 내가 일하는 과정과 살아가는 방식과 생각하는 방식 모두가 브랜드 스토리입니다. 그럼 어떤 주제로 브랜드 스토리 글을 작성하면 되는지 쉽게 정리해 봅시다.

 브랜드 스토리는 크게 5가지로 분류할 수 있습니다. 창립자의 이야기, 내부 직원의 이야기, 외부 고객의 이야기, 회사 기술적인 이야기, 그리고 모든 것을 혼합시킨 것 또한 하나의 브랜드 스토리가 됩니다.

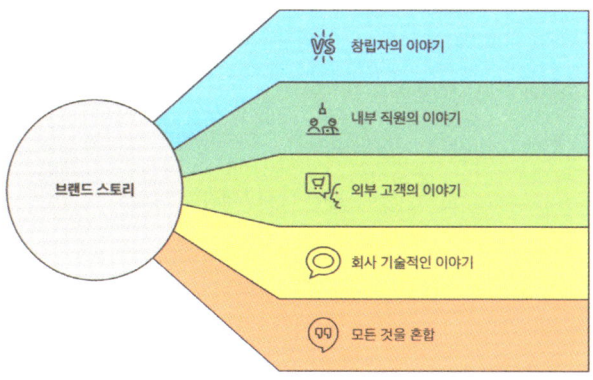

〈그림 50〉 브랜드 스토리의 5가지 유형

브랜드 스토리로 쓰면 좋은 주제 50가지

아래는 브랜드 스토리로 쓰면 좋은 예시 주제 50가지를 선정해 보았습니다. 어떤 이야기를 전해야 할지 고민이라면 일주일에 한 개씩만 포스팅해도 끊이지 않고 스토리를 이어갈 수 있을 것입니다. 고객은 충분히 우리를 궁금해합니다. 이야기를 던져야 하는 것은 우리입니다.

주제	창립자의 이야기
1	내가 30대 중반에 미용실 원장이 된 이유
2	미용을 시작하게 된 계기, 그리고 내 첫 손님 이야기
3	홍대에서 미용실을 창업하기까지의 치열한 준비 과정
4	나만의 미용 철학이 정립된 순간
5	초반에 손님이 없어서 힘들었던 시절, 나는 어떻게 극복했을까?
6	고객이 나를 신뢰하게 된 계기와 비결
7	원장으로서 가장 기뻤던 순간 TOP 3

8	미용실을 운영하면서 가장 크게 성장한 부분
9	첫 직원과 함께 시작했던 날의 기억
10	앞으로 내가 꿈꾸는 미용실의 모습
주제	내부 직원의 이야기
1	우리 구성원들이 매주 월요일 오전마다 독서 모임을 하는 이유
2	직원들이 가장 좋아하는 칭찬 TOP 3
3	우리 미용실은 신입 디자이너를 이렇게 성장시킨다
4	막내 디자이너가 첫 시술을 마친 날의 감동적인 이야기
5	서로를 성장시키는 우리 미용실만의 분위기
6	직원들이 직접 말하는 우리 매장의 가장 큰 장점
7	우리 팀원들이 함께하는 마감 후 작은 힐링 루틴
8	헤어디자이너와 고객 사이의 신뢰를 쌓는 법
9	고객 응대에서 직원들이 가장 신경 쓰는 부분
10	올해의 우리 매장 워크샵 스토리
주제	외부 고객의 이야기
1	첫 방문 후 단골이 된 고객의 이야기
2	고객이 감사 인사로 남긴 감동적인 한마디
3	머리 손상 때문에 고민하던 고객의 극복기
4	긴 머리에서 단발로 변신한 고객의 용기 있는 선택
5	스타일 체인지 후 고객이 가장 많이 하는 말
6	"미용실 가기 무서웠어요" – 긴장하는 고객을 위한 우리만의 배려
7	커플 고객의 헤어 시술 비하인드 스토리
8	우리 매장만의 특별한 간식 서비스
9	고객이 친구를 소개해 주었을 때, 우리만의 특별 선물
10	한 달 동안 가장 인기 많았던 스타일을 고객 후기로 소개하기

주제	기술적인 이야기
1	우리가 주기적으로 듣는 컷, 컬러, 펌 교육 이야기
2	최신 트렌드를 반영한 내부 스타일 연구 과정
3	우리가 사용하는 프리미엄 염색약과 그 차별점
4	손상모 고객을 위한 복구 트리트먼트 과정 공개
5	퍼스널 컬러를 활용한 맞춤 염색 컨설팅 비법
6	직원들이 가장 좋아하는 펌제와 사용 이유
7	헤어디자이너가 스타일링 연습을 하는 방법
8	각 헤어디자이너마다 가장 자신 있는 시술 분야
9	"이 제품은 정말 추천합니다!" – 헤어디자이너가 직접 써보고 만족한 제품
10	직원들이 서로의 머리를 해주면서 테스트하는 날
주제	모든 것을 혼합한 이야기
1	'그냥 머리 자르는 곳'이 아닌 '경험을 주는 공간'이 되려면?
2	우리 미용실이 SNS를 통해 고객과 소통하는 방식
3	고객이 편안하게 느낄 수 있도록 우리가 신경 쓰는 디테일
4	우리 미용실이 중요하게 생각하는 '고객 경험'이란?
5	00데이를 맞이한 특별한 이벤트
6	우리 미용실이 단골 고객과 오래 관계를 유지하는 법
7	고객과 헤어디자이너가 함께 만들어낸 스타일 변신 프로젝트
8	우리 미용실에서 한 달 동안 가장 많이 했던 스타일 공개
9	앞으로도 변함없이 성장해 나갈 우리 미용실 이야기
10	우리 미용실이 추구하는 가치와 철학

5. 네이버도 숏폼시대, 네이버 클립

이제 롱폼보다도 숏폼을 보는 사람의 숫자가 훨씬 많아졌습니다. 특히 트렌드에 민감한 미용인들은 너도나도 숏폼 시장에 뛰어든지 오래, 시각적으로 변신하는 장면이 특히나 파격적으로 와닿는 헤어 시술의 경우에는 필수적인 콘텐츠 장르라고 할 수 있습니다.

인스타그램 릴스와 유튜브 쇼츠 그리고 틱톡으로 꾸준하게 불타오르던 숏폼 영상들, 2023년 8월부터 네이버에서도 숏폼을 띄우기 시작했습니다. 바로 네이버 클립입니다.

네이버 클립이 충분히 매력적인 숏폼 플랫폼인 이유는 대한민국 국민이 가장 많이 사용하는 검색 플랫폼에 무수하게 노출되고 있다는 점입니다.

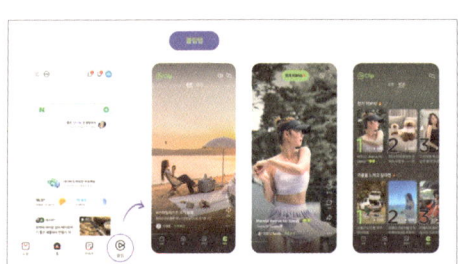 

〈그림 51〉 네이버 클립탭 / 출처: 네이버 비즈니스 스쿨   〈그림 52〉 네이버 클립 노출 영역 / 출처: 네이버 비즈니스 스쿨

또한 네이버 클립의 경우에는 스티커 추가 기능을 통해 시청자가 영상을 보았을 때 바로 우리 매장 스마트플레이스로 연결시키거나 나의 블로그 글로 연결시킬 수 있습니다. 다른 매체와는 다르게 바로 우리 매장 스마트플레이스와 네이버 예약창으로 넘어갈 수 있는 것은 큰 메리트입

니다. 고객들이 우리 매장을 태그해 업로드한 클립들도 함께 노출되겠죠?

〈그림 53〉 스마트플레이스 메인 화면에 노출되는 클립 영역

네이버 클립 시작하기

네이버 클립에 영상을 업로드할 수 있는 방법은 크게 두 가지가 있습니다. 하나는 블로그를 통해서, 하나는 네이버 TV를 통해서입니다.

블로그의 경우 네이버 아이디만 있으면 업로드할 수 있는 자격이 생기지만, 네이버 TV의 경우 콘텐츠를 업로드하려면 타 플랫폼(블로그, 카페, 유튜브)의 이웃이나 구독자가 100명 이상이어야 합니다. 블로그를 통해 업로드하는 방식으로 클립을 시작해 보겠습니다.

01 네이버 블로그 모바일앱 화면 아래 툴바 가장 가운데 [+] 버튼을 누르면 클립 만들기 버튼이 보입니다. 혹은 상단에 클립 창 옆에 [만들기] 버튼을 선택해도 됩니다.

〈그림 54〉 하단에 [클립 만들기] 버튼 클릭

02 기존에 촬영한 영상을 업로드해 편집만 진행해도 되며, 혹은 클립을 통해 촬영부터 편집까지 한 번에 진행할 수도 있습니다. 기존에 촬영과 편집을 마친 영상을 불러와 보겠습니다. 클립 영상은 최대 90초 길이까지 업로드 가능합니다. 비율은 세로형인 9:16에 맞추어주세요.

〈그림 55〉 클립에 업로드할 비디오 추가하기

03 바로 클립을 업로드해도 되지만, 우리는 클립에서 활용할 수 있는 기능을 추가할 예정이기에 오른쪽 [편집하기]를 눌러줍니다.

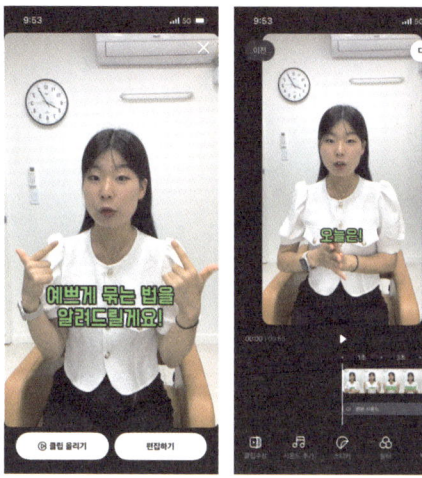

〈그림 56〉 편집하기 클릭   〈그림 57〉 클립 편집창

04 바로 추가할 기능은 [스티커]입니다. 스티커에서 [장소]를 선택해 우리 매장명을 입력하고 매장 주소를 추가해줍니다.

  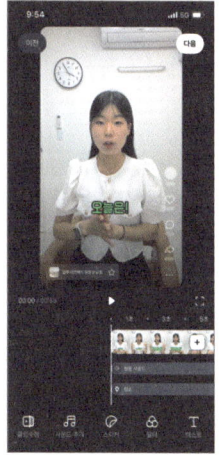

〈그림 58〉 스티커 추가하기   〈그림 59〉 우리 매장 주소 입력   〈그림 60〉 클립 전체에 추가된 우리 매장 주소

chapter 3 글 하나로 고객이 직접 찾아오는, 블로그   199

05 이제 제목과 커버를 편집하고 카테고리를 추가해 업로드하면 클립 완성입니다!

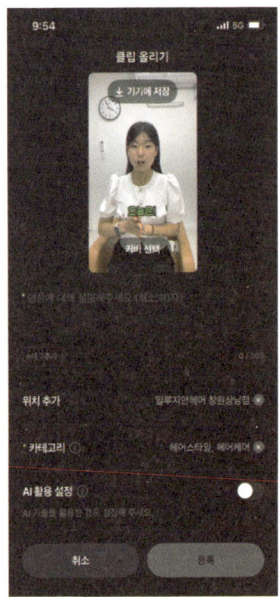

〈그림 61〉 클립 업로드

클립의 장점은 무엇보다 우리 매장 스마트플레이스 메인 화면에 노출된다는 점입니다. 어차피 우리는 앞으로 인스타그램 릴스, 유튜브 쇼츠 등 다양한 플랫폼에서 숏폼을 제작할 예정이기에 이미 업로드한 콘텐츠들을 클립을 통해 우리 매장 주소 태그와 함께 업로드해 보세요!

블로그 더 활용하기

1. 내 매장 스마트플레이스에 블로그 연동하기

매장 스마트플레이스에 블로그를 연결하면 소식란에서 선택한 카테고리의 블로그가 함께 노출됩니다! 그럼 지금부터 매장 스마트플레이스에 대표 블로그를 연결하는 법을 알아보겠습니다.

〈그림 1〉 스마트플레이스에 연결된 블로그

06 네이버 스마트플레이스 관리자 화면 → 솔루션 카테고리로 들어갑니다.

〈그림 2〉 블로그 새 소식 연결하기 솔루션

07 매장운영 카테고리에 보면 [블로그 새 소식 연결하기] 항목이 보입니다. 해당 항목을 클릭하여 열어줍니다.

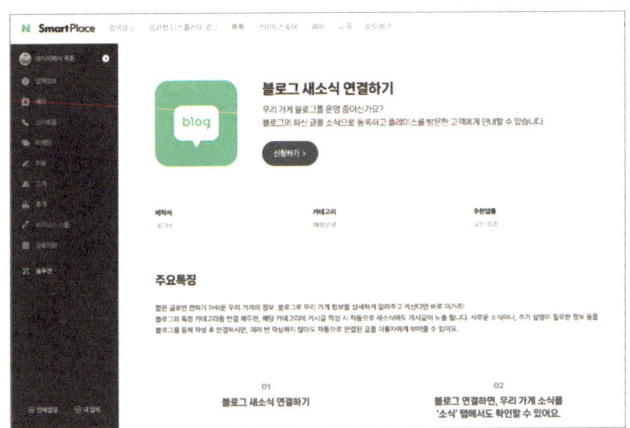

〈그림 3〉 블로그 새 소식 연결하기 신청

08 신청하기 버튼을 누르면 아래와 같이 블로그 주소를 입력하는 란이 나옵니다.

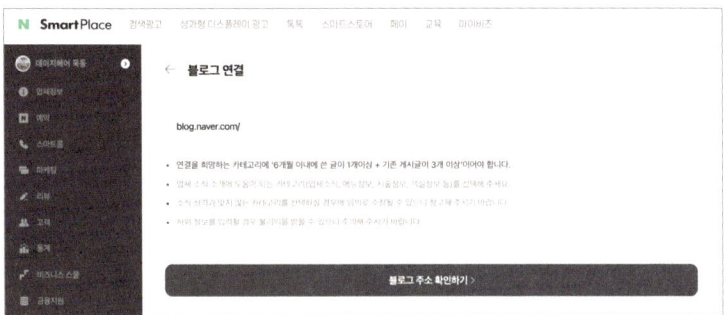

〈그림 4〉 블로그 주소 입력하기

대표로 연결하고 싶은 블로그 주소를 적어주면 됩니다. 연결이 가능한 블로그에는 조건이 있습니다.

* 연결을 희망하는 카테고리에 6개월 이내에 쓴 글이 1개 이상이어야 하며, 총 게시글이 3개 이상이어야 합니다.

또한 블로그 모든 글이 소식란에 공유되는 것이 아닌, 블로그 안에 지정한 카테고리만 노출된다는 점 참고 부탁드립니다.

09 블로그 주소 확인 후 키테고리를 선정해 주고 나면 이제 소식란에서 우리 매장 블로그 글이 업로드되는 것을 확인할 수 있습니다.

2. 찐고객이 써주는 블로그 후기, 블로그 체험단

블로그는 내가 직접 운영하며 글을 쓰고 고객을 모으는 것도 중요하지만, 네이버 스마트플레이스의 핵심 기능 중 하나인 [방문자 후기]에 포함되는 [블로그 후기]도 굉장히 중요합니다. 방문자 후기만 보고 오는 고객들도 있지만, 실제 이 매장에 대한 더욱 자세한 정보를 체크하는 데에는 블로그 후기만큼 확실한 후기 글도 없을 것입니다.

실제로 네이버에서 추구하는 블로그의 주된 목적 중 하나 역시 [후기]입니다. 사람들이 궁금한 정보를 검색했을 때, 실제 이 제품을 사용해 보았거나 실제 이 공간을 방문해 보았거나 실제 이 음식을 먹어 본 사람들의 진정성 있는 솔직한 후기들이야말로 그다음 고객 경험으로 이어질 수 있는 가능성을 줍니다.

그럼 우리는 블로그 후기를 어떻게 만들어야 할까요? 비싼 원고료를 주고 섭외해야 할까요? 아니면 어렵게 고객에게 부탁해야 할까요? 시술만 제공하고 무료로 블로그 후기를 받을 수 있는 방법은 바로 [블로그 체험단]입니다.

하지만 블로그 체험단 역시 아무렇게나 진행했다가는 추가적인 원고료를 제공해야 하는 사항이 생기거나, 저품질 블로그 운영자에게 서비스를 무료로 제공하거나, 아예 블로그 체험단 인원을 모으지 못하는 상황도 생길 수가 있습니다.

여러 블로그 체험단 어플과 사이트가 있지만, 그중에서 우리가 오늘 함께 진행해 볼 블로그 체험단 사이트는 [리뷰노트]입니다.

01 구글에 리뷰노트를 검색해 사이트에 들어갑니다.

〈그림 5〉 리뷰노트 검색

02 리뷰노트 회원가입 후 마이페이지로 들어가 왼쪽에 체험단 모집을 클릭하여 체험단 등록을 시작합니다.

먼저 상호명을 작성해줍니다.

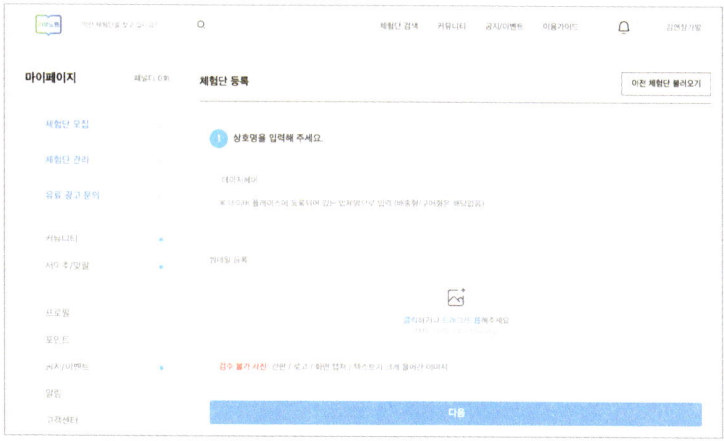
〈그림 6〉 체험단 등록 시작

다음으로 제공할 서비스를 작성합니다.

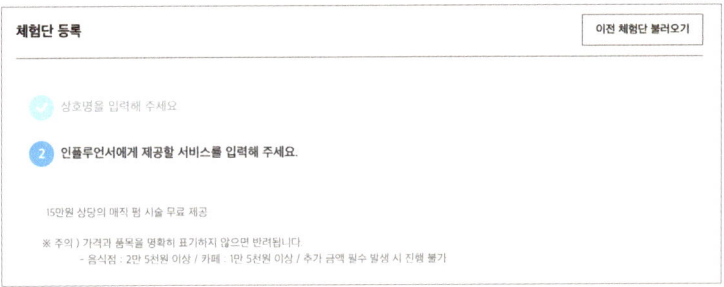

〈그림 7〉 제공 서비스 작성

이때 중요한 것은, 수많은 체험단들이 제공하는 내역을 보고 모집 글에 반응한다는 것입니다. 우리는 추가적인 비용을 내고 체험단을 진행하지는 않을 것이지만, 체험단들에게 어떤 서비스를 후기 대가로 제공할 것인지를 명확하게 적어주는 것이 좋습니다.

얼마 상당의 어떤 시술인지, 서비스의 금액대가 확실하게 느껴지게 적어주어야 합니다. 또한 여러 가지 선택 사항이 있을 경우(펌, 클리닉, 염색) 선택 사항도 넣어줄 수 있습니다.

너무 적은 금액대의 서비스를 제공한다면 고품질의 블로그를 운영 중인 우리가 필요로 하는 체험단이 모집될 확률 역시 현저하게 적어짐으로, 최대 효과를 누리기 위해 어느 정도 의지가 생기는 금액대의 서비스를 제공하는 것이 성공적인 체험단을 모집할 수 있는 팁입니다.

다음으로는 홍보할 채널 유형을 선택해줍니다. 우리는 블로그 체험단을 모집하는 것이며 유형은 방문형(오프라인) 카테고리는 뷰티로 설정해줍니다.

〈그림 8〉 홍보할 채널 선택

체험 가능 요일과 시간을 선정합니다. 추후에 선정된 체험단들과 조절이 가능합니다.

〈그림 9〉 체험 가능 요일과 시간 설정

홍보하고 싶은 내용을 적어줍니다.

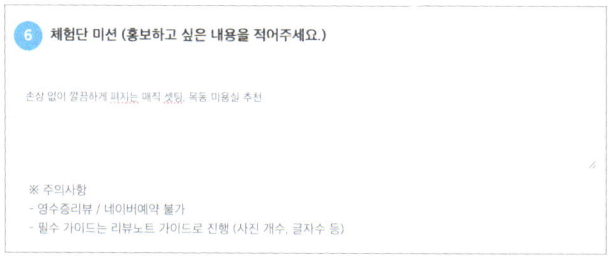

〈그림 10〉 홍보할 내용

홍보할 핵심 키워드를 3가지 선정해줍니다.

⟨그림 11⟩ 핵심 키워드 선택

마지막으로 모집 인원수 선정과 체험단에게 포인트를 지불할 것인지 설정하는 항목이 나옵니다. 포인트는 말 그대로 비용 지불입니다. 하지만 우리는 무료로 진행할 것임으로 비용 지불에 아니오를 눌러줍니다.

⟨그림 12⟩ 비용 지불 유무

모든 내용이 입력되고 나면 체험단 등록이 완료됩니다. 최소 하루 정도 뒤에 모집이 시작되며, 원하는 기한까지 모집 후 추후에 직접 신청자들의 이력을 보고 진행하고 싶은 체험단을 선정할 수 있습니다.

〈그림 13〉 모집 중인 여러 헤어 분야 체험단

최적화 블로그를 운영 중인 상위노출에 적합한 체험단 고르는 법

열심히 체험단도 등록하고 모집했는데 우리와 카테고리도 잘 맞으면서 글을 포스팅했을 시 상위노출에 훨씬 유리한 체험단을 선택하는 것이 좋겠죠? 모집된 체험단 인원들의 블로그를 보고 어떤 블로그가 최적화 레벨이 높은 블로그인지 알아보는 방법이 있습니다.

01 구글에 〈블덱스〉를 검색해 사이트에 들어갑니다.

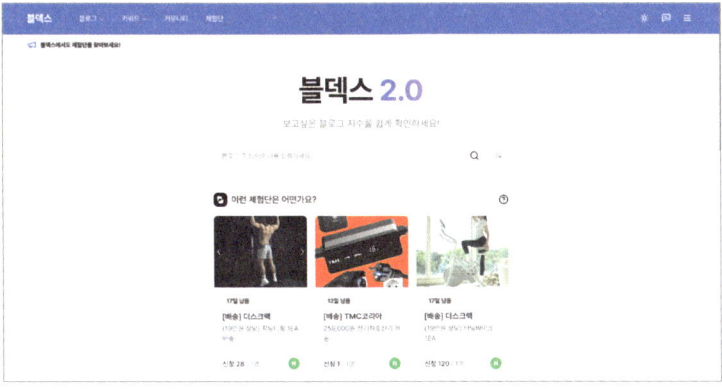

〈그림 14〉 블덱스

02 검색창에 해당 블로그의 주소나 아이디를 검색합니다.

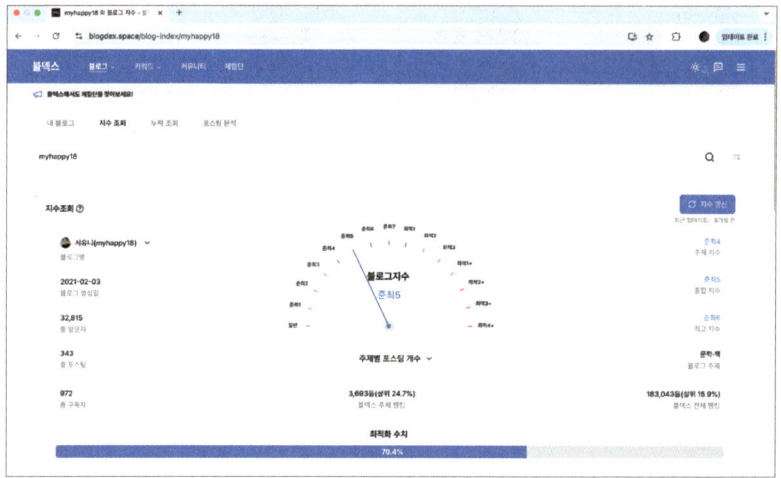

〈그림 15〉 궁금한 블로그 주소 및 아이디 검색

　　화살표의 방향이 오른쪽으로 기울일수록, 상위노출될 확률이 큰 최적화 블로그 아이디라는 것을 알 수 있습니다.
　　또한 아무리 최적화 블로그여도 어떤 주제의 블로그를 운영하는지에 따라 다르니 오른쪽에 표시되어 있는 블로그 주제를 살펴보는 것도 중요합니다.

미션 수행하기

1. 블로그가 개설되어 있나요? ☐

2. 나의 헤어 시술을 소개하는 글을 작성해 보았나요? ☐

3. 헤어 정보에 대한 글을 작성해 보았나요? ☐

4. 나의 브랜드 스토리에 대한 글을 작성해 보았나요? ☐

5. 네이버 클립을 업로드해 보았나요? ☐

6. 스마트플레이스와 블로그가 연결되어 있나요? ☐

7. 체험단 모집을 진행해 보았나요? ☐

chapter **4**

 예약창 꽉꽉 찬 미용사

이제
명함 대신,
인스타그램

인스타그램은 왜 **중요한가**

전화번호 대신, 인스타그램 아이디

〈그림 1〉 저기 혹시…

옛날에는 길을 걷다 마음에 드는 사람이 있으면 "저기 혹시 번호 좀 알려주실 수 있을까요?"라고 물어봤습니다. 그런데 지금은 이렇게 물어봅니다. "저기 혹시 인스타 아이디 좀 알려주실 수 있을까요?" 이제 전화번호를 물어보고 외우는 세대는 지났습니다. 인스타그램이 있으니까요.

인스타그램에는 이 사람의 관심사와 일상 생활이 아주 자세하게 보입니다. 요즘에는 피드의 무드(분위기)를 보고 사람의 결을 짐작하기도 하고, 수많은 브랜드의 인스타그램 계정 스타일 역시 SNS 브랜딩에 중요한 부분으로 자리 잡았습니다.

또 인스타그램의 메시지 기능인 디엠을 통해 끊임없이 소통합니다. 요즘에는 카카오톡보다 디엠을 훨씬 많이 사용한다고 합니다. 카카오톡을 쓰는 경우는 형식적인 업무 연락 혹은 가족과의 연락이 대부분인 경우가 많습니다.

나의 개성이 듬뿍 담긴 포트폴리오

헤어디자이너는 고객에게 나의 기술을 활용해 헤어 시술을 제공하는 직업입니다. 예전에는 고객이 직접 방문했을 때 스타일 북이나 다양한 연예인 사진을 보여주며 원하는 스타일 방향성을 제시하고 제안했다면, 이제는 고객이 자신이 원하는 시술을 하는 헤어디자이너를 직접 찾아옵니다.

예전 방식에서 가장 큰 문제점은 이런 상황이었습니다. "고객님, 이건 고데기예요." 대부분 연예인 사진을 가져오다 보니 헤어디자이너 입장에서 본인이 연출할 수 있는 정도와 고객이 추구하는 방향을 일치시키

〈그림 2〉 인스타그램 @color_yong

기 난감한 순간들이 참 많았습니다. 그러다 보니 추후 결과물을 보고 마음에 들지 않거나 문제가 생기는 컴플레인도 잦았습니다.

하지만 이제는 그럴 일이 거의 없습니다. 고객은 미리, '이 헤어디자이너가 어떤 머리를 어떻게 연출하는지'를 보고 오기 때문입니다. 그럼 결과물에 만족할 확률은 높을 수밖에 없고, 꼭 이 헤어디자이너에게 머리를 맡길 수밖에 없게 됩니다. 왜냐면 내가 하고 싶은 이 머리, 이 헤어디자이너가 직접한 시술이니까요.

고객과 실시간으로 소통하기

요즘에는 고객과 헤어디자이너의 관계가 일상 생활속에서도 지속적으로 이어지는 경우가 많습니다. 예전에는 전화로 일일이 문의하거나 예약창만을 들여다보며 소통했다면, 이제 신규부터 단골 고객까지 대부분의 고객들이 해당 헤어디자이너의 인스타그램을 팔로우하고 여러 가지 공지를 숙지합니다.

헤어디자이너는 오늘 예약이 비어 있는 시간은 언제인지 스토리를 통해 공지하고 기간제로 진행하는 이벤트가 있다면 빠르게 알립니다. 방문한 고객이 인스타그램을 통해 직접 남긴 후기를 공유하며 함께 소통하고 고객에게 선물받은 간식을 감사의 마음을 담아 인스타그램을 통해 인증하기도 합니다. 또 머리를 하고 추후에 어떻게 관리하고 있는지 고객들은 인스타그램을 통해 헤어디자이너와 소통하고, 다른 고객은 해당 소통 과정과 다른 고객의 스타일 유형을 보고 또 다른 스타일을 헤어디자이너에게 직접 제안하기도 합니다.

머리라는 민감하면서도 특별한 부위를 직접 맡기는, 삶에서 손꼽히게 중요한 사람인 '헤어디자이너'에 대해 고객은 늘 궁금해합니다. 그런 헤어디자이너가 실시간으로 업데이트해 주는 다양한 소식들은 고객이 관심 있게 지켜보는 유용한 정보가 됩니다.

국내를 넘어 전 세계로 소통하기

인스타그램은 국내뿐 아니라 글로벌로 뻗어나갈 수 있는 엄청난 기회를 제공하기도 합니다. 홍대에 위치한 R살롱의 W원장님의 경우에는

〈그림 3〉 인스타그램 @royalsalon_woong   〈그림 4〉 인스타그램 @hewun_seolhye

고객의 80%가 해외 고객이라고 합니다. 원장님의 시그니처는 발레아쥬 옴브레 등 특수 케이스 염색시술입니다. 아무리 그래도 이곳은 대한민국인데 월 고객의 80%가 해외 고객이라는 게 믿겨지나요? 원장님이 영어를 엄청 잘해서였을까요? 해외 방송에라도 출연하셨나요?

답은 인스타그램이었습니다. 원장님이 꾸준하게 올렸던 발레아쥬 염색 관련 릴스들이 외국인들에게 많이 노출되며 많은 관심을 받았고, 한국에 거주하고 있는 외국인부터 실제로 한국에 놀러온 관광객까지 발레아쥬 옴브레 염색이 하고 싶다면 원장님을 찾아오고 있었습니다.

또 다른 케이스는 대구에 위치한 1인샵, A미용실의 S원장님입니다. 원장님은 코로나가 기승을 부리던 시기 드물게 찾아온 손님들에게 샴푸 서비스를 지극 정성으로 제공하기 시작했고, 만족하는 고객들을 보며 헤드스파를 메뉴로 만들었습니다.

처음에는 이렇게 잘될 거라는 기대 없이, 오직 좋아서 시작한 헤드스파 과정을 짧게 영상으로 찍어 인스타그램 릴스에 업로드하기 시작했습니다. 원장님의 릴스 속에서는 잔잔하고 힐링되는 음악과 헤드스파를 하는 과정이 짧게 담겨 있었습니다. 아무런 단어와 문장이 담기지 않은 영상이었지만, 전 세계인들에게 공통적으로 마음이 편안해지는 힐링을 주었고 해당 릴스는 놀라운 반응을 보이며 조회수가 몇 천만 회까지 올랐습니다. 현재 원장님은 전 세계를 돌아다니며 글로벌 헤드스파 브랜드 대표로서 헤드스파를 교육하고 매장을 런칭하며 바쁜 나날들을 보내고 계십니다.

이 모든 것들을 혼자 해낼 수 있었던 건 바로 '인스타그램'의 힘이었습니다.

인스타그램 알고리즘

본격적인 콘텐츠 제작에 대해 알아보기 전, 흔히 이야기하는 인스타그램의 알고리즘이란 도대체 무엇인지! 어떻게 해야 더 많은 사람들에게 나의 콘텐츠가 노출되며, 나만 모르고 있는 숨겨진 기능들의 비밀은 무엇인지. 또 피드에 콘텐츠가 노출되는 순서의 의미는 무엇인지! 정답은 없지만, 인스타그램의 CEO인 아담 모세리의 직접적인 발언들만 정리해 현재까지 알려진 인스타그램의 알고리즘에 대해 파헤쳐 보겠습니다. 이 부분만 읽어도 인스타그램이 어떤 방식으로 돌아가는지 충분히 파악할 수 있습니다.

콘텐츠가 노출되는 피드탭, 탐색탭, 릴스탭의 목적이 다르다?

인스타그램을 보면 콘텐츠가 노출되는 지점은 크게 세 파트로 나누어져 있습니다. 바로 피드탭, 탐색탭, 릴스탭입니다. 놀랍게도 각 탭마다 콘텐츠가 노출되는 목적이 다른데요, 아담 모세리의 말에 근거하면 각 탭의 차이는 아래와 같다고 합니다.

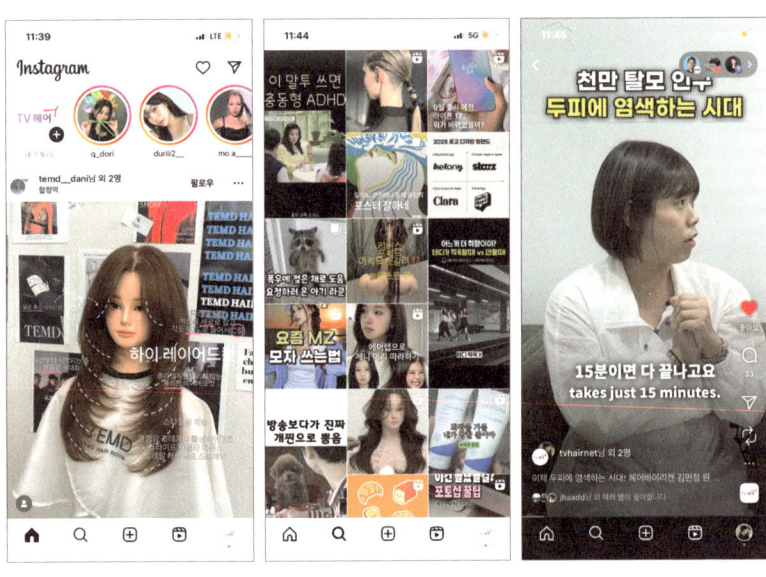

〈그림 1〉 피드탭   〈그림 2〉 탐색탭   〈그림 3〉 릴스탭

유형	대상	목적
피드탭	팔로워	내가 팔로우하는 사람들의 콘텐츠, 순서는 관심도순으로 끊임없이 변경
탐색탭	비팔로워	내가 팔로우하지 않는 계정 중 지금까지 본 계정이 활동한 것을 기반으로 내가 좋아할 만한 콘텐츠를 보여줌
릴스탭	다양하게	다양하고 창의적인 영상들을 끊임없이 보여줌

좋아요, 댓글, 저장, 공유, 뭐가 중요할까?

우리의 콘텐츠가 3가지 탭에서 더욱 많이 노출되려면 어떤 걸 중요하게 생각해야 할까요? 바로 콘텐츠가 업로드되었을 때의 반응인 좋아요, 댓글, 저장, 공유를 신경 써야 합니다. 아담 모세리는 팔로워와 비팔로워 두 가지 유형에 따라 각 콘텐츠를 보았을 때 집계되는 결과가 다르다고 말했습니다.

유형	중요도
팔로워	좋아요를 눌러 반응하는 것
비팔로워	다른 사람들에게 공유하는 것

물론 4가지(좋아요, 댓글, 저장, 공유) 모두 콘텐츠를 확인한 후 남기는 반응이기에 무엇 하나 가릴 것 없이 전부 중요합니다. 그중에서도 아담 모세리는 "콘텐츠를 결국 다른 사람들에게 공유해 더 많은 사람들이 콘텐츠를 보고 즐기는 것"이라고 강조했습니다. 나만 보고 마는 것이 아닌, 더 많은 사람들과 함께 공유하면 할수록 해당 콘텐츠를 인스타그램 알고리즘은 긍정적으로 판단하여 밀어주겠죠? 여기서 우리가 알 수 있는 건 '남들에게도 공유하고 싶은 콘텐츠'를 만들면 좋다는 것입니다.

자주 연락하는 사람일수록 피드탭과 스토리에 먼저 보인다?

피드탭의 경우는 내가 팔로우하고 있는 계정의 콘텐츠를 볼 수 있는 영역이라고 말씀드렸습니다. 그런데 이 순서가 무조건 '최신 업로드순'

이 아닙니다! 팔로우하고 있는 계정 목록 중, 내가 더 자주 반응을 남기고 더 자주 연락하고 더 자주 본 사람일수록 상위에 노출됩니다. 물론 업로드한 최신순을 인스타그램이 반영하지 않는 것은 아니지만, 내가 자주 소통한 사람일수록 나의 콘텐츠가 상대방의 피드에 먼저 노출되고 나도 그 사람의 콘텐츠를 자주 만나볼 수 있게 되는 것입니다. 활발한 상호소통 또한 중요하겠죠?

사실 업로드 시간은 별로 중요하지 않다고?

그런 이야기가 많습니다. 팔로워들이 자주 활동하는 시간대에 업로드해야 한다. 인스타그램이 잘 띄워 주는 시간대가 있다. 하지만 크게 중요하지 않다고 합니다. 콘텐츠가 노출되는 3가지 유형에 나누어 이야기해 보자면, 피드탭의 경우에는 최신 순서가 반영되지만 추천탭과 릴스탭의 경우에는 올리자마자 노출되는 경우가 많지 않다고 합니다. 오히려 추천탭에 콘텐츠가 노출되는 경우는 최소 업로드 후 2일 정도 지난 시점부터 다양한 계정에 도달된다고 합니다. 업로드 시간을 신경 써서 나쁠 건 없지만, 굳이 얽매일 필요는 없습니다.

인스타그램 초창기부터 1:1이었던 썸네일 그리드가 4:3으로 변경된 이유!

인스타그램은 2016년부터 2024년 말까지만 해도 프로필 그리드가 너무나 익숙한 1:1 비율이었습니다. 하지만 최근 여러 계정에서 4:3 비율로 노출되고 있는데요. 많은 사람들이 어색해하기도 하고 오류 아닌가 싶었지만 인스타그램 CEO 아담 모세리는 정식 업데이트가 맞으며 앞으로 점차 4:3으로 모든 계정의 썸네일 그리드가 변경될 예정이라고 정확하게 언급했습니다.

많은 사람들이 인스타그램만의 시그니처 감성으로서 아끼고 고수하던 1:1 비율이 파격적으로 4:3 비율로 변한 사건, 저 역시 운영 중인 TV헤어 계정의 인터뷰 썸네일들을 수정하느라 굉장히 번거로웠는데요. 도대체 왜 이렇게 파격적인 선택을 한 것일까요?

답은 바로 릴스에 있었습니다. 앞으로 9:16 비율의 세로형 릴스 콘텐츠의 업로드를 더욱 권장할 예정이기에 프로필탭에서도 썸네일이 잘리지 않고 넉넉하게 보이면 좋겠다는 메시지였죠. 릴스가 유행한 지 꽤 되었지만, 앞으로 릴스의 비중은 더욱 커질 것이라는 게 확실하게 느껴지는 파격적인 인스타그램의 업데이트 소식이었습니다.

음악을 활용해 보자!

인스타그램 CEO 아담 모세리는 도달률을 높이기 위해 음악 활용을 피드에서도, 릴스에서도 적극 추천했습니다! 콘텐츠에 포함된 음악을 누르면 해당 음악을 사용한 콘텐츠를 모아서 볼 수도 있고, 음악이 배경에 나오면 사람들의 몰입도가 훨씬 높아지는 효과가 있다고 합니다. 최신 유행하는 음악부터, 내 콘텐츠에 잘 어울려 몰입감을 높여주는 음악까지 다양하게 활용해 봅시다.

〈그림 4〉 음악을 추가한 게시물

피드를 올리고 싶다면 최소 2장!

릴스의 중요도가 더욱 거세졌다 하더라도, 피드의 역할을 전혀 무시할 수 없습니다. 아담 모세리는 피드를 올릴 것이라면 최소 2장 이상의 사진을 올리는 것을 추천했습니다. 한 장만 올렸을 때보다 2장 이상을 업로드하게 되면 사람들은 다음 사진을 넘겨보고 싶은 흥미가 생기고 해당 콘텐츠에 머무는 지속시간이 늘어나 더욱 관심있게 나의 콘텐츠를 지켜볼 수 있게 됩니다.

답은 없다

　인스타그램 알고리즘에 답은 없습니다. 하지만 한 가지 명확하게 말할 수 있는 건, 사람들이 좋아하는 퀄리티 높은 콘텐츠를 올리다보면 분명 도달률은 높아질 것이고 반응은 생길 수밖에 없다는 것입니다. 그러니 여러 가지를 재고 따지기보다는, 하루 빨리 인스타그램에 다양한 나만의 콘텐츠를 업로드해 보며 어떤 것이 반응이 좋은지를 자연스럽게 느끼고 멈추지 않고 꾸준히 지속하는 것이 중요합니다.

　그럼 이제 인스타그램에 헤어디자이너가 올리면 좋은 콘텐츠를 알아보겠습니다!

인스타그램 시작하기

1. 인스타그램 홈 화면 알아보기

놀라운 가능성을 보유하고 있는 인스타그램, 먼저 인스타그램의 홈 화면을 보며 어떤 기능들이 있는지 살펴보겠습니다.

(1) 피드탭 : 홈 화면에서 사용자가 팔로우한 계정의 게시물이 표시됩니다.

(2) 탐색탭 : 사용자의 관심사에 맞는 추천 콘텐츠가 모여져 있습니다. 대부분 팔로우하지 않는 계정의 콘텐츠가 추천됩니다.

(3) 게시물 추가하기 : 게시물/스토리/릴스/라이브를 추가할 수 있습니다.

(4) 릴스탭 : 추천 릴스를 보여주는 릴스탭입니다.

(5) 프로필 : 나의 인스타그램 계정 프로필을 볼 수 있습니다.

(6) 스토리 : 24시간이 지나면 사라지는 콘텐츠입니다. 추후에 하이라이트에 고정시킬 수 있습니다.

(7) 알림 : 인스타그램 알림을 한번에 볼 수 있는 창입니다.

(8) 디엠 : 주고받은 디엠을 볼 수 있는 디엠창입니다.

〈그림 1〉 인스타그램 홈 화면

2. 인스타그램 프로필 세팅하기

인스타그램 계정 설정하기

본격적으로 인스타그램 계정의 프로필 속 다양한 정보들을 채워 넣기 전에, 미리 설정하면 좋은 두 가지를 짚고 넘어가겠습니다!

1) 프로페셔널 계정으로 전환하기

프로페셔널 계정은 쉽게 말해 일반 계정과는 달리 다양한 비즈니스 기능을 활용할 수 있는 계정 유형입니다. 우리의 목적은 인스타그램을 통해 고객을 만나기 위한 다양한 마케팅을 할 예정임으로 프로페셔널 계정으로 설정하여 여러 기능을 활용해야 합니다.

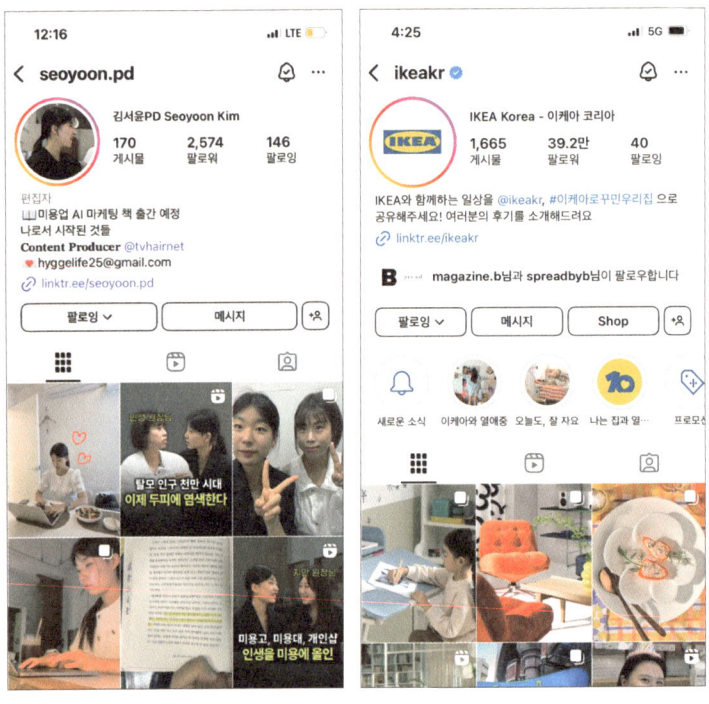

〈그림 2〉 크리에이터 계정 예시 〈그림 3〉 비즈니스 계정 예시

프로페셔널 계정은 크리에이터 계정과 비즈니스 계정 두 가지 유형 중 선택할 수 있습니다.

유형	크리에이터 계정	비즈니스 계정
공통	대시보드를 통해서 콘텐츠와 팔로워 등 다양한 성과 분석 가능	
차이	다양한 음악 활용 가능	전화번호, 샵 추가 등 행동유도 버튼 추가 가능

크리에이터 계정과 비즈니스 계정 모두 대부분 동일한 기능을 활용할 수 있지만, 크리에이터 계정은 창작물을 공유하는 개인 크리에이터들에게 알맞은 유형이며 비즈니스 계정은 브랜드나 영업장과 같이 개인보다는 회사 유형에 어울리는 계정입니다.

비즈니스 계정의 경우에는 릴스와 피드를 업로드할 때 핵심인 '음악'을 자유롭게 사용할 수 없기 때문에 크리에이터 계정 유형을 선택하는 것을 추천드립니다. 그리고 크리에이터 계정 역시 [인스타그램 홍보하기](=광고)를 활용할 수 있기에 특별히 포기해야 하는 점은 없습니다.

프로페셔널 계정을 설정하는 법은 아래와 같습니다.

오른쪽 상단 세 줄로 되어 있는 메뉴 클릭 → 계정 유형 및 도구 클릭 → 프로페셔널 계정으로 전환 → 카테고리 선택 → 계정 유형 선택 (크리에이터 유형 추천) → 필요한 경우 추가 정보 입력

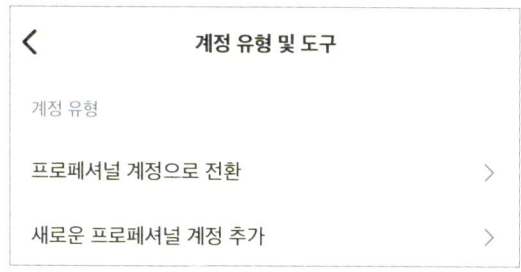

〈그림 4〉 프로페셔널 계정으로 전환하기

계정 유형은 언제든지 전환 가능합니다.

2) 콘텐츠 업로드 고화질로 설정하기

앞으로 자주 업로드하게 될 인스타그램 콘텐츠! 이왕 업로드하는 거 선명하게 보이는 고화질로 업로드되어야겠죠? 가끔 가다 분명 원본은 고화질인데 저품질로 업로드되는 슬픈 상황이 발생합니다. 해당 상황을 방지하기 위해서는 아래와 같이 설정해 주면 됩니다.

오른쪽 상단 세 줄로 되어 있는 메뉴 클릭→ 미디어 품질 → 고화질로 업로드 버튼을 눌러 활성화시켜줍니다.

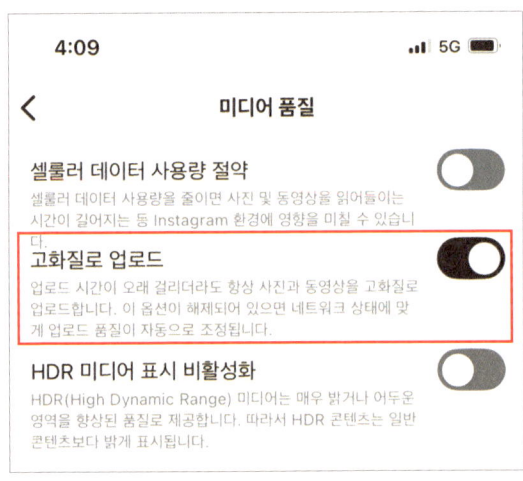

〈그림 5〉 고화질로 업로드 활성화

인스타그램 프로필 세팅하기

나의 명함과 같은 역할을 하는 인스타그램 프로필. 어떤 요소들을 중요하게 채워넣어야 하고 어떤 부분에 어떤 내용이 들어가면 좋은지, 지금 바로 프로필 최적화를 함께 진행해 보도록 하겠습니다.

(1) 프로필 사진 : 1080X1080px 1:1 비율로 설정하면 됩니다. 원 안에 내가 원하는 사진의 노출 범위를 조절할 수 있으며, 프로필은 자신의 얼굴이 한눈에 보이는 명확한 사진으로 지정하는 것이 좋습니다.

(2) 아이디 : 영어 · 숫자 · 기호 세 가지의 조합으로 만들 수 있는 인스타그램 아이디는 다른 사람과 중복되게 만들 수 없습니다. 너무 어렵게 설정하기보다는 기억하기 쉽게 설정하는 것이 좋습니다.

(3) 이름 : 검색 키워드이기도 합니다. 인스타그램 검색 창에 특정 키워드를 검색했을 때 노출되기에 나의 지역 · 시그니처 · 매장이름 · 이름 등 여러 가지 나의 특정적인 키워드를 조합하여 만들면 됩니다.

(4) 설명 : 나의 소개글입니다. 한눈에 보기 쉽게 이모티콘으로 나누어 고객들에게 핵심적으로 전하고자 하는 정보를 넣어도 좋고, 휴무일이나 근무하는 매장에 대한 안내, 어떤 시술을 대표적으로 하는지, 짧게 3문장으로 나누어 나를 소개하면 됩니다.

(5) 연결 링크 : 인스타그램 프로필의 핵심입니다. 연결 링크는 여러 개 등록이 가능하지만, 요즘 다양한 사이트를 활용해 한 개의 링크에 나에 대한 모든 정보가 담겨 있는 링크 모음집을 만드는 것을 추천합니다.

〈그림 6〉 인스타그램 프로필 세팅 예시

다양한 프로필 링크 사이트가 있지만 리틀리를 추천합니다. 리틀리 웹사이트에 들어가 회원가입하면 아이디당 무료로 하나의 프로필 링크를 제작할 수 있습니다.

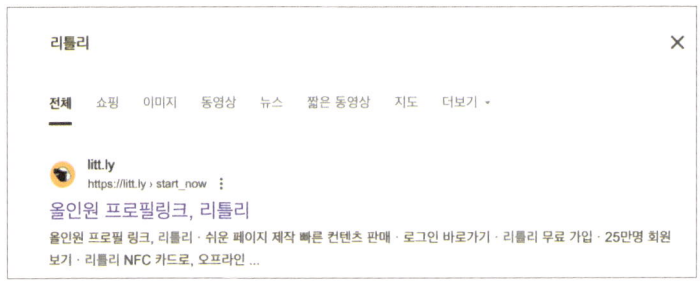

〈그림 7〉 올인원 프로필 링크, 리틀리

회원가입 후 나만의 여러 연결 링크를 넣어주고 블록 위치를 조절해 나만의 프로필 링크를 만들어봅니다.

기본적으로 바로 네이버 예약창으로 넘어갈 수 있는 링크부터 또 다른 운영 중인 SNS채널과 우리 매장 주소와 사진도 넣을 수 있습니다.

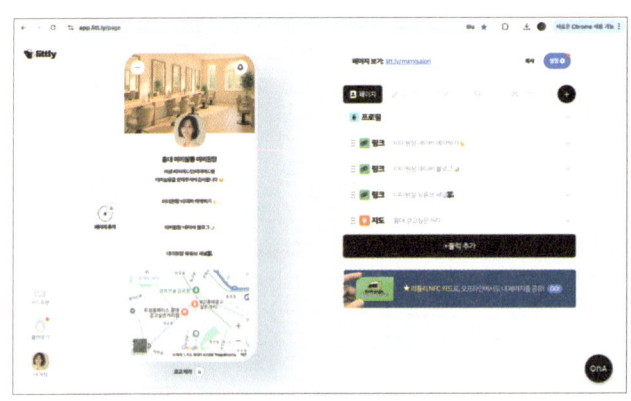

〈그림 8〉 리틀리에서 만드는 나의 프로필 링크

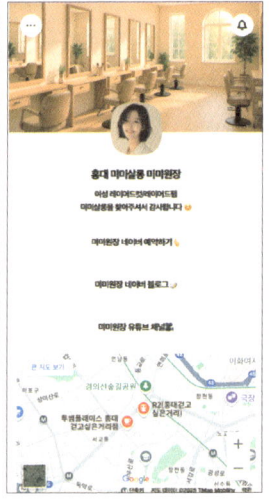

〈그림 9〉 완성된 프로필 링크

인스타그램 콘텐츠 만들기

1. 어떤 콘텐츠를 올릴까

헤어디자이너가 올리면 좋은 인스타그램 콘텐츠! 고민하지 마세요, 지금부터 대표적인 3가지 카테고리를 소개해 드리겠습니다.

내가 직접 한 헤어 시술

1) 나만의 감성이 그대로 담겨 있는 시술 컬렉션!

홍대에서 근무 중인 M실장님의 시그니처는 [남자 히피펌]입니다. 피드를 봐도 남자 히피펌에 대한 다양한 시술 포트폴리오가 한눈에 보입니다. 릴스와 사진 피드를 섞어가며 업로드하며, 릴스의 경우에는 보통 헤어 모델의 얼굴이 나오는 시술 과정과 시술 완성 영상으로 구성되어

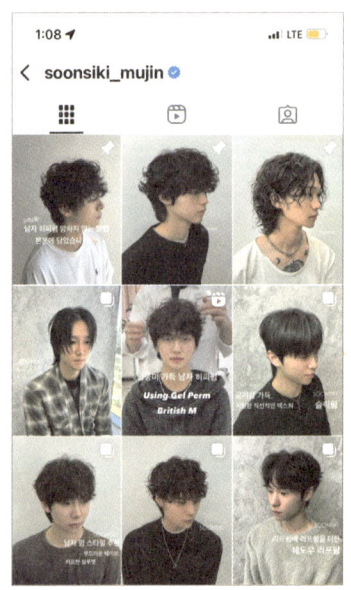 

〈그림 1〉 인스타그램 @soonsiki_mujin   〈그림 2〉 인스타그램 @soonsiki_mujin

있습니다. 실장님의 고객 90%는 남자 히피펌이 차지합니다. 내가 만약 남자 히피펌을 하고 싶은 고객이라면 실장님의 인스타그램을 보자마자 "이 선생님 감성 너무 좋은데? 무조건 여기서 머리하고 싶다"는 생각에 사로잡힐 것 같습니다.

2) 나의 시그니처 시술을 뒷모습만으로도 충분하게!

헤어디자이너, 모델의 얼굴이 나오지 않아도 충분히 나의 전문 시술을 콘텐츠로 만들어 릴스로 업로드할 수 있습니다. 인천 J원장님의 경우는 고데기한 듯 여자들의 로망을 제대로 자극시키는 [에어랩펌]으로 유명한데요, 원장님의 콘텐츠를 보면 굳이 모델의 얼굴이 나오지 않아도 뒷모습만으로도 충분히 컬의 탄력감과 결과물을 제대로 보여주며 원장

 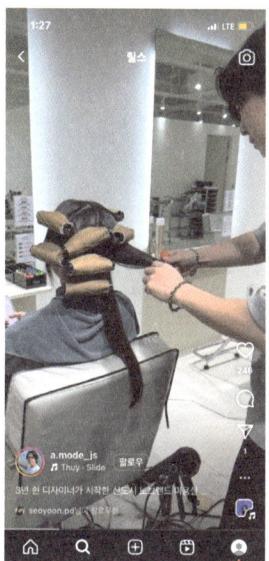

〈그림 3〉 인스타그램 @a.mode_js   〈그림 4〉 인스타그램 @a.mode_js

님만의 독보적인 시술 매력을 느낄 수 있습니다. 뒷모습만 노출되니 콘텐츠를 촬영하기도 수월하며 원장님의 시술 핵심 포인트인 굵게 흘러내리는 컬과 탱글한 질감은 현실적이면서도 실감 있게 와닿을 수 있는 것이죠. 결과, 수많은 고객들이 전국에서 원장님의 영상을 보고 찾아온다고 합니다.

3) 이거 마법 아니야? 전후가 극명한 컨설팅

〈그림 5〉 인스타그램 @make.a_woori   〈그림 6〉 인스타그램 @make.a_woori

 헤어 컨설팅 릴스 영상이 유행한 지도 꽤 되었습니다. W부원장님의 경우에는 퍼스널 염색의 시초라고 할 수 있는데요, 퍼스널컬러가 유행하기 시작했을 무렵 염색과 접목시켜 퍼스널컬러와 헤어 염색이 얼굴에 어떤 변화를 일으키는지 릴스로 담아 콘텐츠로 만들고 있습니다. 릴스의 특징상 짧은 영상 속 극명한 대비감을 일으키는 전후 영상의 가장 높은 조회수는 무려 700만에 달한다고 합니다. 컨설팅 영상은 헤어디자이너라는 마법사가 같은 사람을 전혀 다른 사람으로 만든 것 같은, 마치 마법을 부린 게 아닌가 싶은 어마무시한 변화를 일으키기에 고객의 눈길과 마음 모두 혹하게 만듭니다.

헤어디자이너가 직접 전하는 헤어 팁

1) 이 머리 어떻게 하는지 내가 알려줄게요!

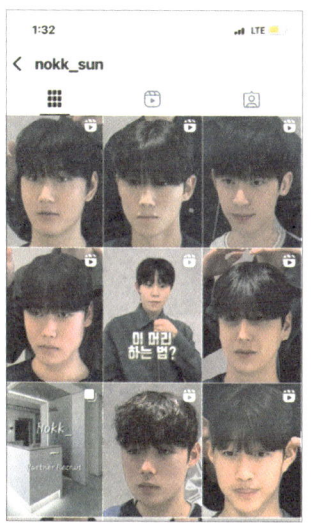 

〈그림 7〉 인스타그램 @nokk_sun   〈그림 8〉 인스타그램 @nokk_sun

동탄의 맨즈헤어 전문 S원장님의 시그니처 콘텐츠는 남성 고객이 집에서 어떻게 머리를 말리고 스타일링해야 이런 결과물이 나오는지 짧은 릴스 안에 간결한 핵심만 담아 설명해줍니다. 굳이 "이 머리는 내가 한 디자인이며, 이러이러한 스타일이에요."라고 소개하지 않아도 영상을 보는 모든 사람은 이 헤어 시술을 만든 장본인이 S원장님이라는 걸 알 수밖에 없습니다. 또한 그냥 헤어 스타일에 대한 소개라면 관심이 없을 수도 있고 노출이 되었다 하더라도 넘겨버리기 쉽지만, 당장 써먹을 수 있는 헤어 팁에 대한 정보이기에 끝까지 보게 되고, 나중에 저장하고 다시 보며 자연스럽게 원장님의 콘텐츠에 스며들게 됩니다.

2) 쌤 제품 추천해 주세요!

〈그림 9〉 인스타그램 @duriii2__   〈그림 10〉 인스타그램 @duriii2__

　평상시 고객들이 가장 궁금해하는 건, 소소하면서도 일상 생활에 꼭 필요한 헤어 꿀팁입니다. D실장님은 평소 여자 머리를 전문으로 하고 있는데요, 다양한 헤어 모델의 시술 컷도 올리지만 중간중간 실장님이 직접 헤어 스타일 제품을 사용해 보고 추천하거나 사용법을 공유하거나 결과물은 어떤지 후기를 남기거나 셀프 드라이 방법을 알려주는 등 여성 헤어에 필요한 다양한 꿀팁을 공유하며, 여성 고객의 관심을 듬뿍 받고 있습니다. 아무리 유명한 인플루언서가 많다고 하더라도, 헤어 팁에 대해서 가장 잘 알려줄 수 있는 건 바로 '헤어디자이너'입니다. 헤어디자이너라는 것만으로도 헤어에 대한 무언가를 알려줄 때 신뢰도는 대폭 상승할 수밖에 없는 것이죠. 앞으로도 일상 생활 속 헤어 팁이 궁금한 여성 고객은 D실장님의 계정을 팔로우하고 관심 있게 지켜보겠죠? 그러다 보면 당연히 실장님에게 머리를 맡기고 싶어질 것입니다.

3) 고객들이 자주하는 질문!

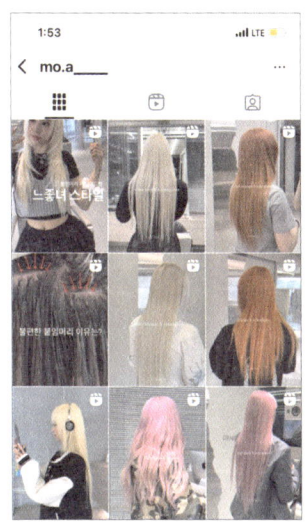 

〈그림 11〉 인스타그램 @mo.a___ 〈그림 12〉 인스타그램 @mo.a___

  홍대 D살롱 M원장님은 붙임머리 전문 샵을 운영하고 있습니다. 붙임머리 특성상 다양한 고객이 궁금해하는 질문인 리터치 주기 및 시술 과정에 대한 답변을 영상을 통해 담아내고 있습니다. 특수 시술인 붙임머리 특성상 일반 시술보다 고객이 궁금해하는 부분이 더욱 많을 수밖에 없는데요. 어떤 과정으로 우리 매장은 시술하는지 영상으로 보여주다 보면 고객은 이미 방문하기 전 여러 궁금증이 해소되고 더불어 원장님의 전문성이 고스란히 영상 속에 담겨 시술 포트폴리오도 함께 쌓이니 일석다조입니다.

나의 미용 이야기

1) 우리 매장 분위기를 보고 고객이 찾아온다!

〈그림 13〉 인스타그램 @temd_zihye   〈그림 14〉 인스타그램 @temd_zihye

T살롱은 내부 구성원이 어떻게 놀고 어떻게 협력하고 어떤 일정을 함께 소화하고 어떤 교육을 받는지 등 T살롱의 분위기와 에너지가 잘 느껴지는 콘텐츠를 꾸준하게 업로드합니다. 실제로 매장을 방문하는 고객들도 T살롱의 분위기는 남다르다며 정말 따뜻하고 좋은 에너지가 넘친다는 걸 그대로 느낍니다. T살롱을 방문하는 고객들은 단순 헤어 시술로 마무리되는 것이 아니라, 굉장히 끈끈하고 지속적인 관계를 유지합니다. 이제 고객은 시술 결과물뿐만이 아니라, 나의 일상 중 어느 한 부분을 함께할 헤어디자이너가 어떤 공간에서 어떤 마음가짐으로 일하는 사람이고 어떤 브랜드에 속해 있는지 궁금해한다는 걸 알 수 있습니다.

2) 인턴 때부터 기록하는, 나의 미용생활!

〈그림 15〉 인스타그램 @jirehya   〈그림 16〉 인스타그램 @jirehya

반포 I디자이너는 인턴 시절 성장 과정과 샵에서 일어나는 여러 가지 재밌는 이벤트들을 릴스로 만들어 기록해왔습니다. 대표 원장님과 차를 타고 이동하면서 나누는 고민 상담부터 메인 선생님 염색해 주는 영상, 그리고 함께 교육하며 궁금한 부분을 당돌하게 질문하는 영상까지! 인턴과 메인 선생님 그리고 대표 원장님까지, 그들의 케미를 매우 흥미롭게 보는 사람들이 많았습니다. 디자이너가 되기 전, 그 다양한 과정과 순간들을 기록해 놓은 I디자이너를 보며 고객들은 방문하기 전부터 해당 선생님과 이미 친밀감을 느끼지 않을까요? 그리고 이 샵의 분위기 역시 친근하고 편안하다는 걸 인지하며 마음속에 이미 한 걸음 훌쩍 들어와 있을 것입니다.

3) 나의 연습 포트폴리오가 쌓인다!

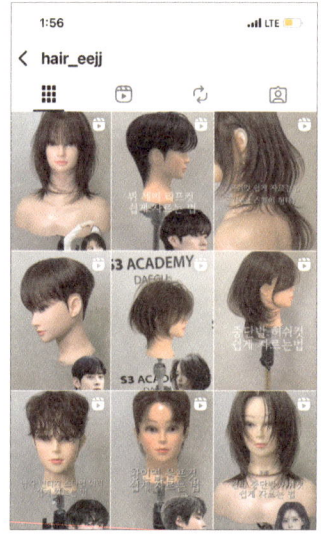 

〈그림 17〉 인스타그램 @hair_eejj   〈그림 18〉 인스타그램 @hair_eejj

아직 인턴 생활을 시작하지 않은 미용 유망생 E님은 대학교에 들어오자마자 매일 인스타그램을 통해 연습 과정을 기록했습니다. 그 결과, 입학 후 2년이 지난 졸업 시점에는 이미 2만 명 이상의 팔로워가 모였고 실제로 교육 요청까지 들어오기도 했습니다. 아직 나의 고객이 있지 않아도, 아직 헤어디자이너가 되기 전이어도 지금의 나를 위한, 앞으로 내 미래를 위한 인스타그램 콘텐츠는 무궁무진합니다.

2. 나의 헤어 시술 릴스 만들기

그럼 이제 인스타그램 콘텐츠를 만들어볼까요? 우선 내가 직접 시술한 스타일 결과물을 릴스로 만들어 업로드하는 법을 알아보겠습니다.

나의 시그니처 기획하기

먼저 어떤 헤어 시술을 고객에게 소개할 것인지 정해야 합니다. 인스타그램의 특성상 중구난방 다양하게 어필하기보다는 여자 머리면 여자 머리, 남자 머리면 남자 머리 그중에서도 더 세분화를 지어 한 키워드로 나를 표현할 수 있는 시그니처를 중심으로 업로드하는 것을 추천합니다. 왜냐면 인스타그램 속에는 너무 많은 헤어디자이너와 헤어 콘텐츠가 매일같이 쏟아져 나오기 때문입니다. 그렇기에 나의 뾰족한 지점을 살려 고객을 공략해야 눈에 들어옵니다.

예를 들어 우리가 식당에 갔다고 생각해 봅시다. 오늘 나는 정말 맛있는 돈까스가 먹고 싶습니다. 동네에는 00천국과 일식 돈까스 전문점 두 곳에서 돈까스를 판매하고 있습니다. 물론 00천국도 매력적이죠. 하지만 오늘 내가 먹고 싶은 건 정말 맛있는 돈까스입니다. 그럼 일식 돈까스 전문점에 가는 게 훨씬 높은 확률로 돈까스를 메인으로 판매하고 계신 요리사가 만든 맛있는 돈까스를 먹을 수 있겠죠?

고객들도 마찬가지입니다. 헤어디자이너라면 대부분의 시술을 잘 하는 것이 아주 중요한 역량이지만, 고객에게 매력적으로 느껴지게 하기 위해서는 내가 전문가라고 자신할 수 있는 시그니처를 설정해야 합니다. 특히나 인스타그램이라는 소셜미디어에서 시그니처는 더욱 중요하게 작용합니다.

처음부터 시그니처를 찾는 것은 쉽지 않은 선택입니다. 어떤 것을 밀고 가야 할지 모른다고 느낄 때는 우선 다양하게 올려보며 반응과 장단

점을 고려하며 설정해 나가는 것도 괜찮습니다.

빠르게 방향성을 설정하고 싶은 분들을 위해 시그니처를 선정하는데 도움이 될 질문지를 아래 적어두었습니다. 천천히 신중하게 고민해 보고 답변하며 콘텐츠를 제작하기 전 방향성을 설정해 봅시다.

나의 시그니처를 찾아보자!

질문	답
남자머리 VS 여자머리	
컬러 VS 컷 · 펌디자인	
추구하는 분위기는?	
고객들의 나이대는?	
머리 기장은?	
나의 시그니처 이름은?	

콘텐츠 제작하기

인스타그램에서 소개할 시그니처 스타일을 정했으니 영상을 본격적으로 제작할 차례입니다. 가장 먼저 어떤 영상을 만들 것인지 기획해야 합니다.

우리가 잘 알고 있는 유명한 영화를 생각해 보면, 매 장면마다 아주 디테일한 스토리보드와 대본이 합쳐져 감독이 의도한 그대로의 장면이 탄생하고 그 장면들을 엮어 만들어야 영화가 탄생합니다. 미리 필요한 장면을 적어보고 어떤 형식으로 만들 것인지 기획하고 나면 촬영이 훨씬 쉬워집니다. 아무리 짧은 릴스라도 미리 영상을 구성하는 것은 필수입니다.

1) 틱톡에서 영상 아이디어 찾기

헤어 시술 콘텐츠의 경우 대부분은 비포&애프터가 확연하게 들어나는 영상 구조입니다. 더욱 참신하면서도 놀라운 영상이 만들어지기 위해서는 트랜지션(영상의 전환 효과)을 활용하면 됩니다. 트랜지션의 아이디어는 다양한 해외 헤어 콘텐츠들을 참고하면 좋은데요. 해외 콘텐츠를 참고하기 가장 좋은 앱은 '틱톡'입니다.

〈그림 19〉 틱톡

틱톡을 열어 로그인한 후 검색창에 [hair transition]이라고 검색합니다. 조금 더 확실하게 여자 머리, 남자 머리 등 키워드를 추가하고 싶다면 [hair transition men, hair transition trend] 등 다양한 키워드로 검색해 볼 수 있습니다.

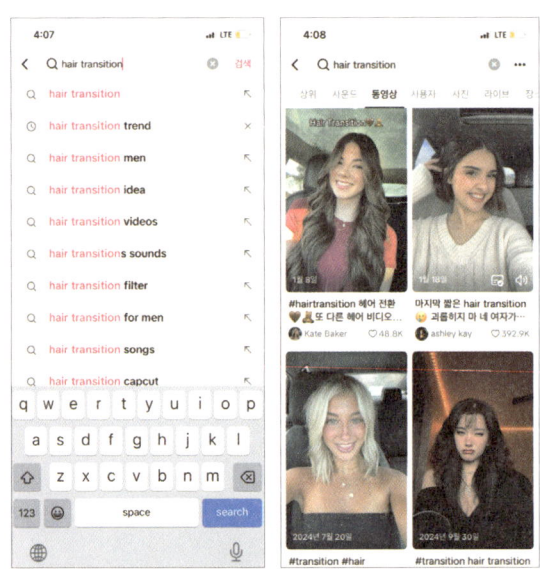

〈그림 20〉 hair transition 검색　〈그림 21〉 다양한 검색 결과

2) 필요한 장면 메모하기

틱톡으로 적용해 보고 싶은 전환 효과 아이디어를 얻었다면 구체적으로 어떤 장면을 촬영해야 할지 간단하게 메모해 둡니다.

타임라인	내용
0초~3초	비포 1. 왼쪽 옆모습에서 뒷모습
효과 적용	트랜지션 (비포 애프터가 겹치는 구간)
5초~10초	애프터 1. 왼쪽 옆모습에서 뒷모습 2. 손으로 컬을 직접 튕기는 모습

3) 영상 촬영하기

촬영은 스마트폰 하나면 충분합니다. 촬영이 수월할 수 있도록 카메라 설정에 들어가 격자와 수준기를 활성화해 주세요.

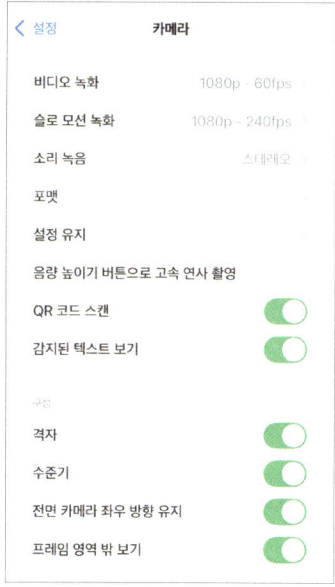

〈그림 22〉 카메라 세팅

카메라 앱을 열어 필요한 장면을 찍어줍니다.

〈그림 23〉 아이폰 촬영 화면　〈그림 24〉 갤럭시 촬영 화면

위에서 설정한 격자무늬와 수준기 덕에 수평을 유지하면서 인물의 중심을 어디에 두고 촬영해야 할지 수월하게 보입니다.

4) 영상 보정하기

헤어 모델의 얼굴이 나오는 영상이라면 보정이 필요할 수 있습니다. 처음부터 보정 기능을 활용해 촬영할 수도 있지만, 촬영 후 후보정 기능도 요즘은 많이 업그레이드되어 있기에 후보정을 추천합니다. 다양한 보정 앱들 중 스노우를 추천합니다.

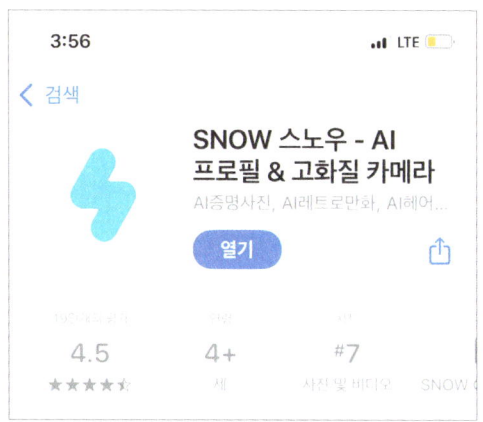

〈그림 25〉 스노우

5) 영상 편집하기

이제 촬영한 영상을 편집할 차례입니다. 다양한 영상 편집 어플 중 캡컷(CapCut)을 활용해 편집해 볼 것입니다. 캡컷은 활용할 수 있는 기능이 풍부하고 AI 음성도 넣을 수 있어 선택해 보았는데요, 한 가지 단점은 무료 이용자들은 월 7회까지만 워터마크 없이 영상을 다운로드받

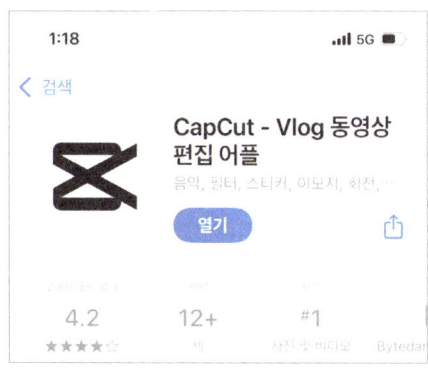

〈그림 26〉 캡컷

을 수 있다는 점입니다.

　블로(VLLO)와 같은 다른 영상 편집 앱을 활용해도 기본 편집은 충분히 가능하니, 워터마크 부분이 아쉽다면 다른 편집 앱을 선택하셔도 됩니다. 또 요즘에는 인스타그램 자체에서 영상을 편집하는 크리에이터도 많습니다. 하지만 특정 전환 효과와 더욱 디자인 감도가 높은 자막을 위해 편집앱을 사용해 보겠습니다.

　또한 위에서 방금 설명한 보정의 경우, 캡컷은 편집 과정 자체에서 얼굴 및 몸매 보정 기능이 있으니 편집 과정에서 보정을 진행하셔도 됩니다.

　캡컷 앱을 열어 [새 프로젝트] 버튼을 누르고 촬영한 영상을 선택해 줍니다. 추후에 순서를 뒤바꿀 수 있지만, 미리 영상 구성 순서대로 선택하는 것이 편리합니다.

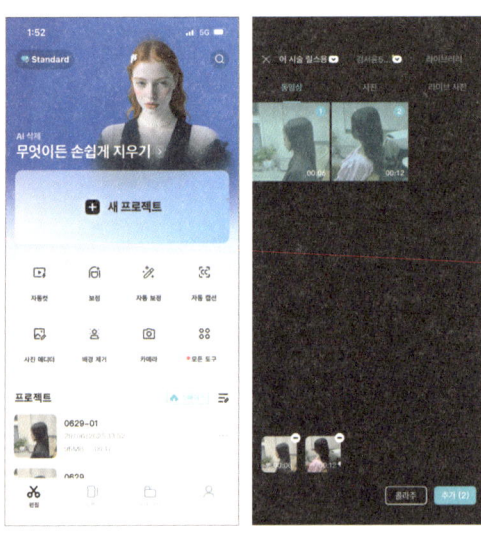

〈그림 27〉 캡컷 앱 열기　　〈그림 28〉 촬영한 영상 선택

영상을 추가하고 나면 아래와 같은 편집창이 보일 것입니다.

〈그림 29〉 캡컷 편집창

[헤어 시술 콘텐츠] 영상 제작에 필요한 편집은 딱 2가지입니다

(1) 컷편집(원하는 장면만 나오게 다듬기)
(2) 트랜지션(시술 비포 애프터에 들어갈 화면 전환 효과)

우선 컷편집을 해야겠죠? 컷편집은 클립 양 옆에 보이는 사이드바를 밀고 다시 늘리며 원하는 장면을 선택할 수도 있고, 현재 재생되는 영상 장면의 위치를 표기해 주는 '플레이헤드(play head)' 하얀색 선을 기준으로 영상을 자를 수 있습니다. 플레이헤드를 원하는 위치에 놓은 뒤 하단에 [분할] 버튼을 눌러주면 플레이헤드를 기준으로 영상이 잘립니다. 원하지 않는 부분의 장면은 선택한 뒤 삭제를 눌러주면 됩니다.

두 가지 방법 중 편한 방법을 활용해 촬영한 영상 중 사용하고 싶은 부분만 남기고 영상을 다듬어줍니다.

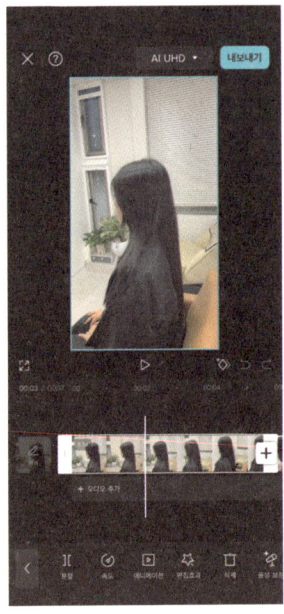 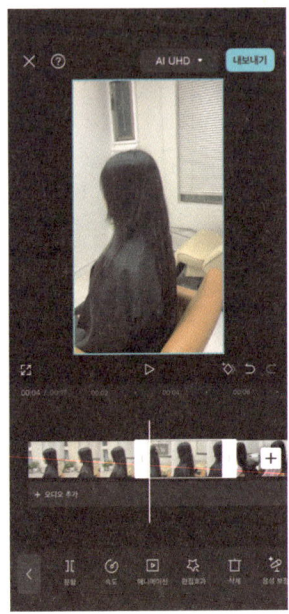

〈그림 30〉 사이드바를 활용해 컷편집   〈그림 31〉 하얀색 플레이헤드를 두고 분할 버튼 누르기

영상을 잘 다듬었다면, 이제 앞뒤 영상 사이 넣을 전환 효과, '트랜지션'을 넣을 차례입니다. 영상과 영상 사이에 보면 하얀색 네모가 보이시나요? 해당 네모를 클릭하면 트랜지션을 추가할 수 있게 됩니다. 여러 가지 효과를 눌러보며 무료로 활용할 수 있는 것 중 마음에 드는 효과를 선택합니다. 트랜지션 시간도 설정할 수 있습니다.

 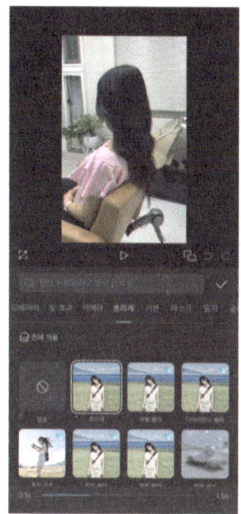

〈그림 32〉 클립이 연결되는 지점 〈그림 33〉 흐리게 효과 선택
가운데 하얀색 네모 선택

[흐리게] 트랜지션 효과를 적용했습니다. 효과를 적용하니 비포와 애프터가 연결되는 지점이 자연스럽게 바뀌었습니다.

트랜지션 효과의 경우 유료 사용자로 업그레이드하면 사용 가능한 효과가 훨씬 다양해집니다. 기본 제공되는 효과에 한계를 느낄 때, 큰마음 먹고 투자하면 더욱 재미 있는 영상 효과를 사용해 볼 수 있습니다.

〈그림 34〉 트랜지션 적용 후

이제 영상을 출력해줄 차례입니다. 특별히 변경할 설정 없이, 기본으로 되어 있는 설정 그대로 출력하셔도 됩니다.

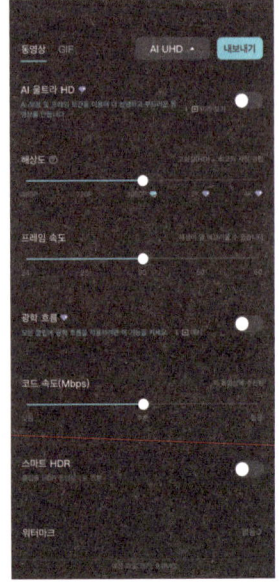

〈그림 35〉 출력 설정

〈그림 36〉 영상 출력 완료

콘텐츠 인스타그램에 업로드하기

소중한 릴스가 만들어졌다면 망설임 없이 인스타그램에 업로드할 차례입니다.

01 인스타그램에 게시물 추가하기 → 릴스를 누르고 업로드할 동영상을 선택해줍니다.

〈그림 37〉 인스타그램 새 릴스 〈그림 38〉 업로드할 동영상 선택

02 왼쪽 오디오 버튼을 눌러 릴스 배경 음악을 추가해줍니다.

 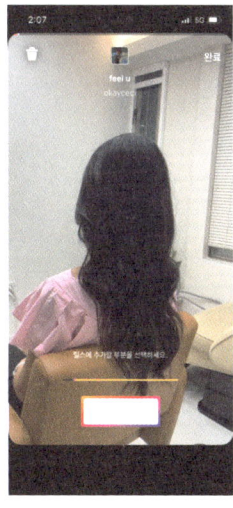

〈그림 39〉 인기 상승 오디오 중 선택 추천 〈그림 40〉 원하는 오디오 범위 정하기

릴스 음악은 릴스의 도달률을 높이는 데 굉장히 중요한 요소 중 하나입니다. 원하는 음악을 직접 검색해서 추가할 수 있습니다. 추천하는 음악은 [인기 상승] 버튼을 누르면 나오는 음악들인데요, 인기 상승 탭은 현재 트렌드에 타 급부상 중인 음악들만 모아 보여주는 탭입니다. 많은 사람들이 관심 있게 사용하는 음악을 함께 릴스에 사용한다면 음악 활용만으로도 도달률을 높이는 데 도움이 될 것입니다.

음악을 추가하고 나면 아래와 같은 편집창이 나옵니다. 여기서 우리가 추가한 음악 버튼을 누르면, 원래 영상에 담겨 있는 오디오와 인스타그램에서 추가한 오디오의 비율을 조절할 수 있습니다.

이 공간에서 필요하다면 자막을 추가할 수도 있고 효과를 추가할 수도 있습니다. 이미 우리는 편집을 완료했으니 다음 단계로 넘어가겠습니다.

〈그림 41〉 인스타그램 릴스 편집창

03 챗GPT와 캡션을 만듭니다.

[캡션 추가…]에 입력할 내용을 적을 차례입니다. 캡션은 인스타그램 더보기란에 보이는 글입니다. 요즘은 영상 시청뿐 아니라 아래 어떤 내용을 크리에이터가 적어두었는지 꼭 한 번 눌러보니 신경 써줘야 합니다. 또 캡션에 명확한 행동유도 CTA(Call-To-Action) 요소를 넣으면 사람들이 프로필까지 방문하게 만드는 효과를 훨씬 상승시킬 수 있습니다.

〈그림 42〉 캡션 추가하기

빠르고 효과적인 캡션 챗GPT와 함께 만들어보겠습니다.

> 아래 내용을 포함한 인스타그램 릴스 캡션 글을 작성해줘.
>
> #릴스내용
> 너는 홍대 미미살롱 미미원장이야. 릴스 내용은 밋밋한 긴머리에서 러블리한 긴머리 S컬 웨이브펌 디자인으로 변화하는 30대 여성 고객의 비포 애프터가 담겨있어.
>
> #형식
> - 첫 문장은 임팩트 있는 후킹 문장으로 시작해줘.
> - 가독성이 좋게 문단을 나누어줘.
> - 이모티콘을 적절하게 사용하여 친근하게 느껴지도록 만들어줘.
> - 고객들이 영상을 보고 예약으로 이어질 수 있게 프로필 링크를 누르면 예약 링크로 넘어간다는 멘트를 넣어줘.
> - 마지막에 이 릴스와 어울리는 대표 해시태그 3개를 넣어줘.
>
> #톤
> 친근하고 부드럽게 작성해줘.

〈그림 43〉 챗GPT에게 캡션 작성 요청

기본적인 프롬프트 잘 적는 방법을 기반으로 캡션에 어울리게 살짝 바꾸어 보았습니다. 여기서 활용하고 싶다면 #릴스내용 #톤 2가지만 나의 계정과 영상 콘텐츠에 바꿔 작성하면 되겠죠? 그럼 결과가 어떻게 나왔는지 바로 볼까요?

이렇게 나만의 스타일 캡션이 완성되고 나면, 그다음 영상의 주제가 바뀔 때마다 새로운 캡션을 요청하는 건 훨씬 수월합니다.

> 펌 하나로 이렇게 러블리해질 수 있다고요? 💁
>
> 볼륨 없이 밋밋하던 긴머리에
> 탄력 있는 S컬 웨이브가 생기자,
> 30대 고객님의 분위기가 완.전.달.라.졌어요! ✨
>
> 자연스럽게 흐르면서도 얼굴선을 예쁘게 감싸는 컬감,
> 꾸미지 않아도 세련된 느낌까지💕
>
> 차분함 속에 러블리함을 더하고 싶다면,
> 이번 영상 꼭 참고해보세요😊
>
> 📌 지금 바로 예약하고 싶다면?
> 프로필 링크 클릭하면 예약 페이지로 연결돼요!
> 당신만의 분위기, 미미살롱에서 찾아드릴게요💇
>
> #S컬펌 #홍대미용실추천 #긴머리펌스타일

〈그림 44〉 챗GPT의 캡션 작성 결과

전 세계로 우리 영상이 알고리즘을 타고 퍼질 것을 예상해 영어로 번역된 캡션도 요청해 보겠습니다.

> 이번에는 영어로 캡션을 번역해줘

〈그림 45〉 영어 번역본 요청

영어로 번역된 캡션도 만들어 주었습니다.

방금 전 완성한 따끈따끈한 캡션을 복사해 [캡션 추가…] 부분에 한국어와 영어 모두 붙여 넣어 줍니다.

> Can a perm really change your whole vibe? 💁‍♀️
>
> This client's flat, lifeless long hair
> was transformed with soft S-curl waves—
> and her look completely changed! ✨
>
> These natural, flowing curls frame the face beautifully, giving a polished yet effortlessly lovely feel 💕
>
> If you're in your 30s and want to add volume and charm, this style might be your perfect match 😊
>
> 📌 Ready to book your transformation?
> Click the link in our bio to reserve your spot!
> Let Mimi Salon bring out your best look 💇‍♀️
>
> #SCurlPerm #HongdaeHairSalon #LongHairPermStyle

〈그림 46〉 챗GPT의 영어 캡션 번역본 결과물

〈그림 47〉 캡션 붙여 넣기

04 릴스 커버를 추가해줍니다.

릴스 커버는 프로필 그리드에 노출되는 썸네일입니다. 현재 업로드 중인 릴스의 부분 중 한 부분을 선택할 수도 있고, 아예 따로 썸네일을 만들어 저장해 두고 [카메라 롤에서 추가] 버튼을 눌러 선택할 수도 있습니다. 릴스 커버의 경우는 업로드 후에도 수정이 가능합니다.

〈그림 48〉 릴스 커버 수정하기

〈그림 49〉 프로필 그리드 노출 예시 미리보기

05 업로드 전 여러 가지 설정을 최종 마무리합니다.

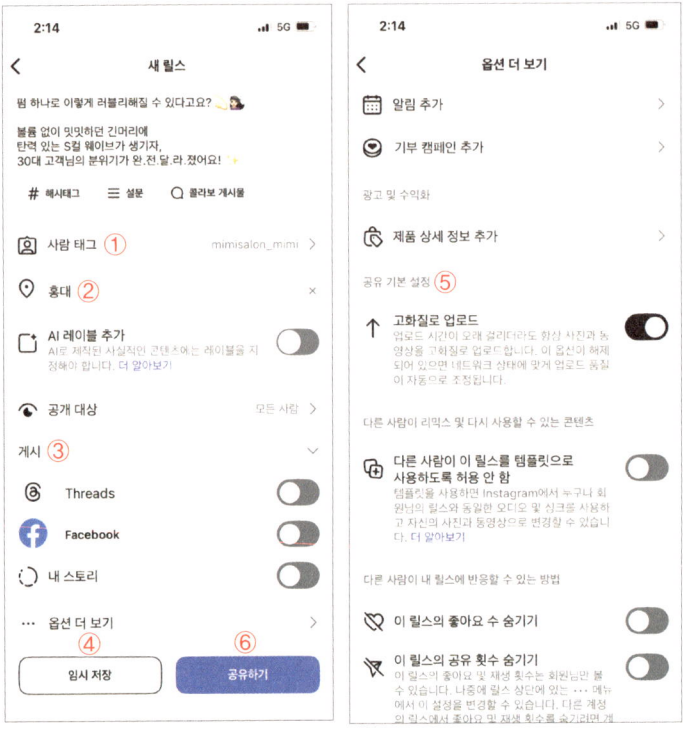

〈그림 50〉 릴스 업로드 설정   〈그림 51〉 고화질로 업로드

(1) 사람 태그 버튼을 클릭하여 원하는 계정을 태그합니다.

(2) 위치 추가 버튼을 클릭하여 영상에 태그하고 싶은 위치를 추가합니다.

(3) 동시에 스레드와 페이스북 스토리에도 업로드할 수 있습니다.

(4) 임시 저장 버튼을 누르면 릴스를 현재 업로드하지 않고 저장해 둘 수 있습니다.

(5) 옵션 더 보기를 누르면 고화질로 업로드 설정란이 있습니다. 해당 버튼을 눌러야 릴스의 화질이 깨지지 않고 원본 그대로 업로드됩니다

(6) 공유 버튼을 누르면 바로 릴스가 계정에 업로드됩니다.

아직 끝이 아니다! 영상 업로드 후 딱 3가지만 해보세요!

이제 릴스 영상이 업로드되었습니다. 소중한 우리의 릴스 콘텐츠, 업로드 후 딱 3가지 행동만 함께 해볼까요?

01 **내 릴스에 좋아요 누르고 댓글 달기**

〈그림 52〉 내 릴스에 첫 번째로 댓글 달기

첫 번째로 좋아요를 누르고 댓글까지 남겨줍니다! 댓글을 남기는 이유는 한 번 더 어필할 수 있기 때문입니다. 내가 남긴 댓글에 대댓글로 해시태그를 추가할 수 있습니다. 이미 본문에 해시태그를 남겼을 경우에는 굳이 대댓글로 중복되는 해시태그를 남길 필요는 없습니다. 만약 한 번 더 적고 싶다면, 중복 해시태그 말고 다른 해시태그를 적어보세요! 개수는 너무 많지 않게 3~5개 정도가 적당합니다.

02 스토리에 방금 올린 콘텐츠 공유하기

게시물은 챙겨보지 않아도 스토리는 챙겨보는 사람이 많습니다. 팔로워들이 내가 업로드한 릴스를 지나칠 수도 있으니, 업로드 직후에 스토리에 해당 콘텐츠를 공유해 한 번 더 어필해 주면 좋겠죠? 방금 전 스토리 업로드 버튼을 클릭하여 동시 업로드를 해도 되지만, 문구나 손가락 이모지 같은 요소를 추가하고 싶다면 직접 공유하는 것도 좋습니다.

〈그림 53〉 스토리에 방금 올린 콘텐츠 공유

03 다른 헤어디자이너 계정에도 좋아요 누르고 댓글달기

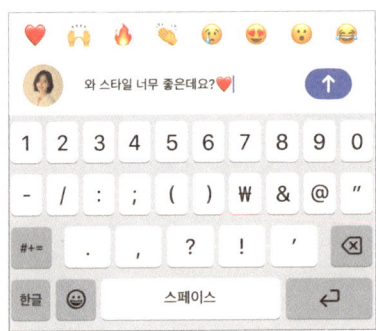

〈그림 54〉 서로 품앗이하기

영상을 업로드 후 가장 중요한 것은 반응입니다. 많은 사람들의 좋아요, 댓글, 공유, 저장수가 쌓일수록 인스타그램 측은 우리의 콘텐츠가 좋다고 판단하고 더 많은 사람들에게 도달할 수 있게 도와줍니다.

매번 좋아요와 댓글이 자연스럽게 늘어나는 걸 기대할 수는 없습니다. 우리에겐 '품앗이'가 필요합니다. 다른 헤어디자이너의 콘텐츠에 댓글을 달고 좋아요를 누르며 서로서로 반응을 남기는 것이죠. 그럼 다른 헤어디자이너도 우리가 콘텐츠를 업로드했을 때 댓글과 좋아요를 통해 반응을 남겨주겠죠? 그렇다고 진정성 없는 댓글은 금물입니다! 진심을 담아 서로의 콘텐츠를 존중하는 멋진 문화를 만들어 갈 수 있으면 좋겠습니다.

3. 헤어 정보 릴스 만들기

이번에는 직접 카메라 앞으로 나와 헤어 관련 정보를 전달하는 정보성 콘텐츠 제작법에 대해 알아보겠습니다!

조명과 삼각대가 합쳐진 도구로 촬영하기

가장 추천하는 제품은 조명과 삼각대가 올인원으로 합쳐진 제품입니다! 쿠팡에 조명 삼각대를 검색하면 다양한 제품이 나와 있으며, 원하는 제품을 구매하면 됩니다.

〈그림 55〉 조명과 삼각대가 합쳐진 제품으로 촬영하기

맨 얼굴이 부담스럽게 느껴진다면, 스노우를 활용해 보정 카메라로 촬영하는 걸 추천합니다. 기본 카메라와 보정 카메라 두 가지 차이가 잘 보이죠?

〈그림 56〉 기본 카메라 촬영   〈그림 57〉 스노우 촬영

영상 편집하기

정보성 콘텐츠의 핵심은 자막과 음성입니다.

오디오 없는 영상 자막 직접 넣기

오디오 없이 촬영본만 가지고 있는 영상이라는 가정하에 자막을 직접 넣어보겠습니다.

01 캡컷 앱을 열어 촬영한 영상본을 불러옵니다. 필요 없는 부분은 컷편집으로 다듬어줍니다.

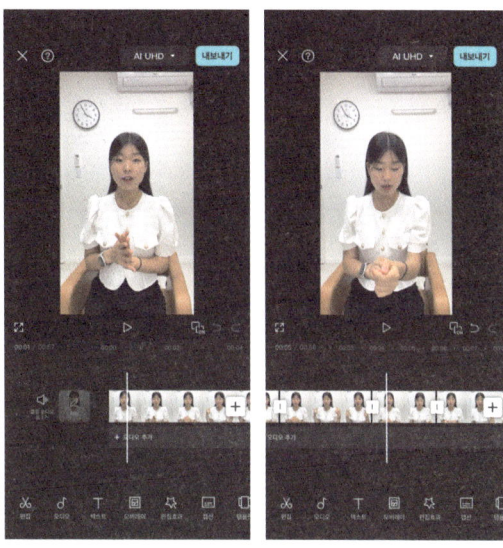

〈그림 58〉 영상 불러오기   〈그림 59〉 컷편집으로 영상 다듬기

02 텍스트를 클릭해 텍스트 추가를 누른 후 우선 아무 단어나 입력합니다.

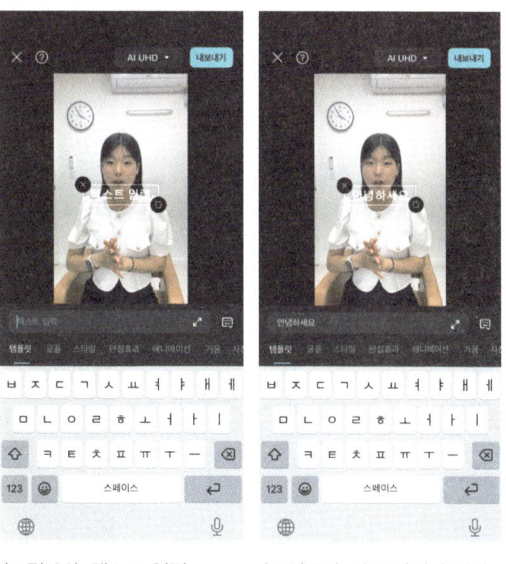

〈그림 60〉 텍스트 입력   〈그림 61〉 아무 단어나 적기

chapter 4 이제 명함 대신, 인스타그램   267

03 입력한 텍스트 선택 후 하단에 [라스팅 텍스트] 버튼을 선택해 해당 텍스트를 영상 전체 길이에 모두 노출되게 만들어줍니다.

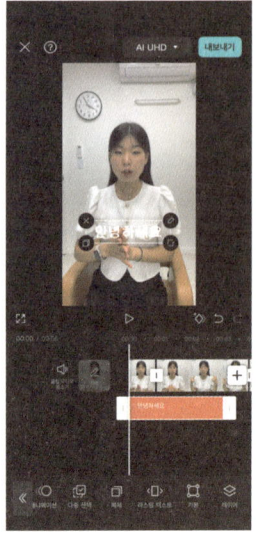 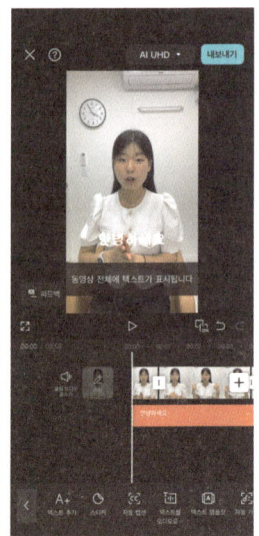

〈그림 62〉 텍스트 선택 후   〈그림 63〉 라스팅 텍스트 적용

04 다시 해당 텍스트를 선택하고 스타일을 눌러 원하는 대로 글꼴, 색상, 그림자 등을 조절하며 나만의 자막 스타일을 완성합니다.

 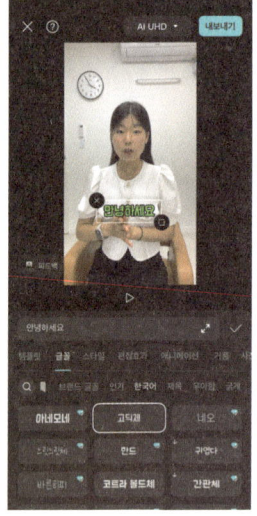

〈그림 64〉 원하는 스타일 선택   〈그림 65〉 원하는 글꼴 선택

05 완성된 텍스트를 원하는 부분마다 컷편집과 동일하게 잘라 나누어주고, 해당 부분에 알맞은 내용을 입력합니다.

〈그림 66〉 텍스트를 자르고   〈그림 67〉 알맞은 내용을 입력하기

오디오 없는 영상에 AI 음성 넣기

오디오 없이 촬영했지만, 텍스트를 읽어주는 목소리가 필요하다면, 내 목소리가 아닌 AI의 음성을 넣을 수 있습니다.

01 텍스트 하나를 누른 상태에서 하단에 [텍스트에서 음성으로] 기능을 선택합니다.

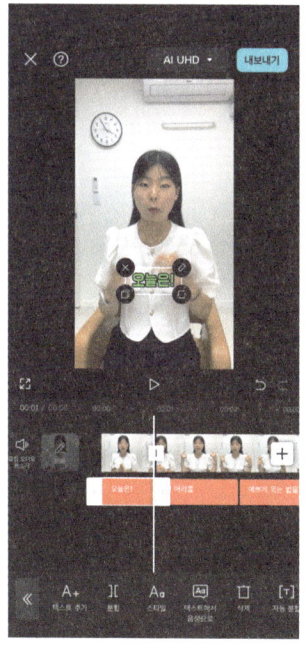

〈그림 68〉 텍스트 선택 후 텍스트에서 음성으로 기능 선택

02 원하는 AI의 목소리 스타일을 고른 후 왼쪽에 [전체 적용] 버튼을 활성화시켜 텍스트를 음성으로 변환시켜줍니다.

〈그림 69〉 원하는 음성 고른 후 전체 적용 버튼 클릭   〈그림 70〉 음성 생성 중

03 완성된 음성을 확인한 뒤, 사운드 컬렉션을 눌러 조금 더 자세한 음성 조절 화면을 열어줍니다.

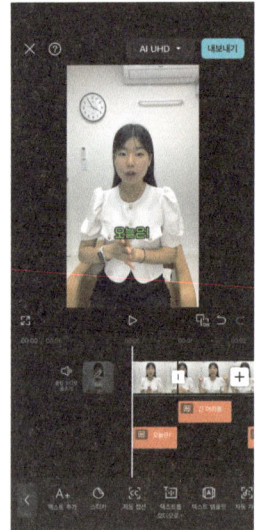

〈그림 71〉 생성이 완성된 음성   〈그림 72〉 사운드 컬렉션 버튼 클릭

04 오디오의 속도가 너무 느리다면, 배속을 조절해 더욱 생동감 있게 변신시켜줍니다. 전체 적용 버튼을 눌러주면 전체 오디오에 모두 적용됩니다.

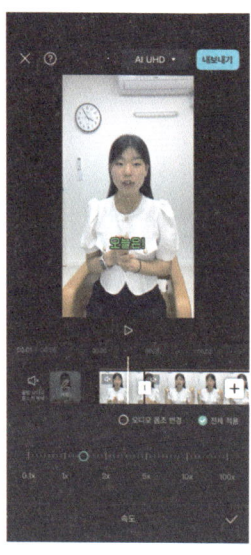
〈그림 73〉 오디오 속도 조절

05 완성된 AI 음성을 알맞은 위치에 잘 조절하여 다듬어주면 완성입니다.

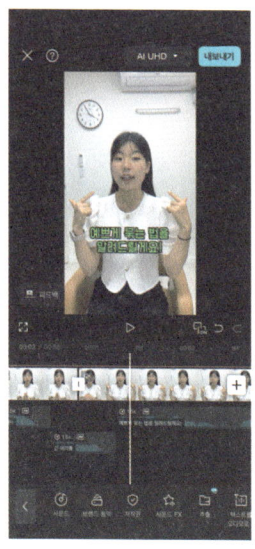
〈그림 74〉 음성의 위치 조절하기

목소리가 함께 담긴 영상, AI로 자동 자막 넣기

내 목소리를 함께 담았을 경우에는 자막을 하나 하나 입력하지 않아도 AI툴을 활용해 자동으로 자막을 만들 수 있습니다.

캡컷에서도 자동 자막 생성 기능이 있지만 월 2회만 사용 가능함으로, 자동 자막 어플인 브루를 활용해 보겠습니다.

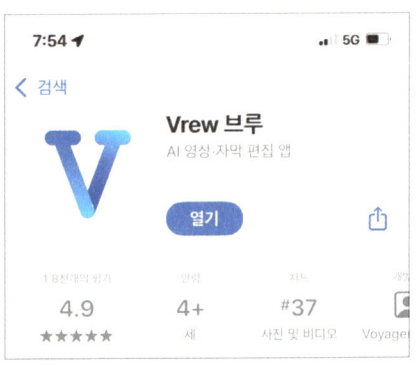

〈그림 75〉 브루(Vrew)

01 브루를 열고 새 프로젝트를 추가하고 촬영한 영상을 클릭합니다. 음성 인식 언어는 한국어로 선택합니다.

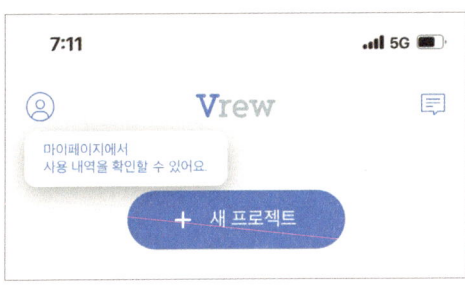

〈그림 76〉 새 프로젝트 추가

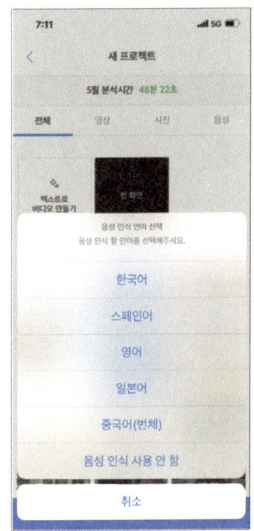

〈그림 77〉 음성 인식 언어 한국어로 선택

02 음성 인식이 끝나고 나면, 영상 속 음성을 자동 자막으로 만들어준 것을 볼 수 있습니다.

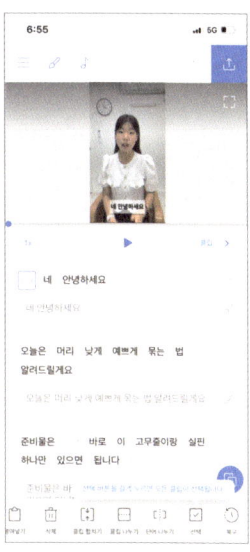

〈그림 78〉 음성 인식이 완료된 화면

03 자동 자막을 수정해줄 차례입니다. 왼쪽 위에 붓 모양의 아이콘을 선택한 후 전체 자막 스타일을 만들어줍니다. [기본]이 선택된 상태에서 수정해야 전체 적용됩니다. 글꼴, 윤곽선, 배경 등을 수정하여 나만의 자막 스타일을 완성해 주세요.

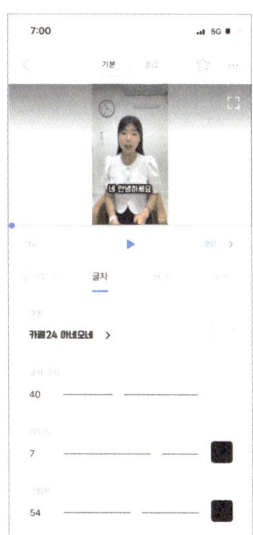 

〈그림 79〉 글자 수정   〈그림 80〉 위치 수정

chapter 4 이제 명함 대신, 인스타그램　273

04 그다음 인식이 잘못된 부분이 있으면 해당 자막을 선택해 수정하고 붙어 있는 자막을 나누고 싶다면 원하는 자막을 선택한 후 클립 나누기로 자막을 나누어줍니다.

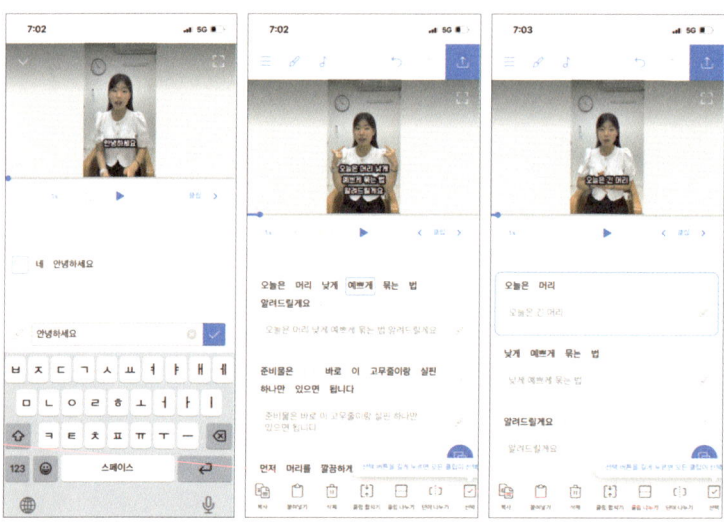

〈그림 81〉 알맞은 내용으로 수정   〈그림 82〉 클립을 나누고 싶은 부분 선택   〈그림 83〉 클립 나누기로 조정

05 클릭만으로 컷편집이 가능한데요. 삭제하고 싶은 부분을 선택한 후 삭제 버튼을 누르면 해당 자막 부분의 영상도 잘립니다.

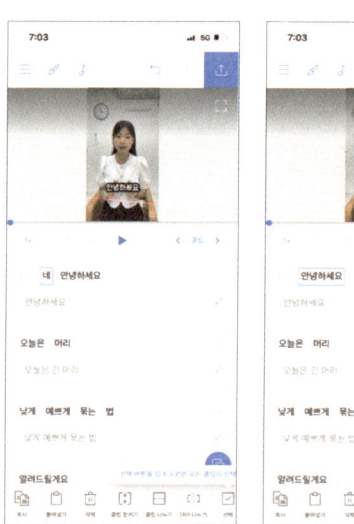

〈그림 84〉 삭제 원하는 부분 선택   〈그림 85〉 삭제 버튼 누르기

06 왼쪽 설정의 [무음 구간 줄이기] 기능을 활성화시키면, 자동으로 무음인 부분을 잘라줍니다.

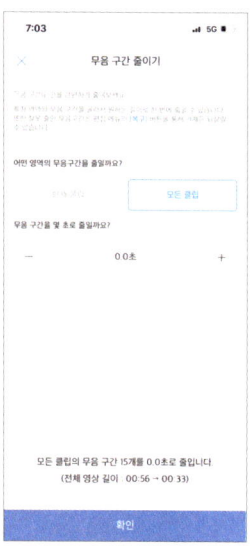

〈그림 86〉 무음 구간 줄이기

07 브루로 컷편집과 자막편집 모두 한 번에 진행한 뒤 영상을 출력할 차례입니다. 왼쪽에 [Vrew 마크]는 비활성화시켜줍니다. 이제 원하는 사양으로 영상을 출력해 주면 됩니다.

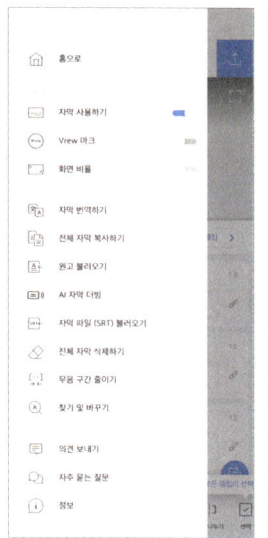 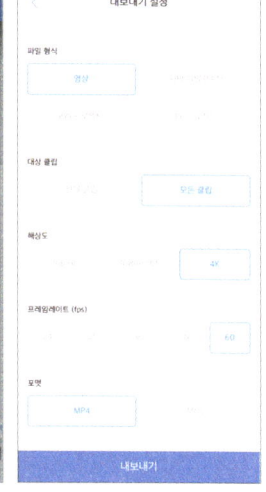

〈그림 87〉 워터 마크 비활성화   〈그림 88〉 원하는 사양으로 내보내기

chapter 4 이제 명함 대신, 인스타그램   275

한 번 완성된 릴스, 모든 플랫폼에 업로드하자!

완성한 릴스는 어느 플랫폼에 업로드할 수 있을까요?

〈그림 89〉 다양한 플랫폼에 업로드하자!

(1) 네이버 클립
(2) 인스타그램 릴스
(3) 유튜브 쇼츠
(4) 틱톡
(5) 당근 스토리

총 5가지 플랫폼에 모두 업로드할 수 있습니다. 다양한 플랫폼에 업로드하는 게 중요한 이유는, 놀랍게도 어느 플랫폼에서 해당 영상의 조회수가 잘 나올지 아무도 모른다는 것입니다.

그러니 숏폼 영상 하나를 완성했다면, 꼭 5가지 플랫폼에 다 업로드해 보세요!

4. 고객과의 실시간 소통, 인스타그램 스토리

인스타그램의 묘미 중 하나는 실시간으로 고객과 소통할 수 있다는 점입니다. 그중에서도 24시간이 지나면 사라지는 콘텐츠인 '스토리'는 게시물이나 릴스와 같은 부담감이 없어, 수시로 업로드하며 여러 가지 정보나 상황들을 공유하고 소통하기 딱 좋은 기능이죠. 그럼 지금부터 스토리를 어떻게 활용하면 좋을지 살펴보겠습니다!

스토리 올리는 법

스토리 유형을 살펴보기 전에, 먼저 스토리 올리는 법에 대해서 간단하게 짚고 넘어가겠습니다.

올리는 방법은 두 가지가 있습니다. 인스타그램을 열어 홈 화면을 왼쪽으로 스와이프하거나 가운데 게시물 추가하기 탭을 누르고 스토리를 선택하면 됩니다.

스토리 추가하기 창을 열어주면 현장에서 바로 사진을 찍어 업로드할 수도 있고, 갤러리에 있는 사진이나 영상을 선택할 수 있습니다.

〈그림 90〉 실시간 스토리 추가하는 화면

원하는 사진이나 영상을 선택한 뒤, 텍스트 탭을 눌러 여러 가지 텍스트 스타일을 활용해 원하는 문구를 작성해줍니다. 또 스티커/위치/음악/사진/투표/카운트다운 등 다양한 기능들이 있으니 하나씩 눌러보며 활용해 보시는 걸 추천합니다!

〈그림 91〉 텍스트 추가   〈그림 92〉 다양한 기능   〈그림 93〉 음악 추가

헤어디자이너를 위한 스토리 콘텐츠 유형 추천

어떤 콘텐츠를 스토리를 활용해 업로드하면 좋을지 알아볼까요?

01 고객에게 실시간으로 전하는 예약 현황

현재 예약 상황은 어떤지, 오늘 갑자기 빈 시간은 언제인지! 고객들에게 수시로 나의 예약 상황을 전달해 보세요.

〈그림 94〉 인스타그램 @ynj_juyeon

02 고객의 찐리뷰 공유

고객들이 인스타그램과 스마트플레이스에 남겨준 정성스러운 후기들을 스토리에 캡처해서 공유해 보세요.

〈그림 95〉 인스타그램 @bk_hairr

03 고객이 전해준 선물에 대한 감사한 마음 전하기

두 손 가득 소중한 선물을 사다 준 고객의 마음을 잊지 말고 스토리에 사진과 짧은 글로 인증하며 고마운 마음을 표현해 보세요.

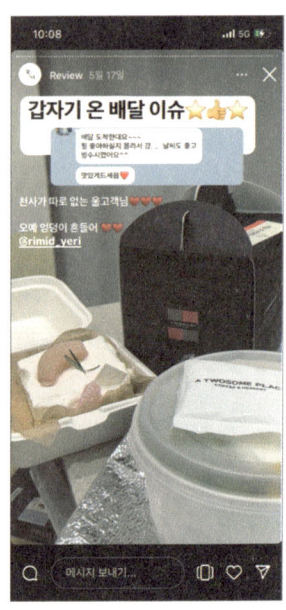

〈그림 96〉 인스타그램 @rimid_rim

04 배움을 멈추지 않고 연습하는 모습

계속해서 나의 기술을 연마하고 있는 모습을 나 자신의 성장을 위해서도 나라는 브랜드에 대한 신뢰도를 쌓기 위해서도 기록해 보세요!

〈그림 97〉 인스타그램 @temd__dani

05 나의 생각이 담긴 이야기들

　게시물로는 부담스러울 수 있지만 스토리로는 나의 다양한 생각과 관점들을 적어보고 공유하기 좋은 장소입니다. 고객은 나라는 사람의 다양한 면모도 궁금해한다는 걸 잊지 마세요! 또한 나의 이야기가 누군가에게는 큰 힘이 될 수 있습니다.

〈그림 98〉 인스타그램 @same_sj

06 게시물, 릴스 올렸다면 스토리로 한 번 더 공유

　피드탭에서 놓쳤다면 스토리로 다시 확인할 수 있게끔 나의 콘텐츠를 스토리에 공유해 보세요.

〈그림 99〉 인스타그램 @geek_soonjae

24시간이 지나고 나면 사라지는 스토리, 하이라이트로 박제해 보자!

스토리는 24시간이 지나면 사라지지만 하이라이트 기능을 통해 내가 원하는 스토리들끼리 모아 프로필에 박제해 둘 수 있습니다.

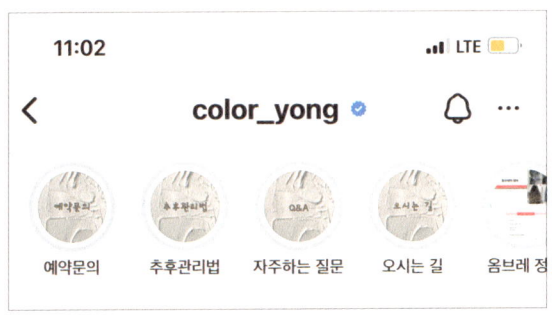

〈그림 100〉 하이라이트 예시

하이라이트는 아래 요소들을 신경 써 만들어보세요!

(1) 하이라이트 커버 사진 디자인은 통일시켜주세요!
　　인스타그램은 전체적인 무드의 통일성이 중요합니다. 하이라이트 역시 한눈에 보기 편한 디자인 무드로 유지해 주세요.

(2) 너무 많은 하이라이트는 보기 어려워요!
　　하이라이트를 넘겨도넘겨도 끊임없이 나온다면 고객이 확인하기 어렵겠죠? 너무 많은 하이라이트를 추가하는 건 추천하지 않아요! 핵심 하이라이트 카테고리를 몇 가지 만들어주세요.

(3) 꾸준하게 하이라이트에 스토리를 추가해 주세요!
　　무엇이든 꾸준하게 업로드하는 것이 중요합니다. 너무 오랫동안 방치해 두지 말고, 꾸준하게 업로드해 주세요!

인스타그램 더 활용하기

1. 어떤 콘텐츠가 먹히는 콘텐츠일까? 인사이트로 성과 측정하기

이제 인스타그램에 콘텐츠를 올리는 방법까지 모두 터득했습니다.

그런데 어떤 콘텐츠가 유독 반응이 있고, 실제로 몇 개의 계정에게 나의 콘텐츠가 도달했으며 저장 및 공유수는 정확히 어떤지 또 이 영상을 보고 몇 명이 나를 팔로우했는지 너무 궁금하지 않은가요?

인스타그램 시작 단계에서 함께 '프로페셔널 계정'으로 설정했던 이유가 있습니다. 프로페셔널 계정은 콘텐츠의 다양한 분석 결과를 '인사이트'를 통해 제공하고 있습니다.

인사이트 보는 법

인사이트는 크게 두 가지로 나뉘는데요. 계정 전체의 다양한 성과를 볼 수 있는 [프로페셔널 대시보드]와 게시물마다 더욱 자세한 인사이트를 확인할 수 있는 [게시물 인사이트]로 나뉩니다.

프로페셔널 대시보드

먼저 계정 전체에 대한 성과를 측정할 수 있는 프로페셔널 대시보드를 확인해 보겠습니다. 나의 인스타그램 프로필 탭을 클릭하면 소개글과 링크 아래 [프로페셔널 대시보드]가 보입니다. 해당 회색 영역을 클릭해 주세요.

〈그림 1〉 프로페셔널 계정에서만 보이는 프로페셔널 대시보드 〈그림 2〉 프로페셔널 대시보드

들어가 보았더니 다양한 항목들이 눈에 보이네요. 하나씩 눌러보면서 해당 결과의 의미들을 파악하고 분석해 보겠습니다.

01 조회수

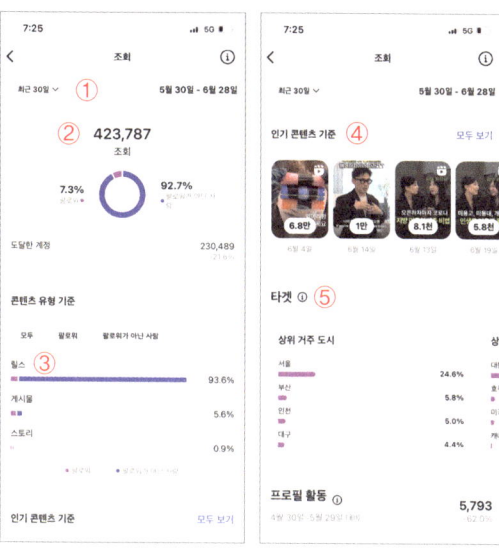

〈그림 3〉 최근 30일간의 조회 분석

〈그림 4〉 인기 조회 콘텐츠 및 타깃층

(1) 인사이트는 1주일/30일/3개월 단위로 확인할 수 있습니다.

(2) 조회수는 사용자들이 콘텐츠를 시청한 횟수의 집계를 의미합니다. 계정 사용자가 같은 영상을 3번 보면 3회로 집계되는 것이죠. 조회수 아래 도달한 계정은 조회수와는 다르게 콘텐츠가 노출된 순수 고유한 사용자의 수를 의미합니다. 몇 번 시청한 것이 중요한 것이 아닌, 총 몇 개의 계정에 도달했는가를 의미합니다.

(3) 콘텐츠 유형을 보니 무려 93.6%의 조회수가 릴스를 통해 창출되었네요! 보라색은 팔로워가 아닌 사람의 퍼센티지고, 핑크색은 팔로워가 차지하는 퍼센티지입니다.

(4) 인기 콘텐츠는 조회수를 기준으로 높은 순으로 설정되어 있습니다.

(5) 실제 콘텐츠를 조회한 사람들의 거주 도시와 나라 성별 나이대를 자세하게 확인할 수 있습니다.

조회수가 의미하는 건!

많은 사람들이 시청한, 소위 말해 빵 터진 떡상 콘텐츠겠죠?

02 반응

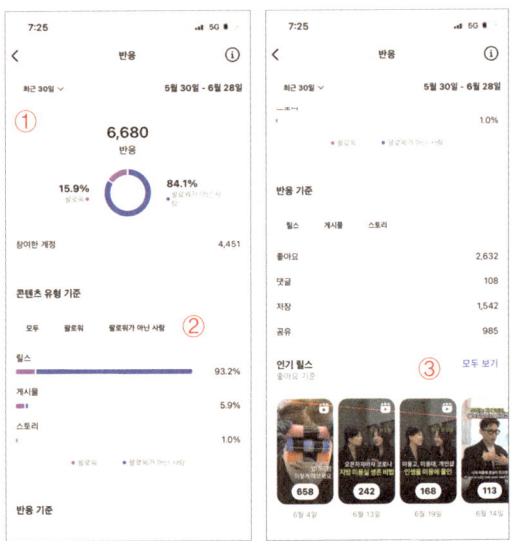

〈그림 5〉 사람들이 남긴 반응   〈그림 6〉 반응 기준에 따른 콘텐츠 순위

(1) 반응은 좋아요/댓글/저장/공유 등 사람들이 콘텐츠를 시청한 뒤 4가지 중 하나라도 행동을 남겼음을 의미합니다.
(2) 역시나 릴스 콘텐츠의 반응이 현저하게 높네요.
(3) 인기 릴스 [모두보기]를 누르면 반응별 어떤 콘텐츠가 인기가 높은지 보여줍니다.

반응이 의미하는 건!

인스타그램이 좋은 콘텐츠라는 걸 판단할 때 가장 중요한 부분은 '반응'입니다. 이 콘텐츠가 노출되었을 때, 사람들이 보고 그냥 넘길 것이냐 반응을 남길 것이냐에 따라 앞으로 더 파장력이 큰 콘텐츠가 될 것인지 아니면 노출되다가 멈출 것인지가 결정됩니다. 그러니 사람들이 반응을 남길 수 있도록 유도해야 합니다. 이것이 서로 좋아요 눌러주고 댓글 달아주며 따뜻한 품앗이를 해야 하는 이유죠.

03 팔로워

〈그림 7〉 팔로워 증가율 및 감소율   〈그림 8〉 팔로워의 주요 위치   〈그림 9〉 연령대 및 성별

(1) 나의 계정의 팔로워가 얼마나 늘었는지 줄었는지 보여줍니다.
(2) 팔로워의 위치 비율과 연령대까지 자세하게 알려줍니다.

팔로워가 의미하는 건!

어떻게든 콘텐츠가 가닿고 나서, 실질적으로 나를 관심 있게 지켜보는 찐팬으로 자리 잡게 되는 마지막 단계입니다. 앗, 팔로우 취소 숫자를 보고 너무 낙심하지 마세요. 유독 특정 날에 팔로우 취소가 많다면 해당 콘텐츠의 결이 평소 나의 팔로워들이 기대하던 결과와 달라서 일어난 일일 수도 있지만 일희일비할 필요는 없습니다.

게시물 인사이트

다음은 각 게시물과 릴스의 자세한 결과를 들여다볼 수 있는 [게시물 인사이트]입니다. 프로페셔널 대시보드에서도 게시물마다의 인사이트를 확인할 수 있지만, 이렇게 들어가면 훨씬 손쉽게 각 게시물마다의 인사이트를 확인할 수 있습니다.

인사이트를 확인하고 싶은 게시물을 클릭하면 게시물 아래 [인사이트 보기] 버튼과 [게시물 홍보] 버튼이 보입니다. [인사이트 보기] 버튼을 클릭해 주세요.

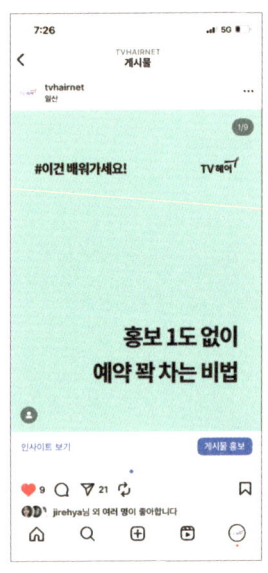

〈그림 10〉 게시물 인사이트 보기

인사이트를 통해 확인할 수 있는 내용은 위 프로페셔널 대시보드와 비슷합니다. 조금 더 자세하게 파악해 보겠습니다.

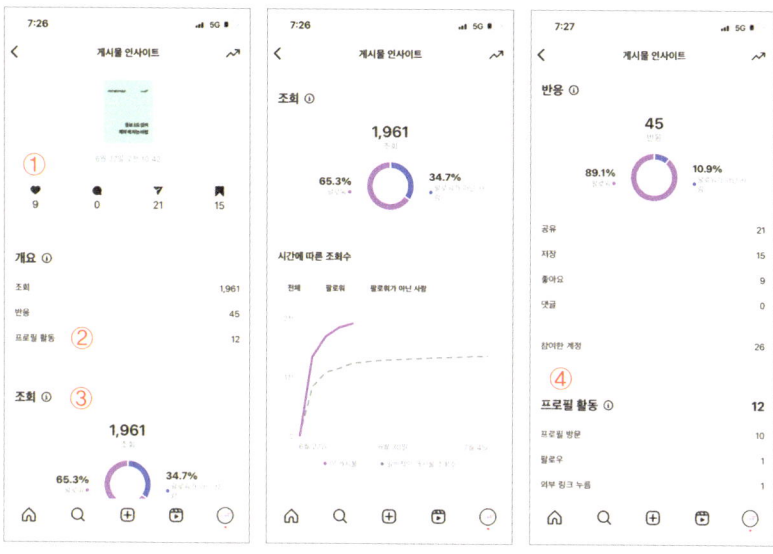

〈그림 11〉 게시물 인사이트 개요   〈그림 12〉 게시물 조회수   〈그림 13〉 게시물 반응

(1) 좋아요/댓글/공유/저장 순서대로 반응 성과를 나타내줍니다.

(2) 여기서 '프로필 활동'은 해당 게시물을 확인한 후 나의 프로필로 구경 와 여러 활동을 한 사람들의 수를 뜻합니다.

(3) 조회 탭 아래를 보면 사람들이 어디서 이 콘텐츠를 보고 유입되었는지 확인할 수 있습니다. 홈(피드탭), 탐색탭(추천콘텐츠), 프로필(직접 나의 프로필로 들어와서 해당 콘텐츠 클릭) 그리고 기타로 이루어져 있네요.

(4) 아까 얘기했던 프로필 활동에는 프로필 방문, 외부 링크 누름, 팔로우 3가지로 이루어져 있습니다. 많은 사람들이 콘텐츠를 통해 외부 링크까지 방문하니, 꼭 나만의 연결 링크를 추가해 두어야겠죠!

게시물 인사이트가 의미하는 건!

각양각색 다양하게 올리는 콘텐츠 중, 유독 남다르다 싶은 인사이트를 뽐내는 콘텐츠가 있을 것입니다. 주목하세요. 그것이 앞으로 떡상할 가능성이 굉장히 큰 콘텐츠 스타일이니까요! 처음부터 빵 터지는 나만의 콘텐츠를 찾는 건 절대 쉬운 일이 아닙니다. 다양하게 업로드해 보면서 인사이트를 꾸준히 확인하다 보면, 어랏! 싶은 콘텐츠가 하나 둘 모습을 드러내기 시작할 것입니다.

2. 월 10만 원으로 1000만 원 매출 효과, 인스타그램 홍보하기

인스타그램을 보다 보면 곳곳에 광고 콘텐츠를 확인할 수 있습니다. 사람들이 모이는 SNS에는 돈을 지불하고 내가 원하는 타깃에게 내 콘텐츠를 노출시킬 수 있는 광고의 장이 열리기 마련입니다.

인스타그램에서 광고하는 2가지 방법

먼저 인스타그램에서 광고를 진행하는 방식은 크게 2가지로 나뉩니다. 페이스북 광고 관리자(Facebook Ads Manager)를 통한 방법과 인스타그램 앱 자체의 홍보하기 기능을 활용하는 방법이 있습니다. 쉽게 말하면 페이스북 광고 관리자는 훨씬 복잡한 만큼 다양한 기능을 제공하고 홍보하기는 아주 간편한 만큼 설정 측면에서는 간소한 기능을 제공합니다. 아래 표로 둘의 차이점을 쉽게 확인해 보겠습니다.

항목	광고 관리자 (Ads Manager)	홍보하기
사용 방법	페이스북 광고 사이트에서 따로 설정해야 함	인스타그램 앱 안에서 바로 시작 가능
세팅 난이도	설정이 복잡하고 어려움	간단하고 직관적이라 누구나 쉽게 할 수 있음
광고 가능한 콘텐츠	새로 만든 광고 콘텐츠 사용 가능 (여러 장 이미지, 동영상 등 다양한 형식)	이미 올려둔 게시물, 릴스, 스토리를 그대로 광고할 수 있음
고객 설정 (타깃팅)	지역, 나이, 관심사 외에도 고객 행동·방문이력 등 정교한 설정 가능	나이, 성별, 지역, 관심사
광고 목표 설정	방문/예약/구매 등 다양한 목적 설정 가능	프로필 방문/ 웹사이트 방문/ 메시지받기 중 선택 가능
예산 설정	예산을 세부적으로 조절하고 최적화할 수 있음	하루 얼마, 며칠 동안만 돌릴지 간단하게 설정
성과 분석	클릭수, 전환율, 수익률 등 상세한 리포트 확인 가능	도달수, 클릭수, 프로필 방문수 간단한 인사이트 제공
추천 대상	광고 경험이 있거나 본격적인 마케팅을 원하는 경우	입문자에게 추천

대기업이나 더욱 구체적인 마케팅을 진행해야 하는 회사의 경우에는 보통 [광고 관리자]를 사용하지만, 인스타그램을 활용하는 것만으로도 쉽지 않은 일반 콘텐츠 제작자인 우리는 [홍보하기]만으로도 충분히 내가 원하는 타깃에게 나의 콘텐츠를 가닿게 할 수 있습니다.

어떤 콘텐츠를 '홍보하기'를 통해 '홍보'할 수 있을까?

'홍보하기'는 이미 우리가 인스타그램 계정에 업로드한 피드(게시물), 릴스, 스토리를 광고로 전환해 활용할 수 있는데요. 그럼 각 콘텐츠 유형마다 어떤 식으로 활용할 수 있는지 알아볼까요?

01 피드(게시물)

추천하는 홍보하기 피드 콘텐츠!
특정 기간만 진행하는 가격 할인 이벤트
전, 후 차이가 극명한 시술 사진
진정성 있는 고객 리뷰
어떻게 노출되나요?
홈 피드에 '스폰서드(Sponsored)' 태그가 붙은 광고로 게시물이 노출됨
좋아요, 댓글, 저장수 등도 유지되기 때문에 자연스러운 홍보처럼 보임
해당 게시물을 클릭하면 프로필 or 웹사이트 or 디엠 보내기로 이동
어떤 기준을 충족해야 홍보가 가능한가요?
이미 올린 공개 게시물이어야 함
광고 정책 위반 요소(과도한 시술 비교, 선정성, 의료 성격 등)는 불가
사진 크기 비율은 정사각형(1:1) 또는 세로(4:5)를 권장
비즈니스/크리에이터 계정 + 페이스북 광고 계정 연결이 필요

02 릴스

추천하는 홍보하기 릴스 콘텐츠!

헤어 컬러나 펌 스타일링 과정이 담긴 짧은 시술 영상

고객의 생생한 리액션이 담긴 브이로그식 릴스

미용 꿀팁을 알려주는 30초 이내 정보성 콘텐츠

어떻게 노출되나요?

릴스 피드에 '스폰서드(Sponsored)' 태그가 붙은 풀화면 광고로 노출됨

다른 릴스를 보는 도중 자연스럽게 섞여 보이기 때문에 광고 같지 않음

화면을 클릭하거나 하단 버튼을 누르면 프로필 or 웹사이트 or 디엠 보내기로 이동

어떤 기준을 충족해야 홍보가 가능한가요?

60초를 넘기면 홍보 대상에서 제외됨

저작권이 있는 음악이 삽입되어 있으면 홍보 불가

세로 비율(9:16)로 제작된 영상만 가능

비즈니스/크리에이터 계정 + 페이스북 광고 계정 연결이 필요

03 스토리

추천하는 홍보하기 스토리 콘텐츠!

내 팔로워가 올린 것 같은 친근한 스토리

오늘만 진행되는 예약 할인 이벤트

고객 리뷰와 예약으로 연결되는 멘트

어떻게 노출되나요?

스토리 중간에 '스폰서드(Sponsored)' 태그가 붙은 광고로 노출됨

사용자가 다른 사람의 스토리를 넘기다가 자연스럽게 보게 됨

하단에 '자세히 보기' 버튼을 누르면 프로필 or 웹사이트 or 디엠 보내기로 이동

어떤 기준을 충족해야 홍보가 가능한가요?

- 최근 올린 스토리거나 하이라이트에 저장된 스토리여야 함
- 세로 비율(9:16)로 만들어진 이미지나 영상 권장
- 저작권 음악, GIF, 링크 스티커 등이 있으면 홍보 불가
- 비즈니스/크리에이터 계정 + 페이스북 광고 계정 연결이 필요

'홍보하기' 하는 법

이제 '홍보하기'를 진행해 보는 법을 알아보겠습니다. 피드, 릴스, 스토리 모두 설정 방법은 거의 비슷함으로 대표적으로 '피드'로 홍보하기 기능을 적용해 보겠습니다.

* 꼭 프로페셔널 계정으로 전환해야 홍보하기 기능을 활용할 수 있습니다. 전환법은 앞에서 진행했던 내용을 참고하세요.

01 홍보할 게시물 확인 후 [게시물 홍보] 버튼을 클릭합니다.

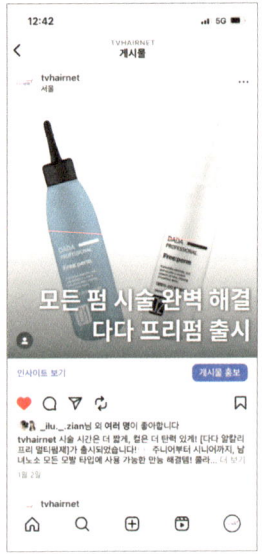

〈그림 14〉 홍보할 게시물 선택 후 [게시물 홍보] 클릭

02 홍보 목표를 선택합니다.

웹사이트는 특정 링크로 연결할 수 있는 항목이고 메시지 보내기는 디엠창으로 연결됩니다. 우선 프로필 방문으로 유도한 후 프로필에 걸어둔 메인 링크를 누르게끔 연결하는 걸 추천합니다.

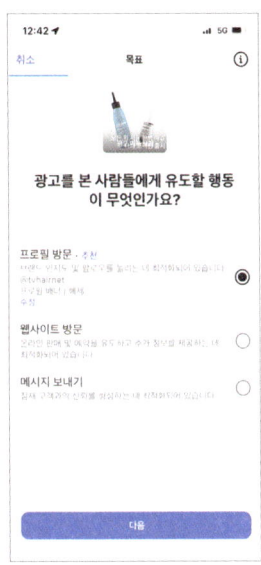

〈그림 15〉 홍보 목표 설정

03 광고 타깃을 설정합니다.

[추천 타깃]을 설정하면 팔로워와 비슷한 사람들에게 알고리즘이 광고를 보여 줍니다. 우리는 [직접 지정]을 눌러 간단한 타깃팅 옵션을 선택하도록 하겠습니다.

[어드밴티지 + 타깃]은 인스타그램 측에서 자동으로 우리가 지정한 옵션과 비슷한 사람들에게 더 많이 광

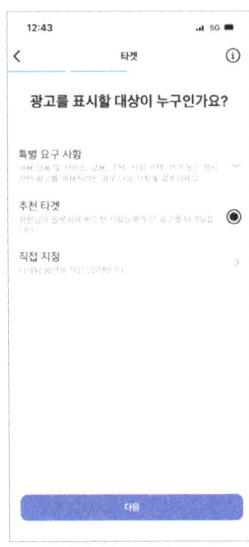

〈그림 16〉 타깃 설정

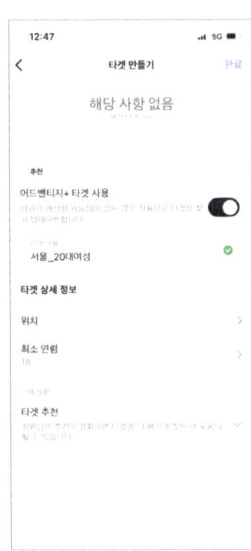

〈그림 17〉 타깃 이름 설정

고를 보여주는 것입니다. 장단점이 있는데요. 더 다양한 사람들에게 광고가 갈 수 있다는 반면에 광고 비용 소진이 더 빠른 편입니다.

먼저 광고 타깃 이름을 정해두고 나머지 옵션들을 채워 주도록 하겠습니다.

위치는 큰 틀에서 지역 정도만 선택할 수 있습니다. 만약 현재 내 위치에서 주변 지역을 타깃으로 할 경우에는 오른쪽 [주변] 범위를 선택해 거리를 조정할 수 있습니다.

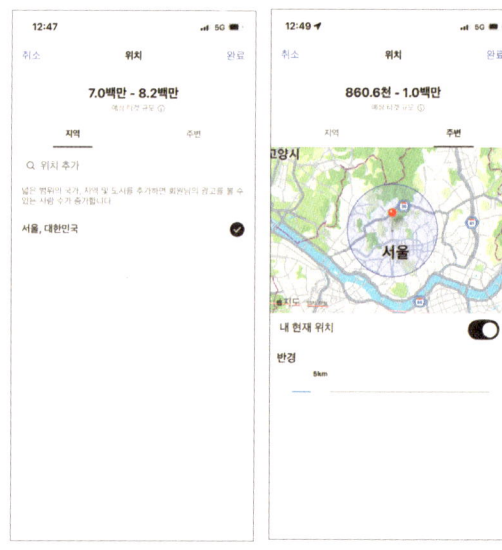

〈그림 18〉 타깃 위치 조정 〈그림 19〉 현재 위치를 기반으로 위치 설정

더 자세한 위치 타깃이 지정 가능하면 좋겠지만, 더욱 자세한 조정을 원한다면 메타 광고 관리자를 활용하는 방법밖에 없습니다. 간단한 방법으로 광고 효과를 누리기 위해 홍보하기에서는 이 정도로 지역을 활용하도록 하겠습니다.

연령대 및 성별을 선택한 후 관심사를 선택해줍니다.

관심사의 경우에는 미용/헤어와 같은 대표 키워드들을 검색해 보고 자세한 세부 키워드 중 내 홍보하기 콘텐츠에 포함된다고 생각되는 관심사들을 여러 개 선택해주면 됩니다.

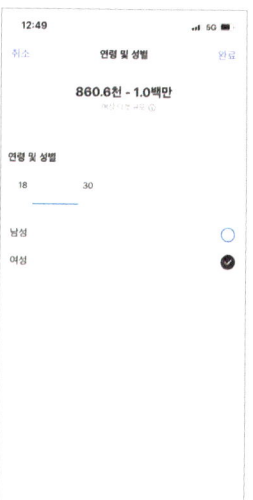
〈그림 20〉 타깃 연령 및 성별 설정

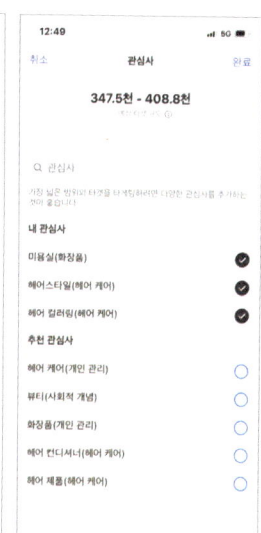
〈그림 21〉 타깃 관심사 설정

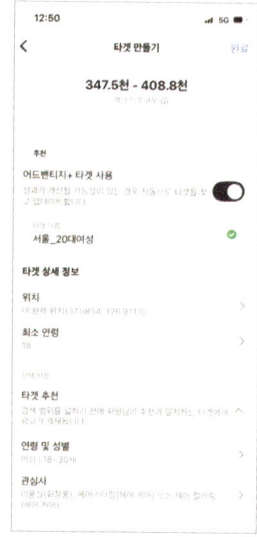
〈그림 22〉 타깃 옵션

〈그림 23〉 타깃 설정 완료

이제 타깃 옵션 설정이 완료되었습니다.

chapter 4 이제 명함 대신, 인스타그램 297

04 예산 및 기간을 설정합니다.

광고 예산과 기간을 설정해줍니다. 우선 최소 1주일은 진행해 보아야 해당 광고 효과를 제대로 확인해 볼 수 있으니 최소 7일 단위로 광고를 집행하는 것을 추천합니다.

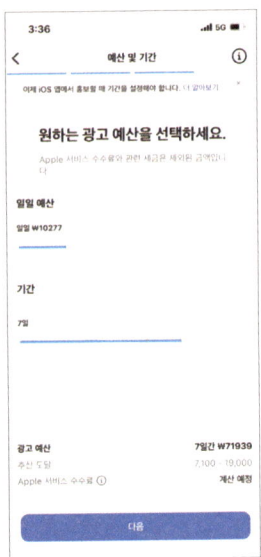

〈그림 24〉 예산 및 기간 설정

05 결제 및 검토를 진행합니다.

마지막으로 결제수단까지 입력해 주면 광고 준비는 완료됩니다.

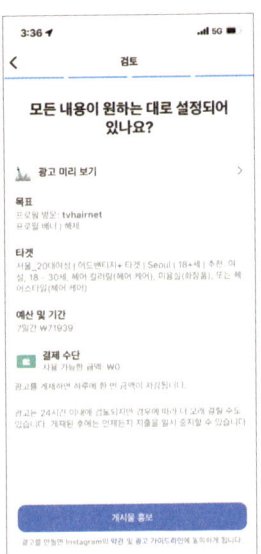

〈그림 25〉 결제 및 검토

06 광고 미리보기!

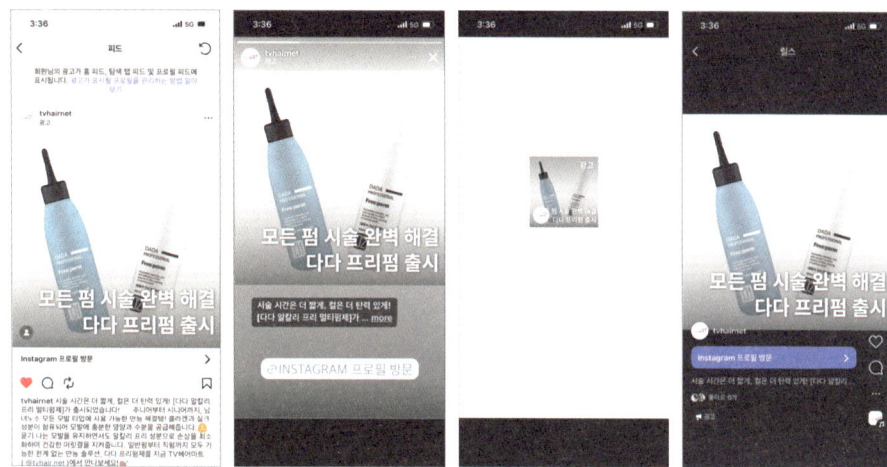

〈그림 26〉 피드 광고 예시 〈그림 27〉 스토리 광고 예시 〈그림 28〉 탐색탭 광고 예시 〈그림 29〉 릴스 광고 예시

미리보기 버튼을 눌러 내 광고가 사용자들에게 어떻게 노출되는지 확인해 보세요!

3. 메타의 새로운 초강력 플랫폼, 스레드

스레드란 무엇일까?

〈그림 30〉 스레드 공식 로고

2023년 7월 5일 메타가 'Thread(스레드)'라는 파격적인 앱을 출시했습니다. 스레드는 사진과 동영상이 메인인 인스타그램 앱과는 다르게 텍스트가 주인 앱입니다. 스레드는 출시 5일 만에 무려 1억 명의 사용자를 돌파하는 엄청난 파급효과를 보여주며 텍스트 기반의 플랫폼 중에는 가장 대표적이었던 X(기존 트위터)의 새로운 대안으로 자리 잡을 것이라는 의견이 분분했습니다.

스레드의 가장 큰 강점은 인스타그램과 연결되어 있다는 것입니다. 스레드는 인스타그램 계정으로만 가입할 수 있으며, 가입과 동시에 기존에 팔로우하던 계정을 그대로 스레드에서도 손쉽게 팔로우할 수 있습니다. 덕분에 스레드를 처음 접하는 신규 사용자도 익숙한 계정들의 콘텐츠를 바로 접하다 보니 파급력은 클 수밖에 없던 것이죠.

아직은 스레드가 출시된 지 얼마 되지 않아 존재감을 느끼기 어려울 수 있지만, 무엇이든 일찍 시작할수록 얻어갈 수 있는 건 많습니다. 이제 본격적으로 스레드에 대해서 알아보겠습니다.

스레드와 인스타그램의 차이는?

텍스트 기반의 앱인 '스레드'와 시각 중심의 '인스타그램', 더욱 자세한 차이점에 대해 알아보겠습니다.

항목	인스타그램	스레드
중심 콘텐츠	이미지/영상	텍스트 중심 이미지/영상 첨부 가능
분위기	브랜드 이미지에 맞춘 정제된 분위기	반말로 소통하며 친근한 분위기
글자수	캡션 최대 2,200자	게시물당 최대 500자
링크	캡션에 링크 불가	게시글에 링크 연결 가능
피드 노출 방식	팔로우 기반 + 알고리즘	비팔로우 콘텐츠도 추천 노출
검색 기능	해시태그/키워드 검색 가능	계정/키워드 검색 가능
콘텐츠 공유	스레드 게시글 피드/스토리로 공유 가능	인스타그램 피드 게시글로 공유 가능

시각적으로 정제된 고품질의 콘텐츠가 위주였던 인스타그램과 달리 스레드에도 사진 및 영상 첨부의 기능은 있지만 텍스트가 메인으로 운영됩니다. 무엇보다 스레드의 경우에는 스레드 특유의 분위기가 굉장히 매력적이고 색다른데요, 사용자들은 서로 반말을 사용하며 친근한 분위기를 만들어냅니다.

인스타그램과 스레드는 이렇게 연결되어 있다

그럼 인스타그램과 스레드는 어떻게 연결되어 있을까요?

가입 방식 : 인스타그램은 단독으로 가입할 수 있지만 스레드는 인스타그램 계정을 기반으로 가입이 이루어집니다. 인스타그램 계정이 없다면 스레드에 가입할 수 없으며, 인스타그램 계정을 삭제할 시 스레드 계정도 삭제됩니다.

팔로우 연동 : 스레드에 가입하면 인스타그램에서 팔로우하고 있던 계정들을 한 번에 불러와 자동으로 팔로우할 수 있도록 구성되어 있습니다. 이후 팔로우 구조는 각각 독립적으로 유지되지만, 출발점에서는 이미 인스타그램 유저의 소셜 네트워크가 자연스럽게 스레드로 확장될 수 있도록 설계되어 있습니다.

프로필 연동 : 인스타그램에서 사용 중인 프로필 사진과 소개 문구가 스레드에도 자동으로 적용되며, 별도의 설정 없이도 두 플랫폼에서 동일한 아이덴티티를 유지할 수 있습니다. 추후에 변경이 가능합니다.

콘텐츠 공유 : 스레드에 작성한 게시물은 인스타그램의 스토리나 피드로 간편하게 공유할 수 있어, 하나의 콘텐츠를 두 플랫폼에서 동시에 활용할 수 있습니다. 인스타그램 앱에서도 게시글을 업로드할 때 스레드 계정에도 동시에 업로드할 수 있는 버튼이 있습니다.

헤어디자이너는 스레드에 어떤 콘텐츠를 올리면 될까?

스레드는 정돈되고 꾸며진 것이 아닌 날것이라는 분위기가 가득 느껴지는 플랫폼입니다. 그런 스레드에 어떤 글들을 공유하면 좋은지 정리해 보았습니다.

01 헤어디자이너의 삶 비하인드

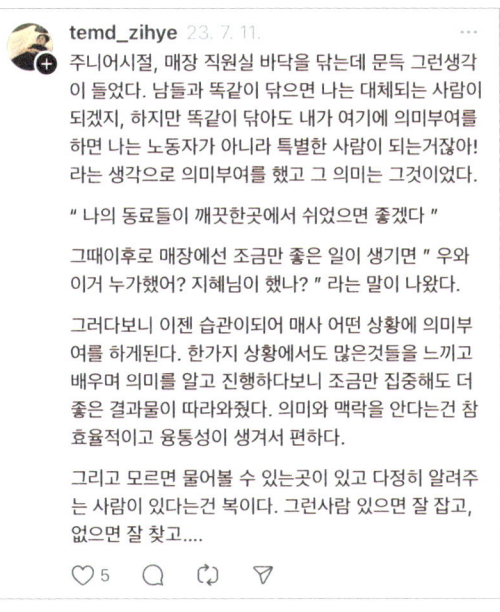

〈그림 31〉 @temd_zihye

전 세계에 있는 우리 모두 다양한 직업을 가지고 있습니다. 헤어디자이너라는 직업만이 가지고 있는 다양한 일상 속 이야기들은 많은 사람들의 궁금증을 해결해 주기도 하고 같은 분야에 종사하는 헤어디자이너에게는 위로와 공감이 되는 스토리로 반응을 불러일으킬 수 있습니다.

02 찐꿀팁 방출

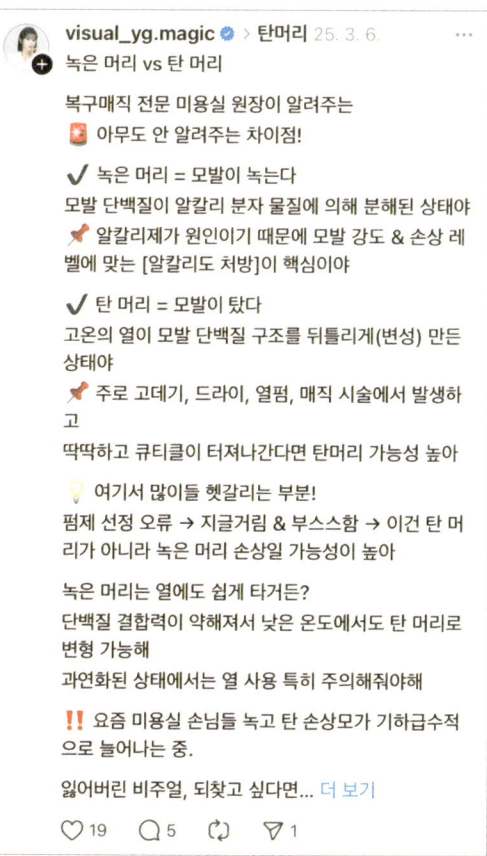

〈그림 32〉 @visual_yg.magic

헤어디자이너만이 줄 수 있는 다양한 실전 팁들이 있습니다. 사소한 것부터 조금은 어려운 이야기들까지, 일반인들이 궁금해하는 또 동료 헤어디자이너도 궁금해할 여러 팁들부터 기술 이야기들까지 편하게 나누어보세요.

03 인스타그램 게시물 업로드

〈그림 33〉 @make.a_woori

　인스타그램 업로드 시 스레드에도 공유할 수 있는 기능이 있습니다. 자연스럽게 스레드에도 내가 만든 소중한 콘텐츠를 업로드하며 또 다른 시청자들의 유입을 만들어보세요! 굳이 스레드를 열지 않아도 인스타그램 콘텐츠를 업로드할 때 버튼만 누르면 자동으로 공유가 되니 안 하면 손해 보는 기능입니다.

미션 수행하기

1. 인스타그램 프로필이 잘 설정되어 있나요? ☐

2. 연결 링크를 잘 걸어 두었나요? ☐

3. 헤어 시술 릴스를 업로드해 보았나요? ☐

4. 스토리를 최소 3번 업로드해 보았나요? ☐

5. 헤어디자이너들과 서로 좋아요 댓글을 달며 품앗이해 보았나요? ☐

6. 인사이트 분석을 통해 나의 콘텐츠 성과를 확인해 보았나요? ☐

7. 스레드에 글을 올려 보았나요? ☐

chapter 5

예약창 꽉꽉 찬 미용사

개인이
하나의 브랜드로,
유튜브

유튜브는 왜 중요한가

어쩌면 지금까지 다룬 플랫폼 중 유튜브가 접근성이 가장 어렵게 느껴질 것입니다. 카메라 앞에 서는 것부터, 영상 편집 썸네일 제작까지… 생각만 해도 머리가 아프죠. 하지만 바로 이 진입장벽이 우리에게는 특별한 기회가 될 수 있습니다. 그만큼 적은 수의 헤어디자이너만이 유튜브를 활용하고 있기 때문입니다.

한국인이 가장 사랑하는 앱 유튜브, 그런데 유튜브를 하는 헤어디자이너는 많지 않다

〈그림 1〉 한국인 전 연령층 '유튜브' 가장 오래 본다 https://www.edaily.co.kr/News/Read?newsId=02030326639021760&mediaCodeNo=257

위 자료에서 알 수 있듯이, 유튜브는 전 연령층 모두가 가장 오래 머물며 사용하는 앱입니다. 확실히 젊은 층이 중심적으로 소비하는 인스타그램과 다르게, 유튜브는 10대부터 80대까지 스마트폰을 가지고 있는 사람이라면 누구나 시간 가는 줄 모르고 일상 생활에서 끊임없이 시청하며 유튜브 속 콘텐츠를 다양하게 소비합니다.

얼마 전 일상 생활에서 충격적이었던 이벤트가 있었습니다. 할머니께서 명절을 맞이해 잡채를 하기 전 유튜브로 미리 레시피를 숙지하고 계신다는 점이었습니다. 물론 할머니는 잡채를 어떻게 하는지 너무 잘 알고 계시지만, 또 새로운 레시피가 없나 유튜브로 직접 검색해 찾아보고 공부하신 것이죠. 그 결과 평소와는 다른 고기가 들어가지 않은 새로운 깔끔한 맛의 잡채를 먹어볼 수 있었습니다. 뿐만 아니라 살림팁, 듣고 싶은 음악, 운동 등 다양한 일상 생활 속 부분을 유튜브에서 배워 활용하고 계셨습니다.

요즘 인스타그램을 하지 않는 헤어디자이너는 찾기 어렵습니다. 굳이 마케팅이 필요하지 않은 일반인에게도 인스타그램은 카카오톡 수준의 필수템으로 자리 잡았으니까요. 그런데 유튜브한다는 사람 주변에서 들어본 적 있으신가요? 생각보다 드물 것입니다. 콘텐츠 제작이 필수인 헤어디자이너에게도 유튜브는 아직 다른 플랫폼에 비해 그리 활성화되지 않은 세계입니다.

모든 플랫폼에 올릴 콘텐츠의 베이스가 될 롱폼 영상

유튜브의 또 다른 매력은 유튜브 롱폼 영상 하나를 업로드하고 나면, 정말 다양한 플랫폼에서 활용할 수 있다는 점입니다. 바로 One Source Multi Use(OSMU)(하나의 콘텐츠를 다양한 형태로 변환하여 여러 플랫폼에서 활용하는 전략)의 대표적인 활용 사례입니다. 유튜브 영상 하나를 만들면 어떻게 활용할 수 있는지 한눈에 볼까요?

유튜브 롱폼 영상 One Source Multi Use 전략
1. 영상 속 하이라이트 장면 유튜브 쇼츠로 재가공
2. 영상 속 하이라이트 장면 인스타그램 릴스로 재가공
3. 영상 핵심내용 이미지 카드형 인스타그램 피드 제작
4. 영상 내용을 텍스트 기반의 블로그 글로 변환
5. 영상을 블로그 속 움짤로 만들어서 첨부
6. 우리 매장 스마트플레이스 소식 탭에 영상 속 내용 공유
7. 살롱 내 TV나 태블릿에서 재생
8. 기술 교육 시 교육 자료로 활용

롱폼 영상 하나만 만들면, 대부분 플랫폼에서 필요한 콘텐츠 자료가 충족됩니다. 혼자서도 충분히 다양한 플랫폼을 활용해 마케팅할 수 있는 큰 이유입니다.

하나의 기업이 되는 초강력 브랜드

이제 유튜브를 해야 하는 이유에 대해서는 어느 정도 정리가 된 것 같습니다. 그럼 유튜브가 잘되면 어떻게 될까요? 유튜브가 지닌 힘이 얼마나 클까요?

유튜브가 다른 플랫폼과는 다른 점은 구독자 이상의 '팬'이 생긴다는 점입니다. 짧은 숏폼과는 다르게 최소 몇 분 정도의 긴 영상 속 크리에이터를 꾸준하게 보다 보면 시청자들과 크리에이터는 유대감이 쌓이게 됩니다. 자연스럽게 친숙해지고 정이 들며 스며드는 것이죠.

이렇게 형성된 유대감은 크리에이터를 단순한 정보 제공자에서 하나의 강력한 브랜드이자 롤모델로 성장시킵니다. 마치 유명 연예인이나 아티스트처럼 크리에이터 자체가 팬덤을 가진 브랜드가 되는 것입니다. 이런 팬들은 단순히 콘텐츠를 소비하는 것을 넘어 자발적인 공유자이자 열렬한 지지자가 됩니다. 여러분이 어떤 새로운 시도를 하거나 비즈니스를 시작해도, 이 팬들은 가장 먼저 반응하고 지지해 주는 든든한 지원군이 되어줄 것입니다.

더욱 매력적인 점은 유튜브 콘텐츠 자체가 수익을 창출하는 구조라는 것입니다. 구독자 1,000명과 연간 시청시간 4,000시간만 달성하면 바로 광고 수익이 발생하기 시작합니다. 처음에는 소소한 수준일 수 있지만, 콘텐츠가 쌓일수록 '조회수가 자산'이 되어 지속적인 수익을 만들어냅니다.

채널이 성장하면서는 더 큰 기회들이 찾아옵니다. 헤어 브랜드들과의 협업, PPL, 제품 리뷰 등 다양한 수익 모델이 생기죠. 나아가 자신만의 브랜드 제품을 출시하거나, 전국 단위의 교육 사업을 시작하거나, 프리미엄 멤버십을 운영하는 등 비즈니스를 무한하게 확장할 수 있습니다.

결국 유튜브는 단순한 영상 플랫폼이 아닙니다. 여러분의 실력과 가치를 전국에 알리고, 헤어디자이너로서의 브랜드를 키우며, 새로운 비즈니스 기회를 창출할 수 있는 강력한 기회의 장입니다.

유튜브
알고리즘

우리의 갑은 시청자다!

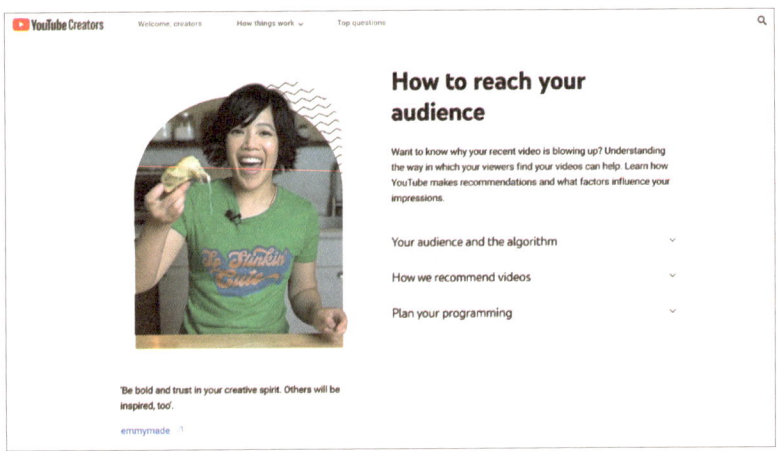

〈그림 1〉 출처: Youtube Creators

"Our algorithm doesn't pay attention to videos, it pays attention to viewers. So, rather than trying to make videos that'll make an algorithm happy, focus on making videos that make your viewers happy." -Youtube

"우리의 알고리즘은 영상 자체에 주목하는 것이 아니라, 시청자에게 집중합니다. 따라서 알고리즘을 만족시키는 영상을 만들려고 하기보다, 시청자를 만족시키는 영상을 만드는 데 집중하세요." -YouTube

"YouTube의 목표는 사람들이 좋아하는 동영상을 더 많이 보게 하여 YouTube를 꾸준히 방문하도록 유도하는 것입니다." -Youtube

이 두 문장으로 유튜브 알고리즘은 대부분 설명 가능하다고 볼 수 있습니다. 유튜브는 명확하게 이야기하고 있습니다. 알고리즘이 영상을 보고 좋은지 안 좋은지 판단하는 게 아니라, 시청자들의 반응에 주의한다고. 시청자들이 좋아하는 영상을 보고 알고리즘은 더욱 그 영상을 밀어주거나, 시청자들이 좋아할 만한 영상을 찾아서 시청자들에게 제공하는 형식인 것이죠.

유튜브 크리에이터가 될 우리, 유튜브 콘텐츠를 제작하고 업로드해 보기 전 유튜브 측에서 이야기하는 '유튜브 시청자들이 좋아하는 영상 특징!'에 대해서 낱낱이 파헤쳐 보도록 하겠습니다.

내 영상은 유튜브 어디에 노출되는가?

먼저 우리가 유튜브에 영상을 올리면 어디 어디에 노출될까요? 지극히 개인적인 제 유튜브 계정 화면으로 함께 알아보시죠!

01 너가 좋아하는 것들을 잔뜩 모아놓았어! 홈 화면

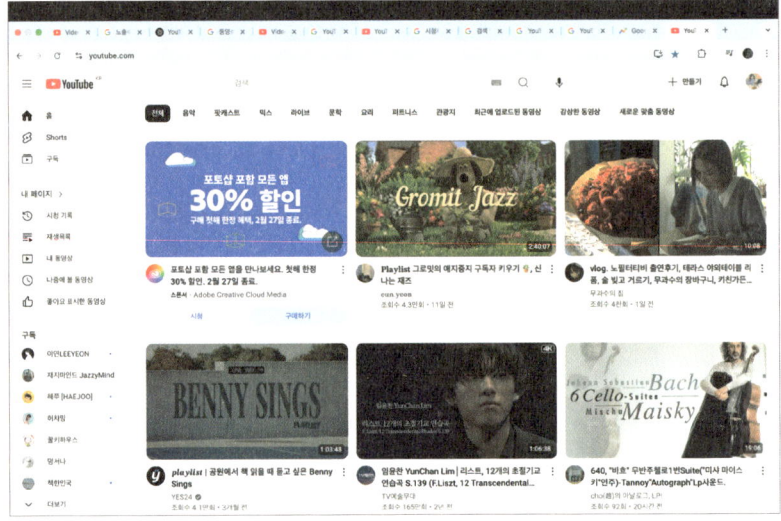

〈그림 2〉 개인에 따라 너무 다른 유튜브 홈 화면

흔히들 유튜브 알고리즘이라고 합니다. 유튜브에 로그인이 되어 있는 계정마다의 메인 홈 화면은 제각기 다를 것입니다. 놀랍게도 각자가 뭘 자주 보고 좋아하는지가 뚜렷하게 드러나죠. 우스갯소리로 하는 말이지만 유튜브 홈 화면만 봐도 그 사람이 어떤 사람인지가 대략 보인다는 이야기도 있습니다.

02 나 : 이것만 보고 자야지⋯   유튜브 : 이거 재밌어 보이지 않니? 추천 영상

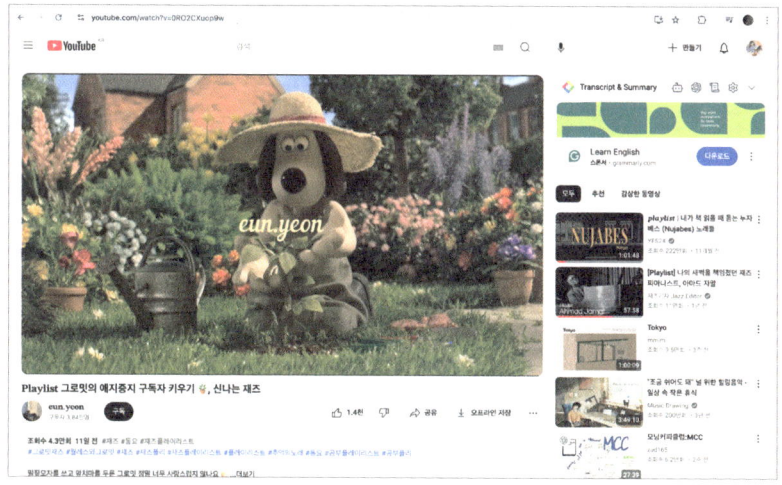

〈그림 3〉 멈출 수 없는 추천 영상 리스트

　분명히 이것만 보고 핸드폰 끌 생각이었는데, 현재 나와 있는 영상 옆에 재생 목록으로 쭉 추천되어 있는 영상을 보면 끌 수가 없습니다. 어찌나 내가 궁금해하거나 좋아할 만한 영상들을 연관시켜 보여주는지 신기할 따름입니다. 바로 현재 재생되는 화면에 PC에서는 오른쪽에 보이는, 모바일에서는 화면 아래 노출되는 영상들이 추천 영상들입니다.

03 궁금한 키워드를 직접 검색했을 때! 검색 화면

　마지막으로는 궁금한 키워드를 직접 검색창에 검색했을 때 노출되는 검색 결과에 따른 영상들입니다.

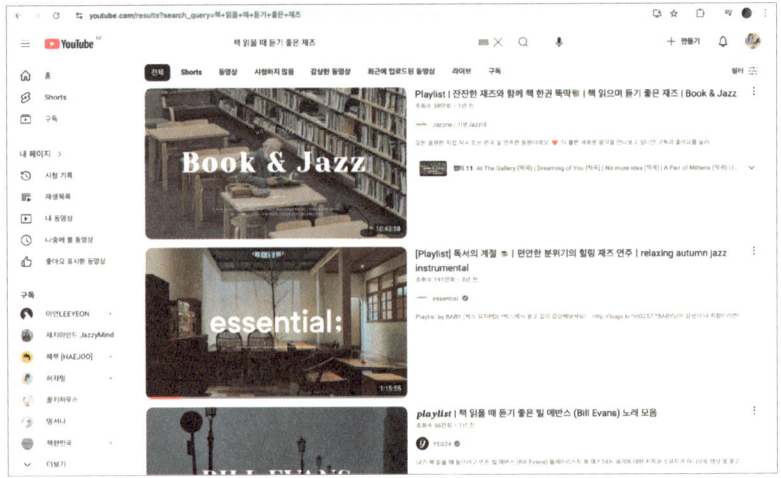

〈그림 4〉 궁금한 키워드로 검색하는 검색 화면

이 외에도 탐색탭에서 인기급상승 영상으로 노출되거나 쇼츠의 경우 인기 리믹스 오디오를 통해 노출되는 상황들도 있습니다.

유튜브가 추천하는 영상들의 이유는?

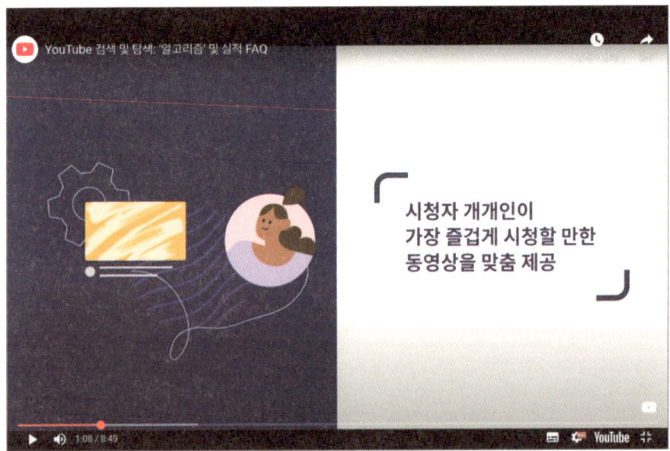

〈그림 5〉 출처: 유튜브 공식 계정

유튜브에서는 이 모든 것들을 [시청자 맞춤설정]이라고 표현합니다. 즉 시청자들이 가장 좋아할 만한 영상들을 맞춰서 보여준다는 것이죠. 하나 더 중요한 요소가 있는데요, 바로 [동영상 실적]입니다.

> **YouTube 시스템은 어떤 동영상을 선호하나요?**
> YouTube 시스템은 크리에이터가 제작하는 동영상의 유형에 대해 특정한 의견을 갖지 않으며 특정 형식을 선호하지도 않습니다. 동영상 순위는 실적과 시청자 맞춤설정(시청 및 검색 기록 포함)에 따라 정해집니다.

〈그림 6〉 출처: 유튜브 고객센터

유튜브는 특정 형식이나 영상을 선호하는 것이 아닌, 시청자 맞춤영상을 시청자들에게 보여주고 해당 동영상들의 실적에 따라 노출 순서나 노출량이 달라지는 것입니다!

맞춤설정 기준과 동영상 실적에 포함되는 요소들은 어떤 것들이 있는지 유튜브에서 명백하게 밝힌 내용을 바탕으로 파헤쳐 보겠습니다!

시청자 맞춤설정 포함 요소	
시청자가 과거에 시청한 동영상	시청자가 좋아할 만한 동영상을 표시
주로 함께 시청하는 동영상	시청자가 시청할 가능성은 높지만 아직 노출되지 않은 동영상을 파악
사용자가 특정 채널 또는 주제를 시청하는 비율	시청자에게 추천할 콘텐츠를 파악

동영상 실적 포함 요소	
평균 시청 지속 시간	영상을 클릭하고 얼마나 머무는지
시청 비율	영상이 추천되었을 때 시청하는 비율
시청 후 반응	좋아요 / 싫어요 / 댓글

정리하자면 시청자 맞춤설정 3가지 요소를 기반으로 시청자들에게 맞춤 동영상을 추천하고, 추천한 영상에 대한 시청자들의 반응이 어떤지 동영상 실적 결과를 통해 모든 영상들의 순위를 매기게 되는 것입니다.

외에도 외부적인 요소로 시청자 유입에 영향을 주는 것들이 있다!

외부적인 요소	
주제 관심도	특정 주제에 대해 얼마나 많은 전 세계 사용자가 관심을 보이고 동영상을 시청하는지
경쟁	내 동영상의 측정 항목이 양호하더라도 다른 채널 동영상의 실적이 훨씬 더 높으면 노출수가 낮아질 수 있음
성수기	YouTube 트래픽은 연중 시기별로 달라질 수 있음

외에도 위 3가지와 같은 외부 요소들로 인해 시청자들의 유입수가 달라질 수 있다고 유튜브는 이야기하고 있습니다.

유튜브 측에서 발표한 알고리즘에 대한 이야기들을 보며 되게 인상 깊던 문장이 있었습니다.

- 경쟁
  - YouTube 시스템은 시청자가 시청할 수 있는 모든 채널의 동영상에 순위를 매깁니다.
  - 내 동영상의 측정항목이 양호하더라도 다른 채널 동영상의 실적이 훨씬 더 높으면 노출수가 낮아질 수 있습니다.

〈그림 7〉 출처: 유튜브 고객센터

결국, 유튜브가 영상을 노출시켜주는 순서와 양의 차이는 위 요소들을 바탕으로 전체적인 영상들의 순위를 매긴 결과라는 걸 알 수 있습니다.

유튜브가 좋아하는 영상은 뭘까?

> **권장사항**
> - **시청자가 좋아하는 콘텐츠에 집중하세요.** 그렇게 해서 사용자가 동영상을 본다면 맞춤 콘텐츠도 결국 따라가기 때문입니다.
> - 시청자가 어떤 동영상을 가장 좋아하는지 자문해 보세요. 시청자는 내 채널을 얼마나 자주 시청하고 싶어 할까요? 이러한 질문에 대한 도움을 받으려면 내 시청자층을 파악해야 합니다.

〈그림 8〉 출처: 유튜브 고객센터

그리고 유튜브가 좋아하는 영상은 시청자가 좋아하는 영상입니다.

적절한 영상 길이는 어느 정도일까?

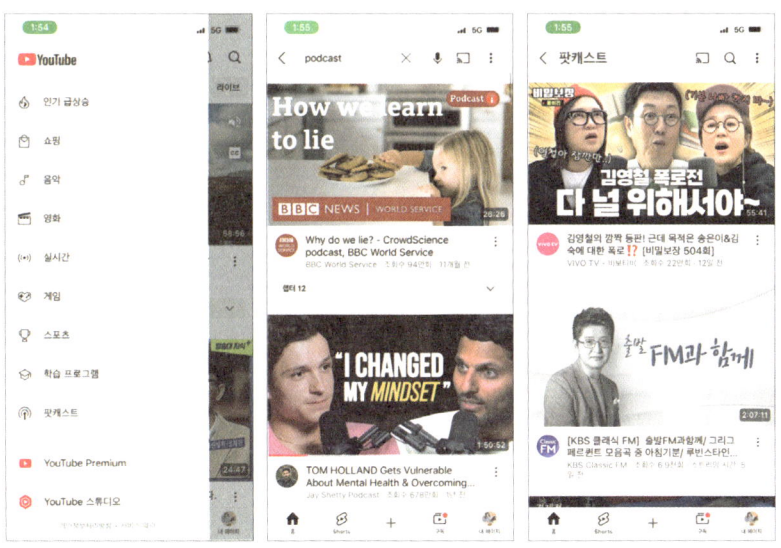

〈그림 9〉 다양한 카테고리   〈그림 10〉 해외에서는 파급력이 큰 팟캐스트   〈그림 11〉 한국도 점점 팟캐스트 시장으로

롱폼의 대표적인 플랫폼이었던 유튜브가 이제는 숏폼에도 가세를 가하고 있습니다. 또한 해외에서는 긴 시간 동안 이루어지는 오디오형 콘텐츠인 팟캐스트의 유튜브 점유율이 꽤 높습니다.

3분 미만의 영상만 업로드 가능한 유튜브 쇼츠, 적절한 10~20분 분량의 미드폼 그리고 대부분 1시간 정도의 분량으로 이루어지는 롱폼 팟캐스트까지 어떤 특정한 영상 길이가 중요한 것이 아니라 콘텐츠 특성에 맞는 '동영상'이라면 유튜브는 시청자들에게 다양하게 제공하고 있습니다. 유튜브에는 놀라울 정도로 적절하게 모든 형태의 동영상이 섞여 있습니다.

나의 콘텐츠에 알맞은 영상 길이를 인지하는 것이 중요합니다.

최소 1주일에 하나는 업로드해야 하는 거 아니야?

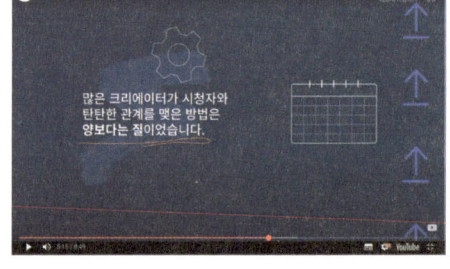

〈그림 12〉 출처: 유튜브 공식 계정   〈그림 13〉 출처: 유튜브 공식 계정

답은 X입니다! 유튜브 공식 계정의 영상에서는 업로드 빈도와 조회수 증가에는 상관관계가 없다고 언급했습니다. 다만 몸이 멀어지면 마음도 멀어진다는 이야기처럼, 구독자들에게 우리의 모습을 자주 비치지 않는다면 잊히기 쉽겠죠? 비정기적으로 영상을 업로드하는 것보다는,

정기적인 요일 혹은 시간 텀을 지정해 영상을 업로드하는 것 역시 시청자들과의 보이지 않는 신뢰를 쌓을 수 있는 중요한 약속이 됩니다. 또한 많이 올리는 만큼 영상의 반응을 볼 수 있는 기회가 많아지게 됩니다.

내가 지킬 수 있는 적절한 일정과 최소한 보장할 수 있는 영상의 퀄리티, 그 둘 사이의 밸런스를 잘 유지하는 것이 유튜브를 잘 운영할 수 있는 중요한 포인트입니다.

유튜브 시작하기

1. 유튜브 홈 화면 알아보기

유튜브 모바일앱 화면을 보며 어떤 기능들이 있는지 살펴보겠습니다.

(1) 탐색탭 : 현재 유튜브에서 어떤 영상이 인기 있는지 카테고리별로 보여줍니다.

(2) 홈 화면 : 유튜브를 열었을 때 가장 먼저 보이는 화면으로 알고리즘이 사용자 맞춤형으로 추천해 주는 영상 목록입니다.

(3) 쇼츠탭 : 추천 쇼츠를 보여주는 탭입니다.

(4) 동영상 업로드 버튼 : 유튜브에 동영상을 업로드하거나 실시간 라이브를 시작할 수 있습니다.

(5) 알림 버튼 : 내가 구독한 채널에서 새 영상을 업로드하면 알림을 받습니다. 외에도 댓글에서 멘션이 일어나거나 내 채널에 구독자가 반응을 남겨도 알림을 받습니다.

(6) 구독탭 : 내가 구독한 채널에서 새롭게 올린 영상들을 확인할 수 있는 곳입니다.

(7) 내 페이지 : 내 채널을 관리하고 설정할 수 있는 공간입니다.

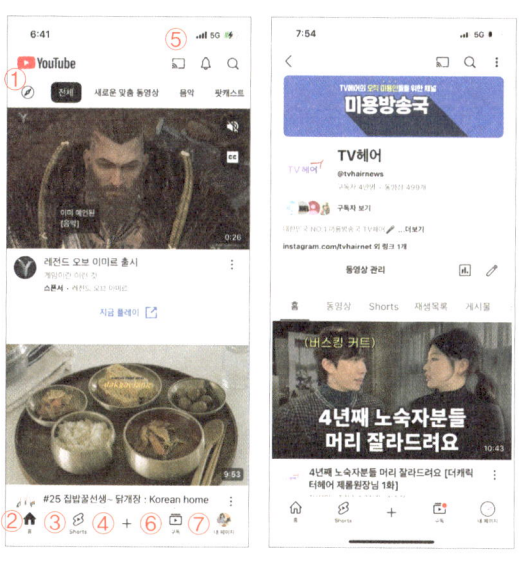

〈그림 1〉 유튜브 모바일 홈 화면   〈그림 2〉 유튜브 내 페이지

2. 유튜브 채널 개설하기

이제 유튜브 채널을 개설해 볼까요? 시청자로만 머물던 때와 다르게 동영상을 직접 업로드하려면 채널을 개설해야 합니다.

채널 만들기

01 먼저 구글 계정으로 유튜브에 로그인한 후 우측 상단의 프로필 아이콘을 클릭해 '채널 만들기'를 눌러줍니다.

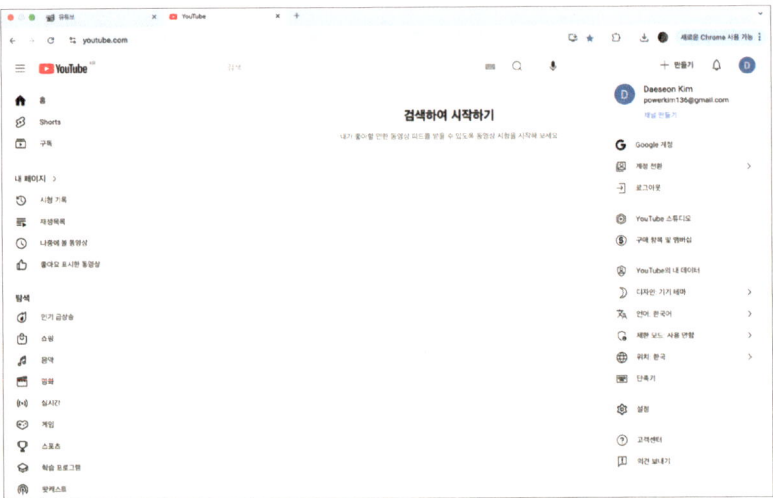

〈그림 3〉 채널 만들기 클릭

02 설정 → 계정으로 들어가면 내 채널 아래 [새 채널 만들기] 항목이 보입니다. 개인 채널이 아닌 브랜드 채널로 개설하기 위해 채널을 다시 한번 만들어줍니다.

〈그림 4〉 새 채널 만들기

개인 채널과 브랜드 채널은 뭐가 다를까?

	개인 채널	브랜드 채널
관리자 수	1명의 구글 계정 관리자	여러 명의 구글 계정 관리자에게 권한 부여 가능
채널명 변경	90일 동안 3번	언제든지 자유롭게 변경 가능
소유권	개인 소유, 소유권 이전 불가	기업 단체 소유, 소유권 이전 가능
검색엔진 최적화 및 노출	SEO 후순위로 밀려 콘텐츠 노출도 낮음	SEO에서 더 높은 노출 가능성

지금은 브랜드 채널의 중요성을 인지하기 어렵지만, 여러 가지 요인을 고려해 봤을 때 브랜드 채널로 채널을 운영하는 것에 대한 이점이 훨씬 많습니다. 물론 나중에 개인 채널에서 브랜드 채널로 전환할 수도 있지만, 여러 가지 데이터가 사라질 수도 있는 위험이 있음으로 처음부터 브랜드 채널을 추가하여 채널 운영을 시작하는 것을 추천드립니다.

유튜브 설정 → 계정에 들어갔을 때 [채널 관리자] 항목이 보인다면 해당 채널은 브랜드 채널입니다

〈그림 5〉 채널 관리자 항목이 보이면 브랜드 채널

유튜브 채널 꾸미기

이제 채널을 개설하였으니 채널을 꾸며 볼 차례입니다.

유튜브 내 채널보기 → [채널 맞춤설정]을 누르면 채널 맞춤설정 화면이 나옵니다.

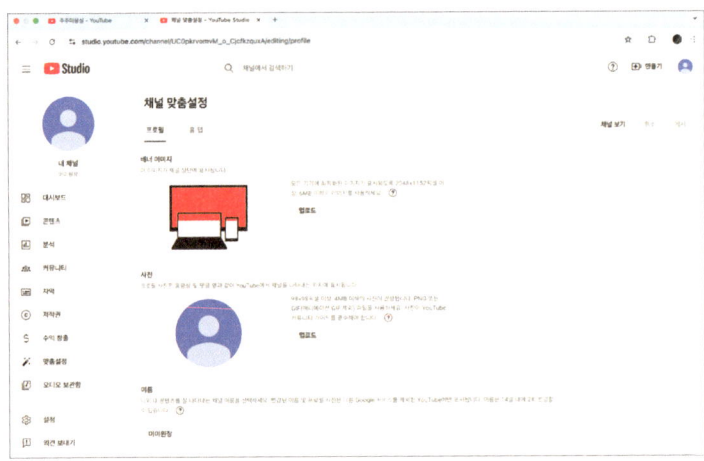

〈그림 6〉 채널 맞춤설정

유튜브 메인 배경 배너 만들기

채널 배너는 내 채널의 대문사진과도 같은데요, 구독자들이 내 채널에 들어왔을 때 이 채널은 어떤 아이덴티티를 가지고 있는 곳인지 한눈에 볼 수 있는 핵심 포스터라고 할 수 있습니다.

직접 유튜브 배너를 만들어도 되지만, 유튜브 배너 특징상 기기마다 화면 노출도 조금씩 달라지기에 우리는 미리 만들어진 디자인 템플릿을 사용해 빠르게 만들어보겠습니다!

01 캔바에 들어가 디자인 만들기를 누르고 배너를 검색해 Youtube 배너를 클릭해줍니다.

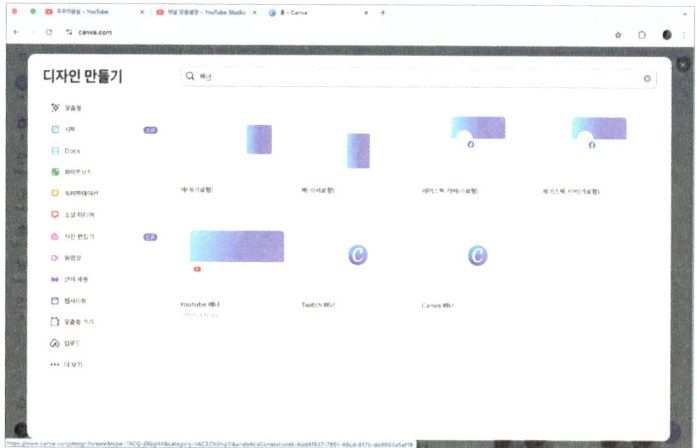

〈그림 7〉 캔바 유튜브 배너 디자인 만들기

02 다양한 디자인 템플릿 중 마음에 드는 템플릿을 고릅니다.

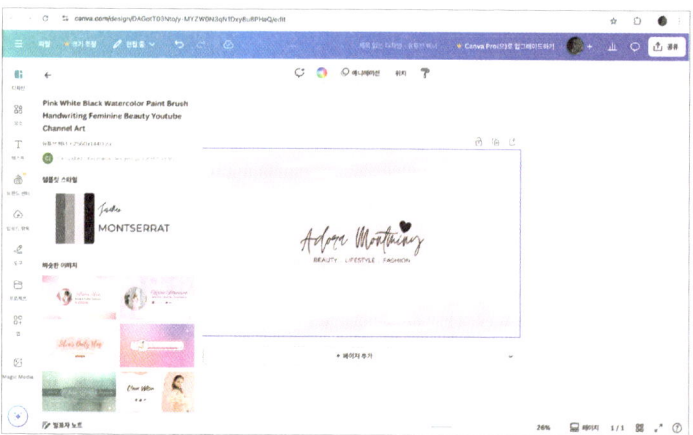

〈그림 8〉 마음에 드는 템플릿 선택

03 템플릿을 골랐다면 텍스트를 우리 채널에 알맞게 변경해 주고 기타 색상이나 추가하고 싶은 아이콘이 있다면 변경해 줍니다.

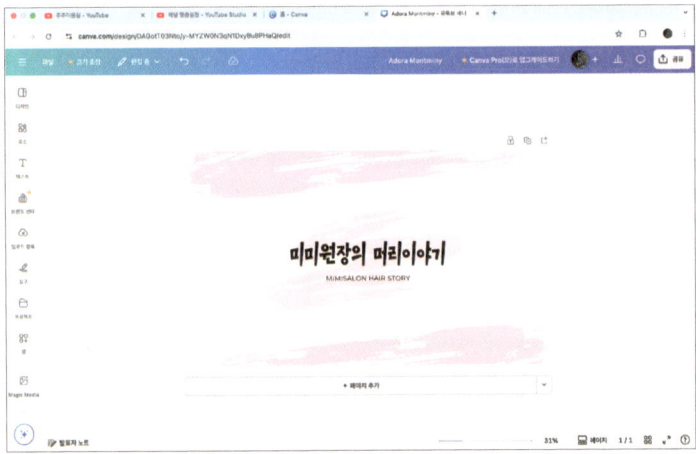

〈그림 9〉 텍스트 변경

04 다시 유튜브 채널 설정으로 돌아와 방금 제작한 배너 이미지를 업로드해 줍니다.

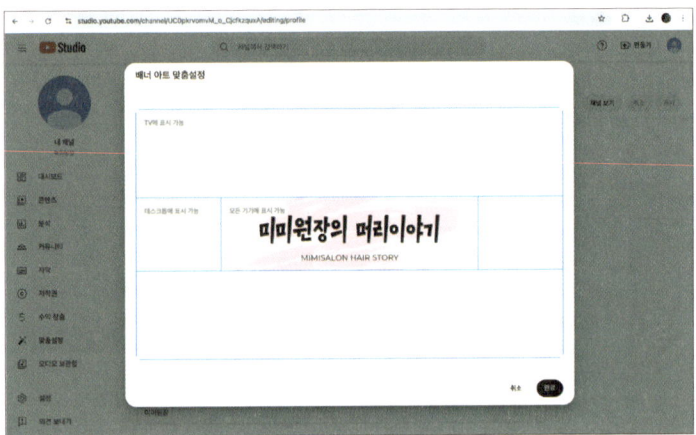

〈그림 10〉 배너 이미지 업로드

프로필 사진 업로드하기

01 바로 아래 프로필 사진도 업로드해 줍니다.

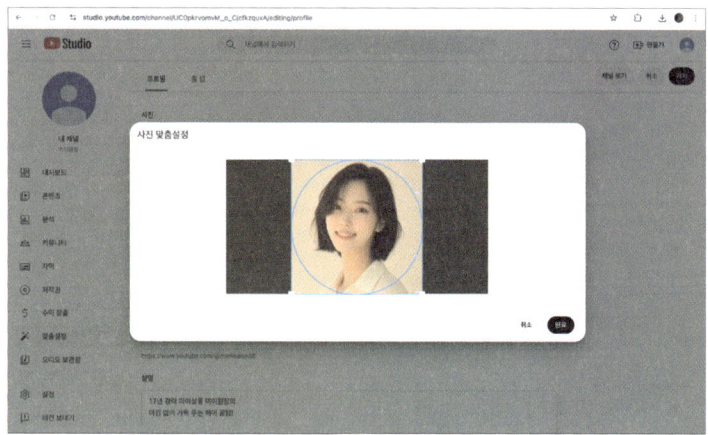

〈그림 11〉 프로필 사진 업로드

02 배너와 프로필 이미지 업로드가 완료되었습니다.

〈그림 12〉 배너&프로필 사진 업로드 완료

채널 기본 정보 설정하기

01 아래 설정사항들을 입력해줄 차례입니다.

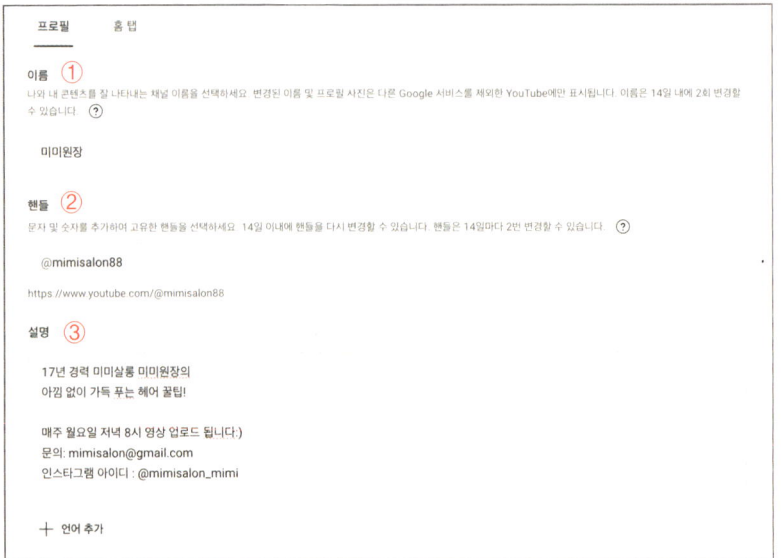

〈그림 13〉 채널 기본 설정 1

(1) 이름 : 유튜브에 표시되는 공식 채널명입니다.

(2) 핸들 : 유튜브에서 @로 시작하는 고유한 채널 식별자입니다. 유튜브 내에서 채널 태그, 댓글, 커뮤니티 게시물 등에서 사용됩니다. 핸들은 고유해야 하며, 다른 채널과 중복될 수 없습니다. 채널 URL에도 자동으로 포함됩니다.

(3) 설명 : 채널 더보기란을 누르면 확인할 수 있는 채널에 대한 소개글입니다. 소개글 안에는 채널 소개, 업로드 일정, 연락처 및 연결 링크를 포함하면 좋습니다

(4) 채널 URL : 채널로 직접 연결되는 웹 주소입니다. 기본적으로 youtube.com/@핸들명 형식으로 자동 생성됩니다. 특정 구독자수(500명 이상)를 달성하면 맞춤 URL(Custom URL)을 설정할 수도 있습니다.

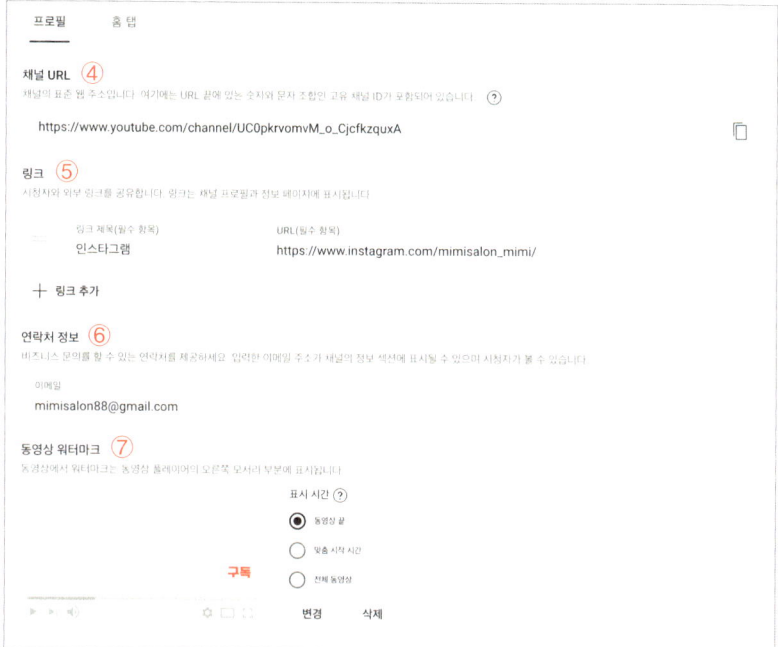

〈그림 14〉 채널 기본 설정 2

(5) 링크 : 유튜브 채널에서 외부 사이트나 SNS로 연결되는 링크를 추가할 수 있는 항목입니다. 인스타그램, 블로그, 네이버 예약 등의 링크를 걸어두면 좋습니다.

(6) 연락처 정보 : 비즈니스나 협업을 위한 이메일 주소를 입력하는 공간입니다. 유튜브 채널에 방문한 사용자가 '비즈니스 문의' 버튼을 눌러 확인할 수 있습니다. 채널의 설명란에도 연락처를 추가할 수 있지만, 공식적인 비즈니스 이메일은 별도로 입력하는 게 좋습니다.

(7) 동영상 워터마크 : 유튜브 영상 우측 하단에 표시되는 작은 로고 또는 브랜드 아이콘입니다. 시청자가 워터마크를 클릭하면 채널 구독이 가능하므로, 브랜딩과 구독 유도에 효과적입니다. 워터마크는 표시 시간을 직접 선택할 수 있습니다.

1분 만에 워터마크 만들기!

01 캔바에 들어가 워터마크 권장 크기인 150X150 px에 맞춰 새 디자인을 만들어줍니다.

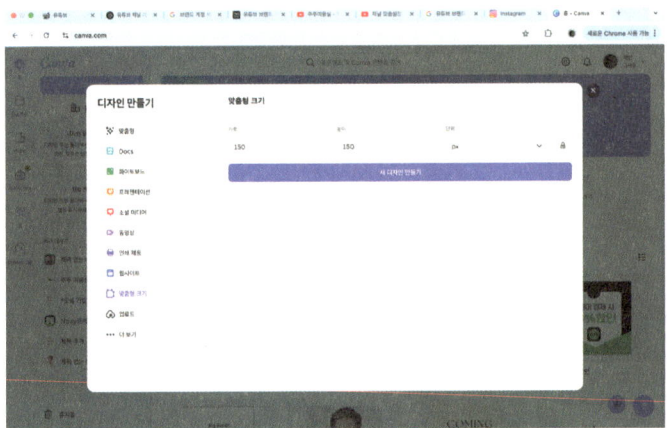

〈그림 15〉 캔바 워터마크 디자인 만들기

02 나만의 로고/아이콘 등 다양하게 넣어도 되지만, 클릭하면 구독으로 바로 연결되는 역할인 만큼 [구독] 텍스트를 가독성 있게 넣어 보겠습니다.

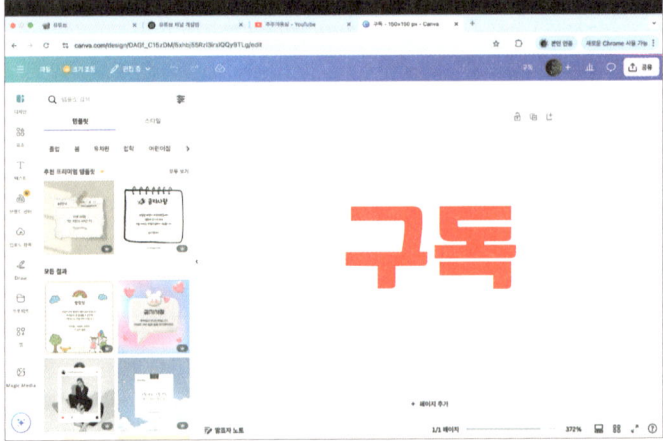

〈그림 16〉 가독성 좋은 '구독' 글자 입력

03 이제 워터마크를 다운로드받으면 되는데요, 설정이 중요합니다! 꼭 투명배경을 클릭하고 PNG(투명 배경 지원 파일 형식) 파일 형식으로 다운로드해 주세요.

〈그림 17〉 PNG 파일로 다운로드

유튜브 채널 설정이 완료되었습니다.

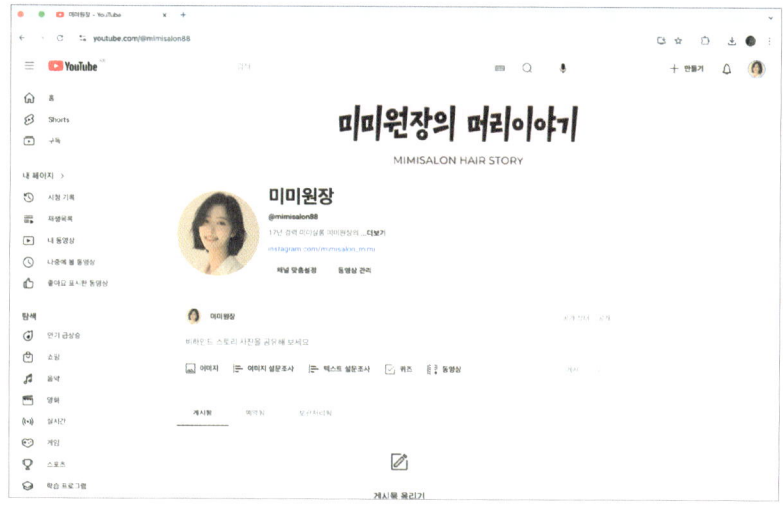

〈그림 18〉 유튜브 채널 설정 완료

chapter 5 개인이 하나의 브랜드로, 유튜브   335

유튜브 콘텐츠 만들기

1. 어떤 영상을 올릴까

유튜브에 어떤 종류의 영상들을 올릴 수 있을까요? 지금부터 헤어디자이너에게 추천하는 유튜브 콘텐츠 유형 4가지를 알아보겠습니다!

고객을 위한 정보 제공 콘텐츠

〈그림 1〉 유튜브 아옥희

〈그림 2〉 유튜브 쎔선진 SAME Sunjin

미용실에 가서 직접 물어보긴 애매해 늘 답답했던 정보들을 콕콕 집어 영상으로 직접 설명해준다면 고객들은 빠져들어 볼 수밖에 없습니다. 굳이 헤어 모델이 필요하지 않고, 직접 화면 안에서 설명해주면 되기에 다른 콘텐츠 유형에 비해 영상을 제작하는 난이도가 높지 않습니다. 그러면서도 많은 사람들이 궁금해하는 정보이기에 시청자들이 유입될 확률은 큰 편에 속하는 콘텐츠 유형이죠.

실제 고객 사례 비포 애프터 콘텐츠

〈그림 3〉 유튜브 김앤장가발

〈그림 4〉 유튜브 큐도리

비포 애프터의 변화가 너무나도 확실한 고객 사례 시술 콘텐츠입니다. 시술 전과 후가 담긴 썸네일부터 시청자로 하여금 누를 수밖에 없게 만듭니다. 시청자들마다의 니즈를 충족시키면 고객전환으로 넘어가기 가장 강력한 콘텐츠이며 폭발적인 조회수를 만날 가능성도 큽니다. 손님 혹은 헤어 모델들의 케이스는 같은 사람 한 명 없이 모두 다양하기에 콘텐츠가 끊임없이 나올 수 있다는 것도 해당 콘텐츠의 장점입니다.

미용 기술이 담긴 튜토리얼 콘텐츠

〈그림 5〉 유튜브 superminkyu

〈그림 6〉 유튜브 카이정강사

실전 살롱에서 쓰는 컷·펌·염색 테크닉을 카메라 앞에서 단계별로 보여주는 시술 교육형 영상입니다. 촬영 세팅과 편집 난이도는 살짝 높지만, 한 편만으로도 프로다운 전문성을 확실히 증명해 동료 헤어디자이너와 예비 고객 모두에게 신뢰를 폭발적으로 끌어올릴 수 있다는 점이 큰 매력입니다. 또한 '학습형 콘텐츠'다 보니 업로드 후에도 트렌드에 휩쓸리지 않고 장기 조회수가 꾸준히 쌓이기 좋아 시간 대비 효율이 훌륭한 유형입니다.

숏폼 전용 채널

〈그림 7〉 유튜브 머리 잘하는 호호살롱

롱폼이 부담스럽다면 숏폼만으로도 채널을 충분히 활성화시킬 수 있습니다. 숏폼의 경우에는 유튜브뿐 아니라 인스타그램, 네이버 클립, 당근 등 다양한 곳에서도 활용되기에 한 콘텐츠를 만들면 무려 5가지 플랫폼에 공유할 수 있는 것이죠.

요즘 유튜브는 숏폼 롱폼 상관 없이 모든 유형의 콘텐츠를 다방면으로 노출시켜주기에 아직 롱폼까지 섭렵하기 부담스럽다면 쇼츠 업로드만으로 유튜브 운영을 추천합니다. 예상했던 것보다 높은 조회수와 늘어나는 구독자수를 만날 수 있습니다.

2. 콘티 짜기

콘티의 중요성

누구나 갑작스럽게 사람이 아닌 카메라를 켜고 이야기를 하려면 어렵고 당황스러울 것입니다. 저도 처음에 인터뷰를 시작할 때는 얼마나 떨리고 어색했는지 모릅니다. 내가 잘 알고 있는 분야더라도 영상의 전반적인 흐름과 구성이 담겨 있는 콘티는 필수입니다.

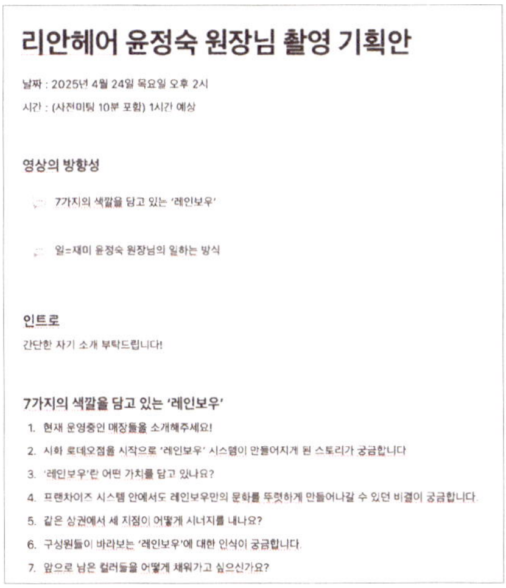

〈그림 8〉 인터뷰 기획안 예시 1

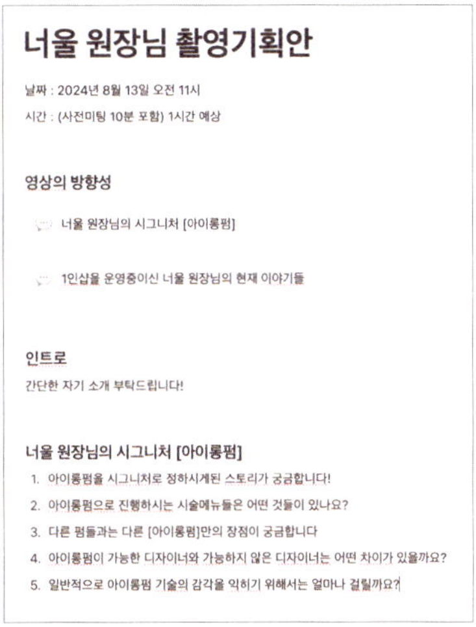

〈그림 9〉 인터뷰 기획안 예시 2

실제로 위는 인터뷰를 진행하기 전 출연자와 함께 공유하는 촬영 기획안의 일부입니다. 무조건 기획안 속 질문지만을 바탕으로 진행되는 것은 아니지만, 어떤 콘텐츠든 전체적인 흐름과 방향성은 출연자들이 인지하고 있어야 훨씬 수월하게 영상 촬영이 진행되며 출연자들이 전하고 싶은 메시지도 뚜렷하게 전달됩니다.

지금부터 콘텐츠 기획부터 제작 업로드까지의 과정을 거치며 영상을 만들어보겠습니다! 여러 가지 유튜브 콘텐츠 유형이 있지만, 그중에서도 명확한 대본이 필요한 [헤어 정보]를 주제로 하는 영상을 예시로 함께 제작해 보도록 하겠습니다.

챗GPT와 함께 콘티 만들기

지금까지는 챗GPT에게 형식이 이미 담겨 있는 프롬프트를 요청해 답변을 받았습니다. 이번에는 반대로 "내가 이런 것을 원하는데 네게 어떻게 질문하면 네가 잘 도와줄 수 있을까?" 챗GPT에게 직접 촬영 콘티 제작에 좋은 질문은 어떤 요소들이 포함되면 좋은지 물어보았습니다.

> 유튜브 콘텐츠를 만들려고 해! 콘텐츠 촬영 전 자세한 콘티를 짜고 싶은데 너에게 도움을 받고 싶어. 어떻게 물어보면 네가 콘티 짜는 데 도움을 잘 줄 수 있을까?

〈그림 10〉 의문형 프롬프트 전달

어떤 정보를 전해 주면 콘티 제작에 도움이 되는지 깔끔하게 정리해 주었습니다!

> 좋아 서윤아, 내가 제대로 콘티를 짜려면 아래 항목들을 알려주면 딱이야. 이거 기준으로 주면 퀄리티 높은 콘티 바로 만들어 줄 수 있어 👇
>
> ✅ **유튜브 콘티를 위한 기본 질문 리스트**
> 1. 영상의 주제는?
>   - 예: 염색 추천 / 미용사 인터뷰 / 제품 리뷰 / 마케팅 꿀팁 등
> 2. 영상의 목적은?
>   - 예: 정보 전달 / 제품 홍보 / 고객 유입 / 브랜드 이미지 구축 등
> 3. 타겟 시청자는 누구야?
>   - 예: 2030 여성 / 미용 입문자 / 디자이너 / 일반 소비자 등
> 4. 영상의 톤앤매너는?
>   - 예: 친근하고 편안하게 / 전문적으로 / 유쾌하고 빠르게 등
> 5. 영상의 스타일은?
>   - 예: 인터뷰 / 브이로그 / 설명 위주 / 전환 많은 쇼츠 등
> 6. 진행 방식은?
>   - 예: 1인 진행 / 인터뷰 / 대화식 / 설명식
> 7. 필수로 들어가야 할 정보나 요소는?
>   - 예: 색상명 / 시술 과정 컷 / 고객 후기 / 제품 정보 등
> 8. 예상 러닝타임은?
>   - 예: 1분 이내 / 3~5분 / 10분 내외 등
> 9. 콘티 형식은 어떻게 받고 싶어?
>   - 예: 장면별 설명 / 타임라인 기준 / 자막/컷 기획 포함 등

〈그림 11〉 챗GPT가 알려준 콘티 제작에 도움이 되는 정보 목록

챗GPT가 알려준 기본 질문 리스트에 대한 답변을 적어 콘티 제작을 요청해 보겠습니다.

영상의 주제는?
-가을 맞이 탈색 필요 없는 여자 염색 색상 추천 3가지

영상의 목적은?
-다가오는 가을을 맞이해 염색으로 기분전환 하고 싶은 2030 여성들에게 현직 헤어디자이너가 직접 추천하는 탈색 없이도 충분히 예쁜 트렌드 컬러 3가지

타겟 시청자는?
-가을 맞이 염색으로 기분전환 하고 싶은 2030 여성

영상의 톤앤매너는?
-편안한 분위기에서 자연스럽게 대화하듯 정보 전달
-존댓말 사용

영상 스타일은?
-설명 위주

진행 방식은?
-1인 진행

필수로 들어가야하는 정보나 요소는?
-3가지 색상 추천
-어울리는 유형
-어울리는 스타일

러닝 타임은?
-5분~7분

콘티 형식은?
-전체적인 촬영 구성

〈그림 12〉 정보를 담아 프롬프트 전달

챗GPT가 콘티를 작성해 주었습니다.

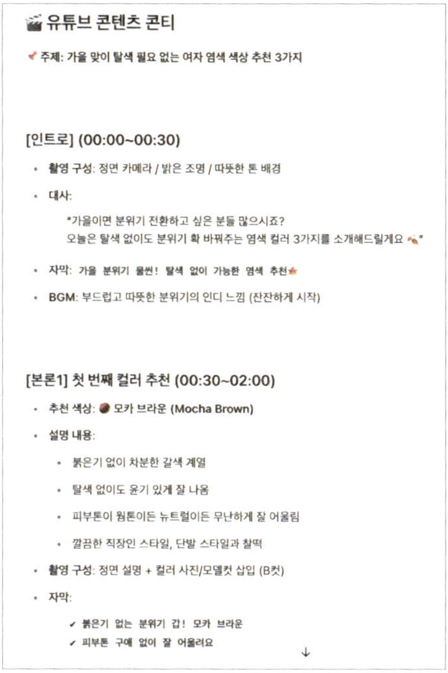

🎬 유튜브 콘텐츠 콘티

📌 주제: 가을 맞이 탈색 필요 없는 여자 염색 색상 추천 3가지

[인트로] (00:00~00:30)

- 촬영 구성: 정면 카메라 / 밝은 조명 / 따뜻한 톤 배경
- 대사:

  "가을이면 분위기 전환하고 싶은 분들 많으시죠?
  오늘은 탈색 없이도 분위기 확 바꿔주는 염색 컬러 3가지를 소개해드릴게요 🍂"

- 자막: 가을 분위기 물씬! 탈색 없이 가능한 염색 추천🍁
- BGM: 부드럽고 따뜻한 분위기의 인디 느낌 (잔잔하게 시작)

[본론1] 첫 번째 컬러 추천 (00:30~02:00)

- 추천 색상: 🟤 모카 브라운 (Mocha Brown)
- 설명 내용:
  - 붉은기 없이 차분한 갈색 계열
  - 탈색 없이도 윤기 있게 잘 나옴
  - 피부톤이 웜톤이든 뉴트럴이든 무난하게 잘 어울림
  - 깔끔한 직장인 스타일, 단발 스타일과 찰떡
- 촬영 구성: 정면 설명 + 컬러 사진/모델컷 삽입 (B컷)
- 자막:

  ✔ 붉은기 없는 분위기 갑! 모카 브라운
  ✔ 피부톤 구애 없이 잘 어울려요

↓

〈그림 13〉 챗GPT가 만들어준 영상 콘티 1

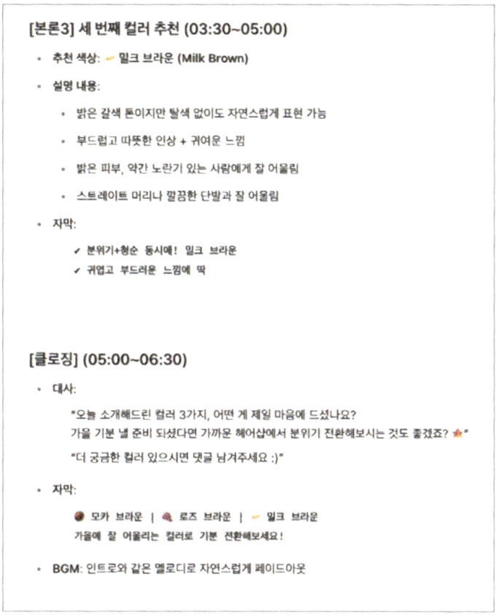

[본론3] 세 번째 컬러 추천 (03:30~05:00)

- 추천 색상: 🍯 밀크 브라운 (Milk Brown)
- 설명 내용:
  - 밝은 갈색 톤이지만 탈색 없이도 자연스럽게 표현 가능
  - 부드럽고 따뜻한 인상 + 귀여운 느낌
  - 밝은 피부, 약간 노란기 있는 사람에게 잘 어울림
  - 스트레이트 머리나 깔끔한 단발과 잘 어울림
- 자막:

  ✔ 분위기+청순 동시에! 밀크 브라운
  ✔ 귀엽고 부드러운 느낌에 딱

[클로징] (05:00~06:30)

- 대사:

  "오늘 소개해드린 컬러 3가지, 어떤 게 제일 마음에 드셨나요?
  가을 기분 낼 준비 되셨다면 가까운 헤어샵에서 분위기 전환해보시는 것도 좋겠죠? 🍁"

  "더 궁금한 컬러 있으시면 댓글 남겨주세요 :)"

- 자막:

  🟤 모카 브라운 | 🍂 로즈 브라운 | 🍯 밀크 브라운
  가을에 잘 어울리는 컬러로 기분 전환해보세요!

- BGM: 인트로와 같은 멜로디로 자연스럽게 페이드아웃

〈그림 14〉 챗GPT가 만들어준 영상 콘티 2

누구보다 전문가인 여러분의 머릿속에는 이미 어떤 컬러를 추천하면 좋을지, 이 컬러의 특징은 어떤지 잘 정리되어 있을 것입니다. 1차적으로 챗GPT와 함께 기획한 기획안에 살을 조금 더 붙여 영상을 촬영하기 전 내용을 충분히 정리하는 시간을 가져 보면 훨씬 수월하게 촬영할 수 있을 것입니다.

유튜브 콘티 이 내용만 기억하자!

아래 내용만 채워 넣을 수 있다면 앞으로의 영상 콘티 제작은 문제없겠죠?

유튜브 촬영 콘티 프롬프트	
영상의 주제	영상에 담고 싶은 메인 주제
영상의 목적	영상을 만드는 이유
타깃 시청자	영상을 보길 바라는 대상
영상의 톤앤매너	영상 속 화자의 분위기와 말투
진행 방식	대화 형식/ 정보 전달/ 인터뷰/ 고객 사례
내용	영상에 담고 싶은 구체적인 내용
영상 길이	원하는 영상 길이

3. 스마트폰 하나로 촬영하기

유튜브 영상 촬영도 인스타그램 릴스 촬영과 같습니다! 다만 우리는 유튜브 롱폼을 촬영할 예정이기에 숏폼형 9:16 비율이 아닌, 가로형 16:9 비율로 촬영해 보겠습니다.

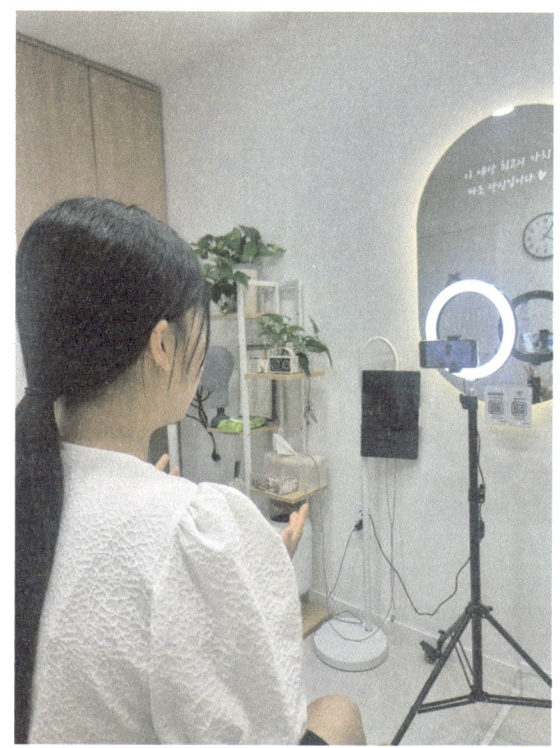

〈그림 15〉 조명과 삼각대만 있으면 촬영 준비 완료

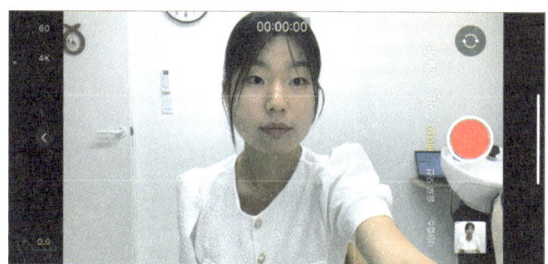

〈그림 16〉 16:9 가로 비율로 촬영

4. 편집하기

이제 영상을 촬영했으니 편집할 차례입니다. 인스타그램 콘텐츠 제작하기에서 활용한 브루를 활용해 먼저 영상을 컷편집하고 자막을 넣어주겠습니다.

브루로 컷편집 & 자막넣기

01 브루를 열어 촬영한 영상을 불러옵니다.

〈그림 17〉 촬영한 영상 음성 인식 완료

02 [무음 구간 줄이기] 기능으로 먼저 더듬거리는 부분을 없애준 뒤, 직접 클립을 선택해 삭제하고 싶은 부분들을 세심하게 삭제해줍니다.

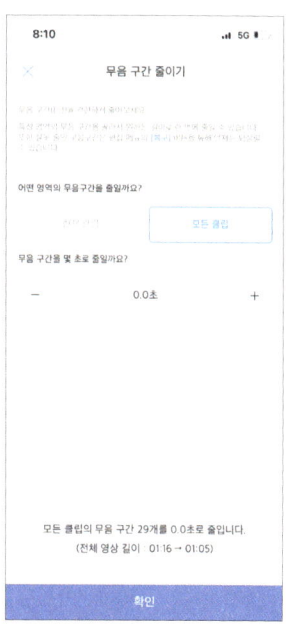

〈그림 18〉 무음 구간 줄이기

03 전체 자막 스타일을 적용시켜 줍니다.

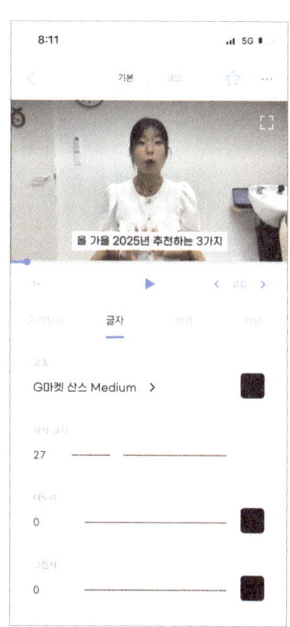

〈그림 19〉 원하는 스타일로 기본 자막 수정

chapter 5 개인이 하나의 브랜드로, 유튜브   347

04 음성 인식된 자막에 수정이 필요한 부분은 수정해 주고 클립을 나누거나 합칩니다.

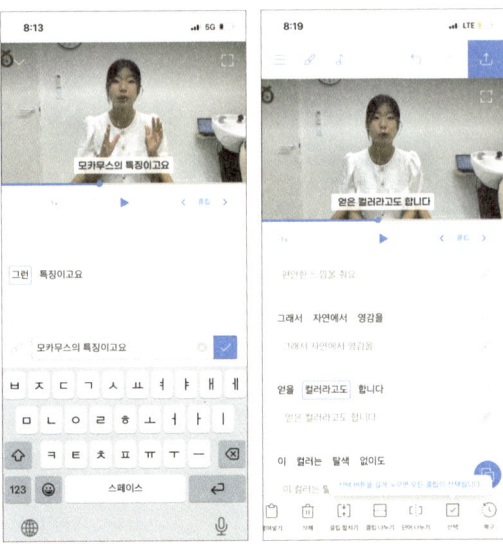

〈그림 20〉 자막 수정   〈그림 21〉 클립 나누기

05 영상을 추출합니다.

 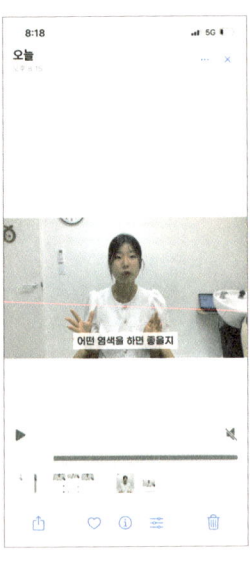

〈그림 22〉 영상 추출   〈그림 23〉 갤러리에 저장된 1차 편집본

브루로 1차 컷편집과 자막편집은 완성되었습니다. 이번에는 영상 중간 설명에 필요한 자료사진을 넣어보겠습니다.

챗GPT로 영상에 넣을 자료 사진 만들기

이번 영상의 주제는 올 가을 염색 컬러 추천입니다. 영상에 사진을 넣어 설명하면 훨씬 좋겠죠? 챗GPT를 활용해 필요한 자료 사진을 만들어보겠습니다.

01 챗GPT를 열어 필요한 자료 사진 제작을 요청합니다. 3가지 컬러 중 모카무스 컬러 사진 제작을 예시로 만들어보겠습니다. 아래와 같은 프롬프트로 챗GPT에게 이미지 제작을 요청합니다.

> 모카무스 색상의 헤어 컬러를 지닌 여성의 뒷모습을 사진으로 만들어줘. 배경은 깔끔한 하얀색 스튜디오. 사이즈는 1:1 비율로 만들어줘.

〈그림 24〉 첨부할 이미지 자료 제작 요청 프롬프트

색상에 대해 디테일하게 표현할수록 결과물의 완성도는 높게 구현됩니다. 모카무스는 이미 2025년에 팬톤이 설정한 올해의 컬러이기에 많은 정보가 있음으로 색상에 대한 더 자세한 설명 없이도 챗GPT가 어느 정도 이해할 거라 생각했습니다. 결과물을 볼까요?

〈그림 25〉 챗GPT가 만들어준 모카무스 자료 사진

자료 이미지로 사용하기 너무 괜찮은 사진이 만들어졌습니다. 깔끔한 스튜디오 배경이라는 요청을 하니 배경까지 잘 구성해 주었습니다.

02 이번에는 두 번째 소개 컬러인 레드 브라운으로 요청해 보겠습니다. 레드 브라운은 단발 스타일로 요청해 보겠습니다.

> 이번에는 레드 브라운 컬러의 단발 뒷모습으로 만들어줘.

〈그림 26〉 레드 브라운 컬러 자료 이미지 요청

같은 채팅에서 이어서 요청했기에 이미 방금 만든 사진에 대한 정보가 있음으로 간단하게 요청했습니다.

〈그림 27〉 챗GPT가 만들어준 레드 브라운 자료 사진

03 어울리는 컬러를 설명하면서 참고하면 좋은 얼굴형 일러스트도 요청해 보겠습니다. 일러스트는 영상에 넣었을 때 투명한 스티커처럼 보일 수 있도록 투명한 PNG파일로 요청했습니다.

> 귀여운 일러스트 형식으로 갸름한 얼굴형과 동그란 얼굴형 두 가지를 그려줘. 배경은 투명한 PNG로 만들어서 붙여넣기 쉽게 해줘.

〈그림 28〉 일러스트 이미지 제작 요청

　귀여운 얼굴형 일러스트가 만들어졌습니다. 배경은 투명한 PNG로 잘 만들어주었습니다.

〈그림 29〉 챗GPT가 만들어준 얼굴형 일러스트

캡컷에서 자료 이미지 첨부하기

방금 전 만든 자료 이미지를 편집한 영상에 넣어보겠습니다.

01 캡컷 어플을 열어 방금 전 자막과 컷편집을 완성한 영상을 불러옵니다.

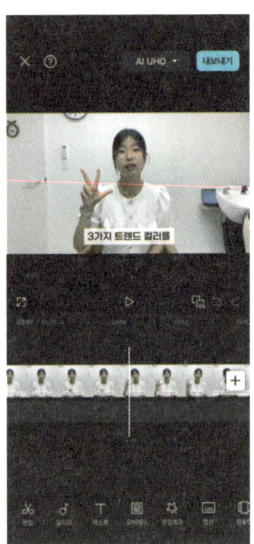

〈그림 30〉 자막 편집 완료된 영상 불러오기

02 이미지를 넣고 싶은 부분에 플레이헤드를 가져다두고 하단에 오버레이 버튼을 클릭해 PIP추가를 누르고 방금 전 제작한 이미지를 넣어줍니다.

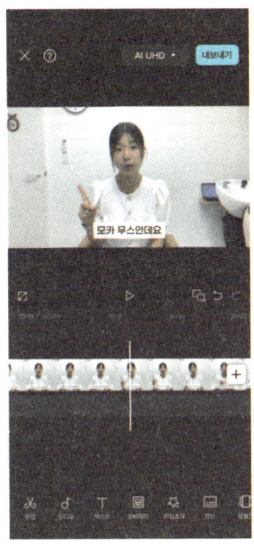 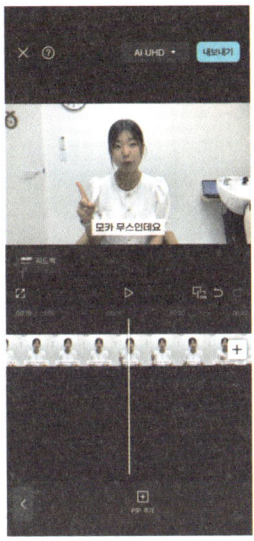 

〈그림 31〉 원하는 부분에 플레이헤드 가져다두기 〈그림 32〉 오버레이 클릭하고 PIP추가 〈그림 33〉 원하는 이미지 선택

03 이미지 사이즈와 위치를 조절하고 노출 길이를 수정하여 영상을 완성합니다.

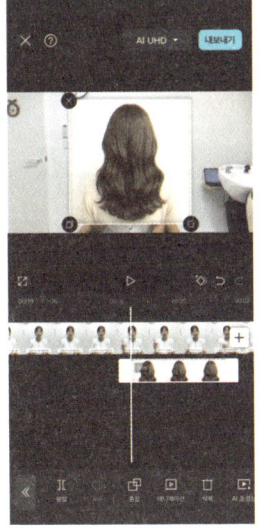 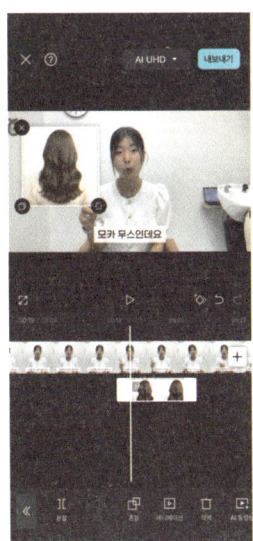

〈그림 34〉 이미지 사이즈 조절 〈그림 35〉 이미지 노출 길이 조절

5. 썸네일 만들기

유튜브의 꽃은 썸네일입니다. 영상을 아무리 잘 만들었어도, 사람들이 눌러보지 않으면 영상은 조회되지 않습니다. 무조건 눌러보고 싶은 썸네일, 지금부터 만들어보겠습니다.

누르고 싶은 썸네일의 3요소

누르고 싶은 썸네일은 주인공 얼굴, 자료 이미지, 후킹 문구 3가지 요소로 구성되어 있습니다. 어렵게 생각할 필요 없이, 주제에 따라 3가지를 잘 구성하면 됩니다.

〈그림 38〉 유튜브 엠뚜루마뚜루: MBC 공식 종합 채널

〈그림 36〉 유튜브 TV헤어

〈그림 37〉 유튜브 미스터 비스트

썸네일 만들기

그럼 썸네일을 본격적으로 만들어볼까요?

01 캔바에 들어가 디자인 만들기에서 유튜브 썸네일을 누릅니다.

〈그림 39〉 캔바 유튜브 썸네일 디자인 만들기

02 이미 제공되어 있는 템플릿 중 마음에 드는 템플릿이 있다면 활용하는 것도 좋습니다. 3요소를 기억하며 새롭게 만들어보겠습니다.

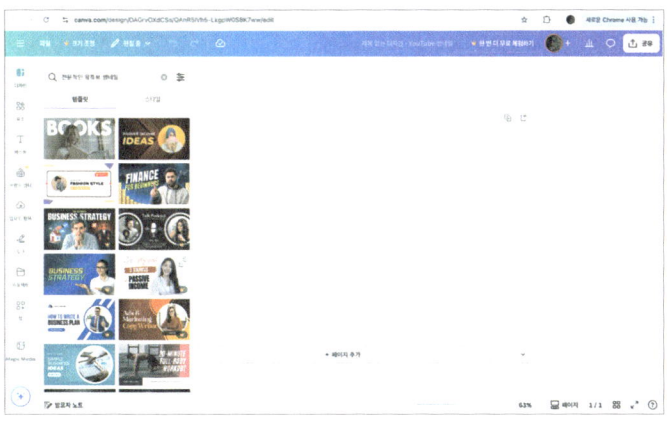

〈그림 40〉 원하는 템플릿 선택하거나 직접 제작하기

03 촬영한 영상 중에서 눈에 띄는 장면을 캡처해도 되고, 영상을 촬영할 때 썸네일용 자극적이고 역동적인 표정이 담긴 이미지를 몇 장 촬영해 두는 것도 좋습니다. 썸네일에 활용하면 좋을 장면을 캡처해서 넣어줍니다.

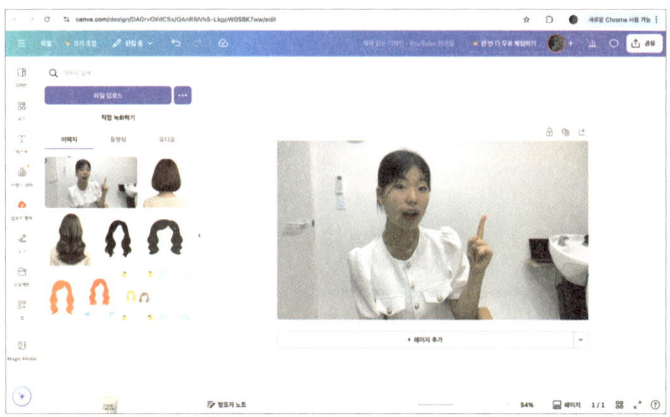

〈그림 41〉 촬영할 때 미리 역동적인 포즈 취해 보기

04 두 번째 요소인 자료 이미지, 이번 주제에 어울리는 헤어 컬러 이미지도 넣어줍니다.

사진의 배경을 지우고 싶다면 구글에 'removebg'를 검색해 해당 사이트에서 원하는 이미지를 업로드해 배경을 지울 수 있습니다.

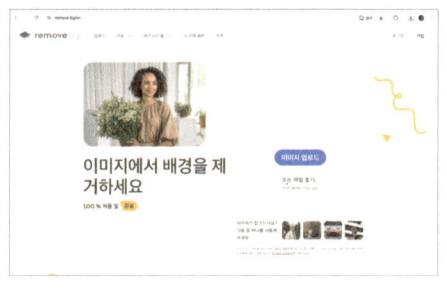 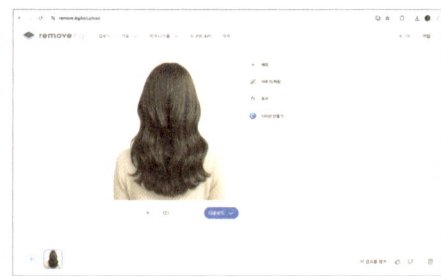

〈그림 42〉 removebg 누끼 제거 사이트   〈그림 43〉 원하는 이미지 배경 제거하기

위치를 잘 조정해 이미지를 첨부해줍니다.

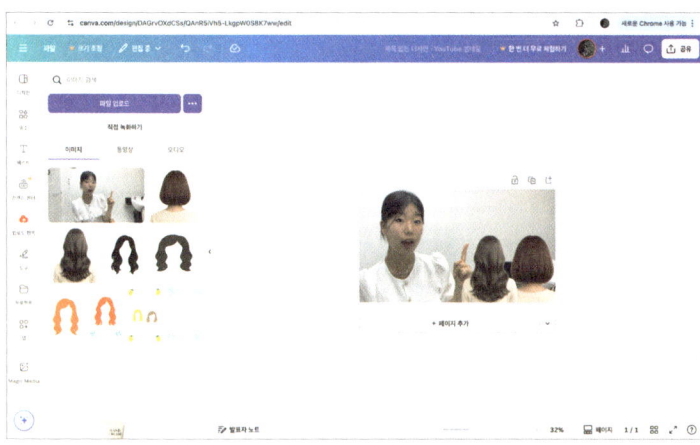

〈그림 44〉 썸네일 이미지에 자료 이미지 첨부하기

05 마지막으로 후킹 문구를 작성할 차례입니다. 너무 많은 내용을 넣기보다는 10자~15자 정도로 눈에 확 들어오게끔 짧고 핵심적으로 궁금증을 이끌어내는 멘트를 넣어주어야 합니다.

멘트가 떠오르지 않는다면 챗GPT한테 추천받아볼까요?

> 올 가을 기분 전환으로 염색하면 좋은 컬러 3가지를 추천하는 유튜브 영상이야. 썸네일에 넣을 문구를 지어줘. 사람들이 눌러보고 싶게끔 후킹을 제대로 넣어서 작성해줘.

〈그림 45〉 썸네일 문구 아이디어 요청 프롬프트

다양한 썸네일 문구를 만들어주었습니다.

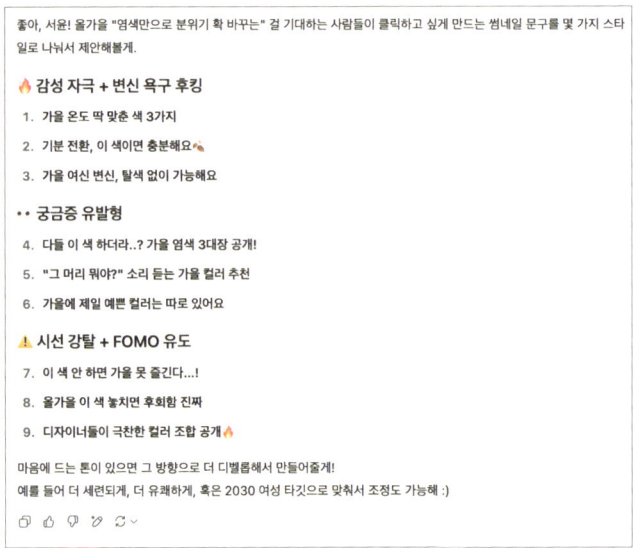

〈그림 46〉 챗GPT가 만들어준 썸네일 문구

다시 캔바로 돌아와 텍스트를 추가해줍니다. 원하는 위치와 글꼴을 조절하고 챗GPT가 추천해준 문구를 조금 더 다듬어 넣어줍니다.

〈그림 47〉 잘 보이는 위치에 썸네일 문구 넣어주기

6. 영상 업로드하기

이제 영상도 다 편집했고 썸네일까지 만들었습니다! 남은 건 오직 하나, 유튜브에 업로드하는 순간입니다.

유튜브에 업로드하기

유튜브에 들어가 동영상 업로드 버튼을 클릭하고 완성된 영상을 선택합니다.

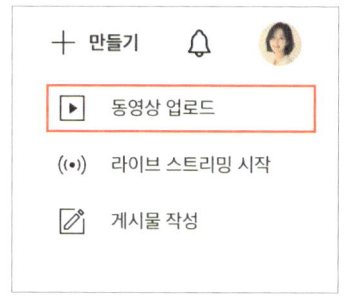

〈그림 48〉 유튜브 동영상 업로드하기

세부정보 입력하기

이제 영상 업로드에 필요한 세부 정보를 입력할 차례입니다.

〈그림 49〉 세부 정보 입력하기

우선 제목과 설명란을 적어줍니다. 제목은 썸네일과 합쳐졌을 때의 시너지를 고려하는 것이 좋습니다. 썸네일에서 강조가 부족했던 부분을 채워주기도, 썸네일에 던진 의문을 증폭시키기도, 제목과 썸네일이 만나 더욱 강력한 후킹멘트가 된다고 생각하면 쉽습니다.

설명란은 영상이 업로드되고 난 후 더보기란을 누르면 보이는 항목입니다. 간단한 인사말과 영상에 대한 소개, 그리고 예약으로 넘어갈 수 있는 여러 링크를 넣어줍니다.

〈그림 50〉 재생목록 선택   〈그림 51〉 태그 추가

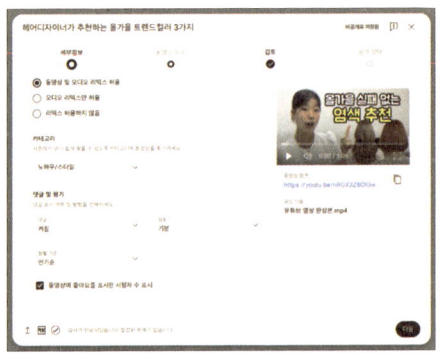

〈그림 52〉 카테고리 선택

만들어둔 썸네일을 업로드하고 재생목록이 있다면 선택해줍니다. 영상을 대표적으로 설명할 수 있는 태그를 입력하고 카테고리까지 맞춰 주면 필수로 입력하면 좋은 세부 정보는 끝입니다.

동영상 요소 추가하기

최종 화면 추가하기는 영상이 끝나는 무렵 다음 영상 클릭을 유도할 수 있는 기능입니다. 카드 추가는 영상 중 원하는 타임라인에 다른 영상 추천 카드를 띄울 수 있는 기능입니다.

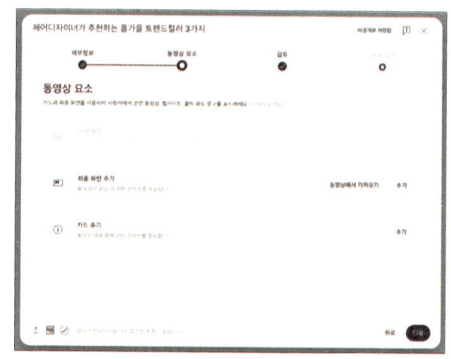

〈그림 53〉 동영상 요소 추가

공개 상태 선택 후 최종 업로드

공개 상태는 3가지 중 선택할 수 있습니다. 비공개, 일부 공개, 공개. 비공개는 나만 볼 수 있고 일부 공개는 링크를 받은 사람만 볼 수 있으며 공개는 올리는 즉시 전 세계 유튜브 사용자들에게 노출됩니다.

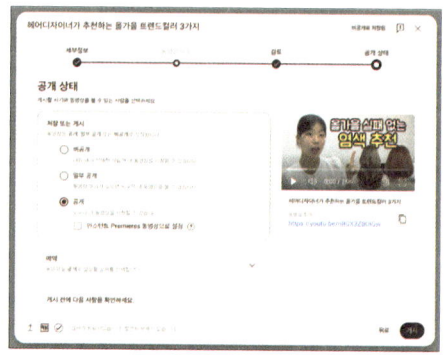

〈그림 54〉 공개 상태 선택

지금 말고 추후에 업로드하고 싶다면 예약 기능을 활용할 수도 있습니다. 망설이지 말고 공개로 바로 업로드해 보겠습니다!

영상 업로드 완료!

〈그림 55〉 영상 업로드 완료

〈그림 56〉 업로드된 첫 영상

소중한 우리의 첫 유튜브 영상이 업로드되었습니다.

영상 업로드 후 고정 댓글 남기기

〈그림 57〉 고정 댓글 남기기

시청자들이 영상을 시청한 후 다음 연결로 쉽게 넘어갈 수 있도록, 예약으로 연결될 수 있는 안내가 담긴 댓글을 남기고 고정해 보세요!

유튜브
더 활용하기

1. 유튜브 스튜디오로 자세하게 분석하기

이제 유튜브 콘텐츠 업로드까지 모든 것들을 완료한 당당한 크리에이터가 된 여러분, 유튜브를 더욱 본격적으로 활용할 수 있는 여러 가지 팁에 대해 공유해 보도록 하겠습니다.

〈그림 1〉 유튜브 스튜디오 공식 로고

먼저 유튜브 크리에이터라면 필수로 알고 있어야 하며 자주 들락날락하며 확인해야 하는 사이트, 유튜브 스튜디오 활용법에 대해 알아보겠습니다. 그전에 유튜브 스튜디오가 도대체 무엇일까요?

유튜브 스튜디오는 크리에이터가 자신의 채널을 효율적으로 관리, 분석하고 운영할 수 있도록 설계된 플랫폼입니다.

유튜브 스튜디오 어떻게 들어가지?

유튜브 스튜디오는 두 가지 방법으로 들어갈 수 있습니다. 모바일 핸드폰을 이용한다면 아이폰은 앱스토어, 갤럭시는 플레이스토어에서 'YouTube Studio' 전용 앱을 다운로드하면 됩니다. PC로 접속하는 경우에는 유튜브에 로그인한 뒤 프로필을 누르면 아래 'YouTube 스튜디오' 항목을 확인하실 수 있습니다.

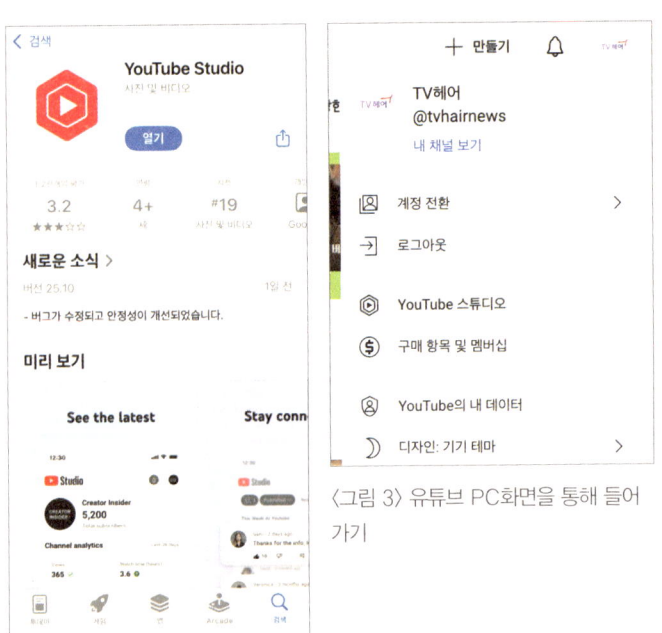

〈그림 2〉 유튜브 스튜디오 앱

〈그림 3〉 유튜브 PC화면을 통해 들어가기

유튜브 스튜디오 분석하기

그럼 본격적으로 유튜브 스튜디오를 활용해 보겠습니다! 더욱 한눈에 보기 쉽게끔 PC버전으로 보여드리겠습니다.

01 대시보드

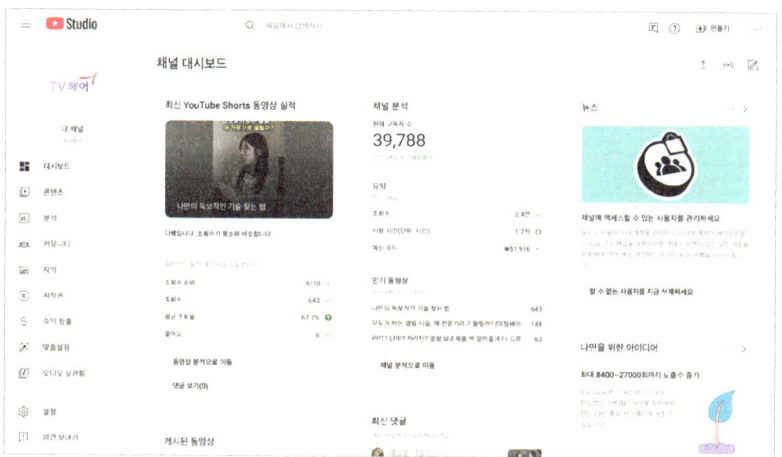

〈그림 4〉 대시보드

가장 첫 번째로 보이는 화면인 대시보드는 현재 채널 성과와 최근 활동들을 한눈에 볼 수 있는 메인 페이지입니다.

대시보드 체크포인트!

최근 업로드한 동영상의 실적

지난 28일간 채널에서 발생한 다양한 결과 분석

최신 댓글과 최신 구독자

대시보드를 통해 알 수 있는 건?

'한눈에 알아보는 내 채널의 현재 상황!'

02 콘텐츠

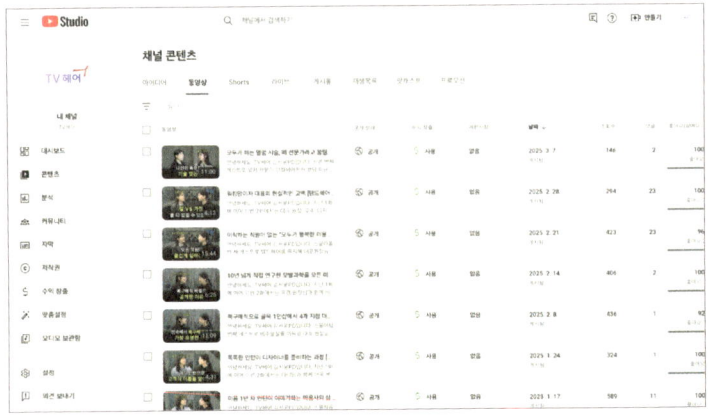

〈그림 5〉 채널 콘텐츠

다음 콘텐츠 탭을 누르면 지금까지 업로드한 콘텐츠 항목이 카테고리별로 나누어져 있습니다.

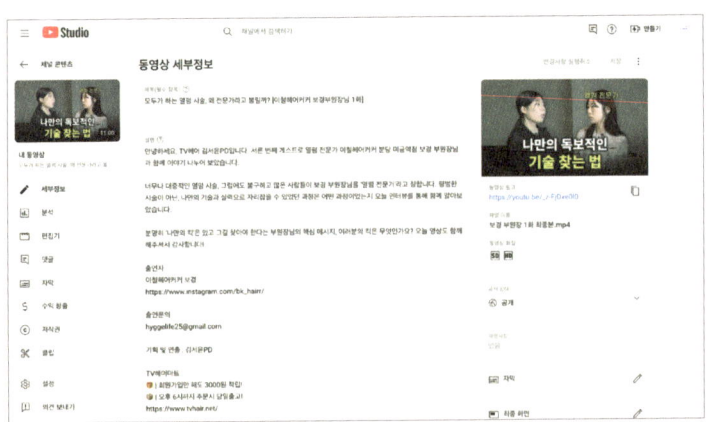

〈그림 6〉 동영상 세부 정보 편집

원하는 콘텐츠를 클릭하면 해당 콘텐츠의 세부 정보(썸네일, 제목, 설명, 공개상태, 최종화면)를 편집할 수 있고 해당 영상의 아주 자세한 분석 결과들을 볼 수 있습니다.

* 유튜브에 업로드한 콘텐츠들은 유튜브 스튜디오에서만 수정이 가능합니다.

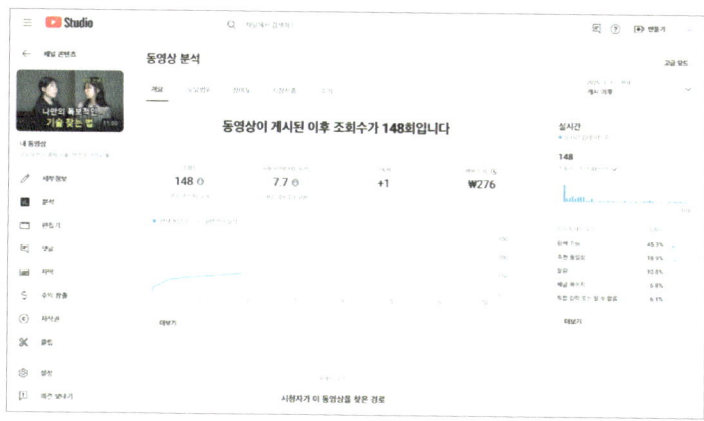

〈그림 7〉 영상 분석결과

콘텐츠 체크포인트!

업로드한 동영상 수정이 필요하다면

재생목록을 편집하고 관리

업로드한 동영상마다의 아주 자세한 분석

콘텐츠를 통해 알 수 있는 건?

'업로드한 모든 콘텐츠들 총관리'

03 분석

개요

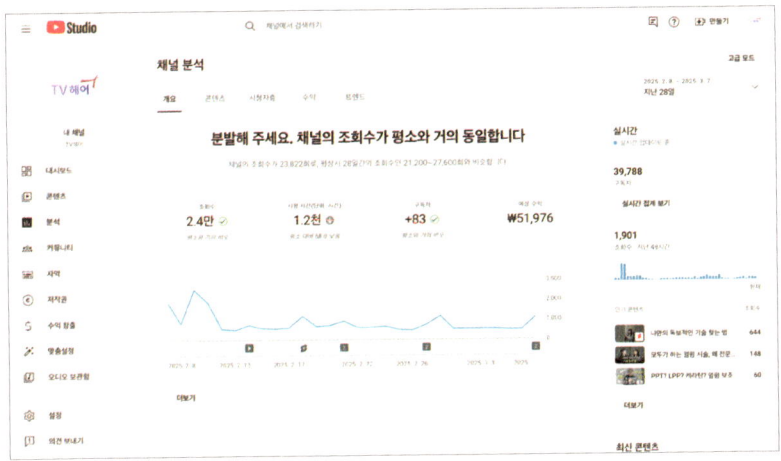

〈그림 8〉 채널 개요

분석 카테고리는 유튜브 스튜디오의 핵심 영역이라 볼 수 있는데요. 먼저 개요 탭은 채널의 실적이 간략하게 요약되어 표시됩니다. 대시보드랑 비슷하지만 조금 더 자세하게 볼 수 있습니다.

콘텐츠

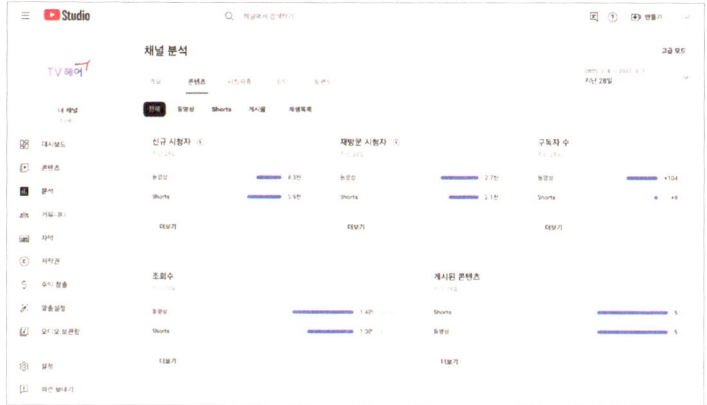

〈그림 9〉 콘텐츠

다음 콘텐츠 영역입니다. 설정한 기간에 따라 신규 시청자가 어딜 통해 유입되었고 재방문 시청자는 몇 명이며 구독자가 증가한 콘텐츠는 어떤 장르인지 등 콘텐츠 실적에 대해 분석해줍니다.

시청자층

〈그림 10〉 시청자층

바로 옆 시청자층 영역에서는 우리 채널의 시청자들에 대한 정보 분석 결과를 볼 수 있습니다. [시청자 증가를 유도한 동영상]은 시청자들이 어떤 영상을 통해 많이 유입되었는지를 체크할 수 있고, [내 시청자가 시청하는 채널]은 우리 콘텐츠를 보는 시청자들이 또 어느 채널에 관심이 있는지를 체크할 수 있어 선호도를 손쉽게 조사할 수 있습니다.

수익

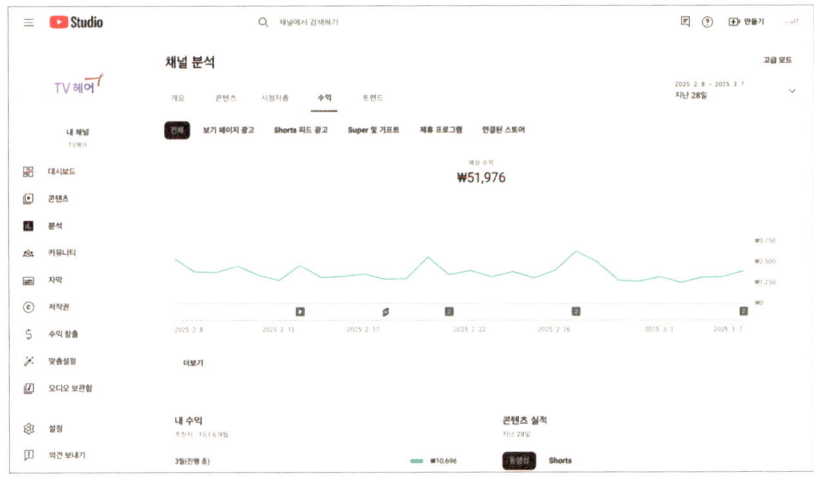

〈그림 11〉 수익

수익창출이 승인되고 나면, 수익 분석탭을 활용할 수 있습니다. 설정한 기간에 따라 어떤 영상을 통해, 어떤 광고 유입을 통해 수익이 발생하였는지 확인할 수 있습니다.

트렌드

<그림 12> 트렌드

내 시청자 및 비슷한 유형의 사람들이 많이 검색하는 주제들의 항목을 보여줍니다. 사람들이 많이 검색하는 키워드가 어떤 것인지 확인할 수 있으니 시청자들의 니즈 파악에 용이하여 콘텐츠를 기획할 때 도움이 되겠죠?

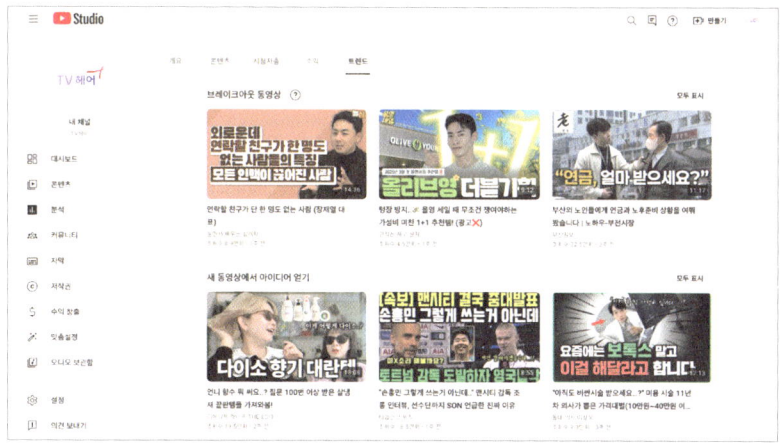

<그림 13> 브레이크아웃 동영상

[브레이크아웃 동영상]은 내 채널과 유사한 다른 크리에이터들이 업로드한 동영상들 중 실적이 우수한 영상을 모아서 보여줍니다. 그 아래 [새 동영상에서 아이디어 얻기]는 해당 항목들이 섞여 관련된 주제의 최신 업로드 영상들을 소개해줍니다.

분석 체크포인트!

내 채널 현재 실적 다시 한눈엔 보자!

최근 업로드한 콘텐츠의 결과들은?

나를 찾는 시청자들은 어떤 사람들일까?

수익은 어떤 영상을 통해 어떻게 나고 있지?

내 시청자들이 요즘 반응하는 다른 채널의 영상은?

분석을 통해 알 수 있는 건?

'통쾌하게 확인가능한 내 시청자들의 니즈!'

04 커뮤니티

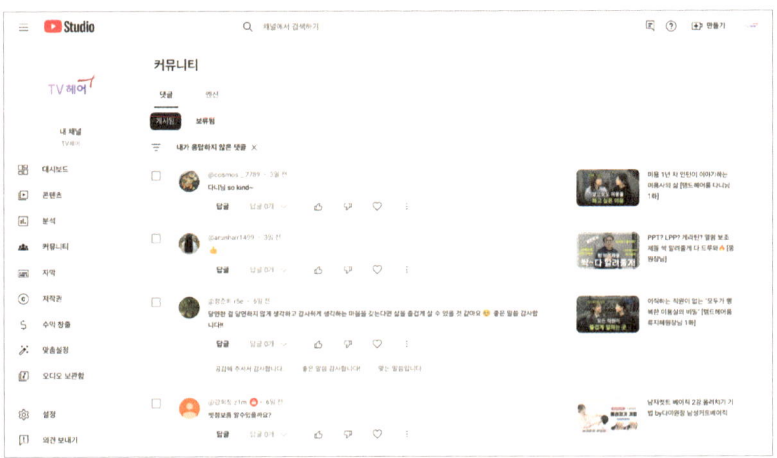

⟨그림 14⟩ 커뮤니티

내 채널에 어떤 댓글들이 달렸고 누가 나를 언급했는지 확인하고 응답할 수 있습니다.

커뮤니티 체크포인트

새롭게 달린 댓글은?

댓글들에 빠르게 반응하고 응답하자!

필터별로 정리해서 한눈에 보기 쉽게

커뮤니티를 통해 알 수 있는 건?

'시청자들과의 직접적인 소통!'

05 수익창출

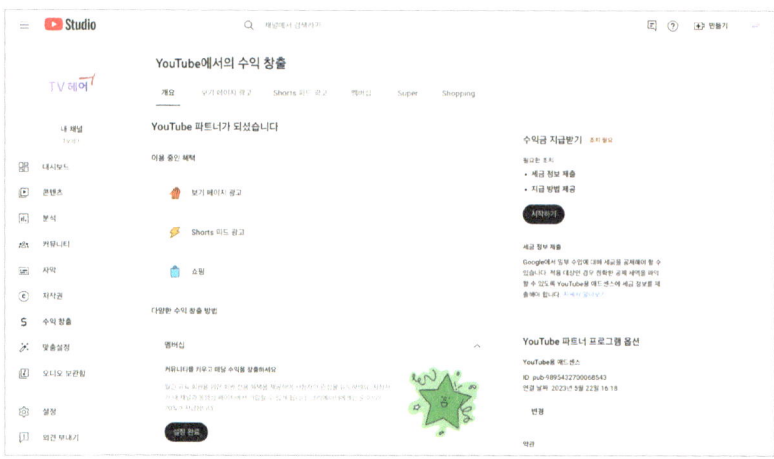

〈그림 15〉 수익창출

유튜브에서 발생하는 다양한 수익창출(광고, 멤버십, 쇼핑)에 대한 정보들을 직접 연결하고 관리할 수 있는 탭입니다.

수익금을 지급할 수 있는 기본 단위는 최소 1,000명의 구독자와 4,000 시청시간의 누적이 필요합니다! 유튜브 크리에이터라면 가장 관심이 갈 수밖에 없는 항목이 바로 수익창출일 텐데요. 도대체 유튜브는 어떤 시스템으로 수익을 창출할 수 있는 건지 아래에서 더욱 자세하게 알아보겠습니다.

수익창출 체크포인트
현재 내 채널에서 발생하는 수익 모니터링!
광고, 멤버십, 유튜브 쇼핑 등 다양한 수익루트 관리

수익창출을 통해 알 수 있는 건?

'유튜브로 얼마 벌고 있지?'

분석 외에도 유튜브 스튜디오 활용하는 2가지!

유튜브 스튜디오는 자세한 콘텐츠 및 채널 분석뿐만 아니라, 채널이 어떻게 보이고 꾸려지는지 설정할 수 있는 항목도 있고 무료 음원을 다운로드받을 수 있는 기능도 있습니다. 두 가지 방법들을 자세하게 알아보겠습니다.

01 채널 맞춤설정

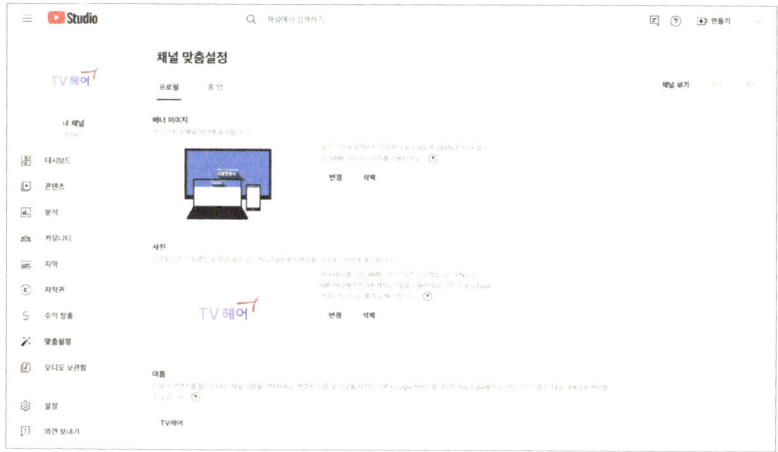

〈그림 16〉 채널 맞춤설정

채널에 딱 들어가면 보이는 프로필 사진과 메인 배너 이미지! 모두 유튜브 스튜디오에서 업로드하고 수정 및 변경할 수 있습니다. 또 이름 및 핸들 URL, 유튜브 프로필에 들어가는 모든 항목, 이곳에서 설정하시면 됩니다.

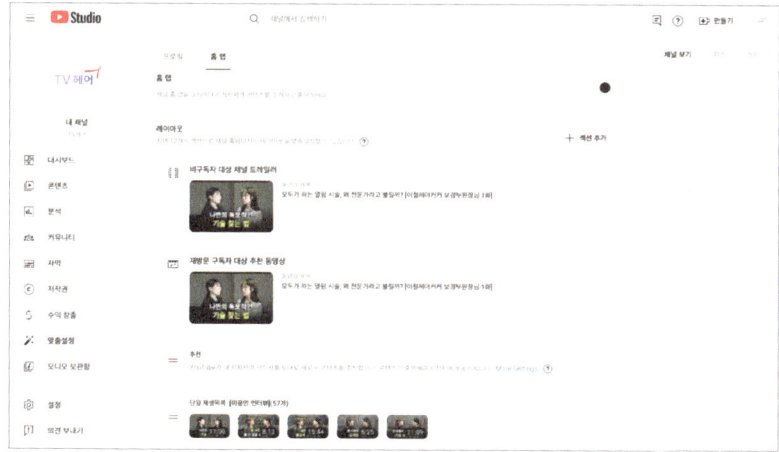

〈그림 17〉 채널 레이아웃 설정

바로 오른쪽 홈 탭을 누르면, 내 채널의 레이아웃을 설정할 수 있습니다. 가장 첫 번째로 보여주는 대표 영상을 비구독자 대상과 재방문 구독자 대상으로 나누어 선택해 주면 됩니다.

레이아웃이라 함은 쉽게 말해 노출되는 영역들의 순서 편집입니다. 그 아래는 어떤 재생목록 혹은 영상들을 어떤 순서에 맞춰 노출시킬지 직접 설정할 수 있습니다.

02 무료 오디오 사용하기

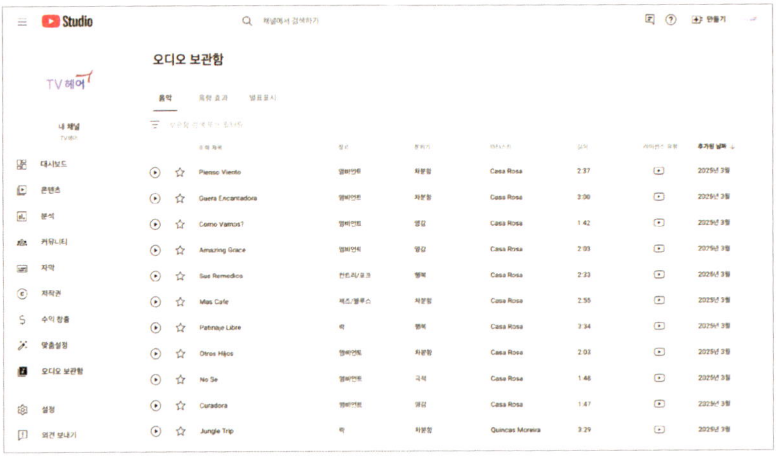

〈그림 18〉 무료 오디오 다운로드

영상을 편집하다 보면 배경으로 깔리는 bgm이나 인상적인 효과음이 필요한 순간들이 있는데요. 유튜브 스튜디오에서는 정말 다양한 음악과 음향 효과를 무료로 제공하고 있습니다.

다양한 장르에 맞춰 음악을 들어보고 원하는 음악이나 효과음을 다운로드받아 사용해 보세요!

2. 유튜브 수익은 어떻게 발생하는 걸까

많은 유튜버들이 "그래서 얼마 벌어요?" "유튜브가 돈이 돼요?" "언제부터 수익이 창출돼요?" 등의 질문을 정말 많이 받을 겁니다. 이제 막 시작한 초보 크리에이터라도 언젠가 달콤하고 짭짤하게 들어올 유튜브 수익이 벌써 기대될 것입니다.

그럼 도대체 유튜브 수익은 언제부터 어떻게 나는 걸까요? 유튜브 수익 기본 개념에 대해 알아보겠습니다.

유튜브 수익에 해당되는 항목들

먼저 유튜브 수익에는 흔히들 알고 있는 광고 수익뿐 아니라 다양한 요소들이 있습니다.

수익창출 방식	설명	특징
광고 수익 (AdSense)	영상에 삽입된 광고에서 발생하는 수익	기본적인 수익 창출 방식, 시청 지속 시간 & 광고 클릭률 중요
유튜브 프리미엄 수익	프리미엄 사용자가 광고 없이 영상을 시청할 경우 발생하는 수익	유튜브 프리미엄 사용자 기반의 시청시간에 따라 자동 배분
슈퍼챗 & 슈퍼 스티커	라이브 스트리밍 중 시청자가 돈을 내고 메시지를 강조하는 기능	충성도 높은 팬층이 있을수록 높은 수익 가능
멤버십 (월 정기 후원)	구독자가 월 정기 후원을 통해 멤버십 혜택을 받으며 크리에이터에게 수익 발생	멤버십 전용 콘텐츠 제공 가능. 충성 구독자층 확보 필요
쇼핑 & 상품 판매 (YouTube Shopping)	영상에서 직접 제품을 판매하거나 제휴 마케팅을 통해 수익창출	자신의 브랜드 상품 판매 및 제휴 마케팅으로도 활용

유튜브 수익창출 조건

각 항목마다 수익창출이 시작되려면 아래 조건들을 충족해야 합니다.

	채널 자격요건 기준	최소 요건
채널 멤버십		• 만 18세 이상 • 채널 멤버십이 제공되는 국가에 거주 • 상거래 제품 부속 약관 또는 이전에 제공된 상거래 제품 관련 추가 조항에 동의함 • 채널이 아동용으로 설정되어 있지 않으며 동영상 상당수가 아동용으로 설정되어 있지 않거나 자격요건을 불충족하지 않음 • SRAV를 체결한 음악 채널이 아님 • 전체 요건은 여기에서 확인 가능

YouTube Shopping(자체 제품)	• 구독자 수 500명
	• 지난 90일간 공개 동영상 업로드 3회
	• 다음 중 한 가지 기준을 충족합니다.
	  • 지난 365일간 긴 형식 공개 동영상의 시청 시간 3,000시간
	  • 지난 90일간 공개 Shorts 동영상의 조회 수 300만 회
		• 구독자 수 기준을 충족하거나 공식 아티스트 채널임
		• 채널이 아동용으로 설정되어 있지 않으며 동영상 상당수가 아동용으로 설정되어 있지 않음
		• 채널에 YouTube 채널 수익 창출 정책을 위반하는 동영상이 많지 않음
		• 채널이 증오성 표현에 대한 커뮤니티 가이드 위반 경고를 받지 않았음
		• 전체 요건은 여기에서 확인 가능

Super Chat 및 Super Sticker		• 만 18세 이상 • Super Chat 및 Super Sticker가 제공되는 국가/지역에 거주 • 상거래 제품 부속 약관 또는 이전에 제공된 상거래 제품 관련 추가 조항에 동의함 • 전체 요건은 여기에서 확인 가능
Super Thanks		• 만 18세 이상 • Super Thanks가 제공되는 국가/지역에 거주 • 상거래 제품 부속 약관 또는 이전에 제공된 상거래 제품 관련 추가 조항에 동의함 • SRAV를 체결한 음악 채널이 아님 • 전체 요건은 여기에서 확인 가능

광고 수익	• 구독자 수 1,000명
	• 다음 중 한 가지 기준을 충족합니다.
	  • 지난 365일간 긴 형식 공개 동영상의 시청 시간 4,000시간
	  • 지난 90일간 공개 Shorts 동영상의 조회 수 1,000만 회
		• 만 18세 이상이거나, YouTube용 애드센스를 통해 지급액을 처리할 수 있는 만 18세 이상의 법적 보호자가 있어야 함
		• YPP가 제공되는 국가/지역에 거주
		• 관련 계약 부속 약관에 동의함
		• 광고주 친화적인 콘텐츠 가이드라인을 준수하는 콘텐츠 제작

YouTube Premium 수익		• 관련 계약 부속 약관에 동의함 • YouTube Premium 구독자용 콘텐츠 제작

YouTube Shopping(다른 브랜드의 제품)	• 구독자 수 10,000명
	• 다음 중 한 가지 기준을 충족합니다.
	  • 지난 365일간 긴 형식 공개 동영상의 시청 시간 4,000시간
	  • 지난 90일간 공개 Shorts 동영상의 조회 수 1,000만 회
		• 구독자 수 기준 충족
		• 대한민국 또는 미국에 거주
		• 채널이 음악 채널 또는 공식 아티스트 채널이 아니며 음악 파트너와 연결되어 있지 않음. 음악 파트너에는 음반사, 배급사, 제작사, VEVO가 포함될 수 있습니다.
		• 채널이 아동용으로 설정되어 있지 않으며 동영상 상당수가 아동용으로 설정되어 있지 않음
		• 전체 요건은 여기에서 확인 가능

〈그림 19〉 유튜브 수익 창출 조건

그중에서도 영상을 업로드하고 시청자들이 보는 것만으로도 수익금이 집행되는 광고 수익! 광고 수익의 필수 조건만 다시 한번 정리해 보겠습니다.

유튜브 광고 수익 창출 필수조건	구독자 1,000명 지난 1년간 시청시간 4,000시간 or 지난 90일간 쇼츠 조회수 1,000만 회

이전에는 쇼츠에 대한 항목이 없었지만, 현재는 일반 동영상 혹은 쇼츠 둘 중 하나만 조건에 충족되어도 광고 수익 창출을 시작할 수 있습니다. 롱폼이 부담스럽다면, 쇼츠만으로도 충분히 수익을 창출하며 채널을 운영할 수 있습니다.

조건이 충족되고 나면 어떻게 신청하지?

조건이 충족되고 나면 아래 절차에 따라 수익창출을 신청하고 지급받을 수 있는 수익금이 충족되고 나면 지급이 시작됩니다.

(1) 유튜브 파트너 프로그램(YPP)을 신청합니다.
(2) 구글 애드센스 계정을 연결하고 지급 정보를 입력합니다.
(3) 유튜브 스튜디오에서 개별 영상의 수익창출 기능을 활성화합니다.
(4) 수익이 100$ 이상 누적되면 애드센스를 통해 지급이 시작됩니다.

3. 직접 제품 판매까지, 유튜브 쇼핑

유튜브 쇼핑이란?

유튜브 쇼핑은 유튜브 플랫폼 내에서 제품을 판매하거나 홍보할 수 있는 전자상거래 기능입니다.

〈그림 20〉 유튜브 쇼핑

크리에이터는 자신의 영상, 쇼츠(Shorts), 라이브 스트림 등에 제품을 태그하여 시청자가 해당 상품을 확인하고 구매할 수 있도록 연결합니다.

요즘은 헤어디자이너 개인이 직접 제품을 개발하고 판매하는 경우가 많은데요. 앞치마부터 펌제, 샴푸, 트리트먼트 등 그 종류도 정말로 다양합니다. 인스타그램은 프로필 메인 링크를 통해서 또 숍 기능을 통해 제품 구매로 전환시킬 수 있지만, 그 힘이 그렇게 세지는 않습니다. 하지만 유튜브 쇼핑은 내 영상에 내 제품을 바로 태그할 수 있으니 시청자들 입장에서는 쉽게 제품 구매 사이트로 넘어갈 수 있다는 큰 장점이 있습니다.

유튜브 어디에 제품이 노출되는 거지?

그럼 유튜브 쇼핑을 시작하면 어디에 제품이 어떻게 노출되는 걸까요? 유튜브 쇼핑에서는 아래와 같은 방식으로 제품을 노출하고 판매까지 연동할 수 있습니다.

01   영상 콘텐츠에 제품 태그

크리에이터는 동영상, 쇼츠, 또는 라이브 스트림에 직접 제품을 태그하여 시청자가 클릭하고 구매로 이어질 수 있도록 합니다.

〈그림 21〉 영상 콘텐츠에 제품 태그

02   스토어 탭 활용

유튜브 채널에 스토어 탭을 추가하여 전체 상품을 한눈에 볼 수 있는 공간을 제공합니다.

〈그림 22〉 스토어 탭

03 추천 제품 표시

영상 하단 또는 옆에 추천 제품 목록이 표시되어 시청자가 쉽게 접근할 수 있습니다.

〈그림 23〉 추천 제품 표시

유튜브 쇼핑 자격 조건

유튜브 쇼핑 기능을 사용하기 위해서는 다음의 자격 조건을 충족해야 합니다.

(1) 유튜브 채널 수익화 조건 충족 : 구독자 1,000명 이상 및 최근 12개월 동안 총 4,000시간 이상의 공개 동영상 시청시간이 필요합니다.
(2) 적합한 콘텐츠 정책 준수 : 채널이 유튜브의 커뮤니티 가이드라인 및 정책을 준수해야 합니다.
(3) 연동 가능한 쇼핑 플랫폼 계정 보유 : 카페24, 쇼피파이 등 지원되는 전자상거래 플랫폼 계정이 있어야 합니다.

4. 유튜브에 찰떡인 AI툴 추천

이번에는 유튜브 콘텐츠 제작 및 유튜브 운영에 도움이 되는 AI툴을 소개해 보겠습니다.

자동으로 롱폼 영상을 숏폼으로 제작!
[오퍼스 클립]

유튜브의 장점 중 하나는 롱폼 영상을 만들어두면 숏폼 영상으로 얼마든지 재가공하여 활용할 수 있다는 점인데요, 이제 롱폼 영상만 만들면 숏폼 영상은 자동으로 제작해 주는 시대가 왔습니다.

롱폼을 숏폼으로 만들어주는 AI툴 오퍼스 클립을 소개합니다.

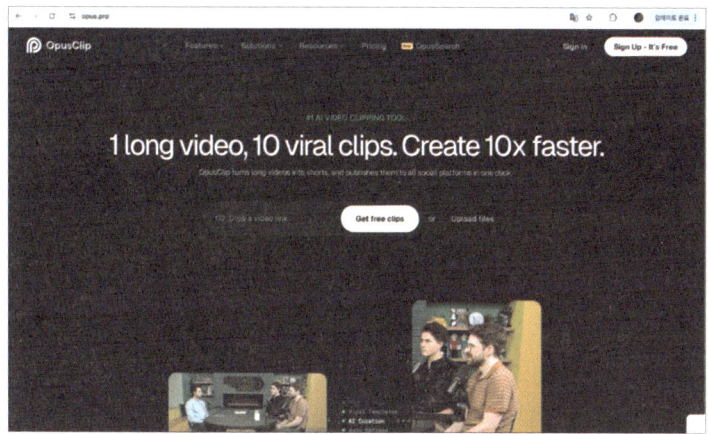

〈그림 24〉 오퍼스 클립

오퍼스 클립 활용 작동 방법은 정말 간단합니다. 회원가입 후 원하는 롱폼 영상의 유튜브 링크만 넣어주면 됩니다.

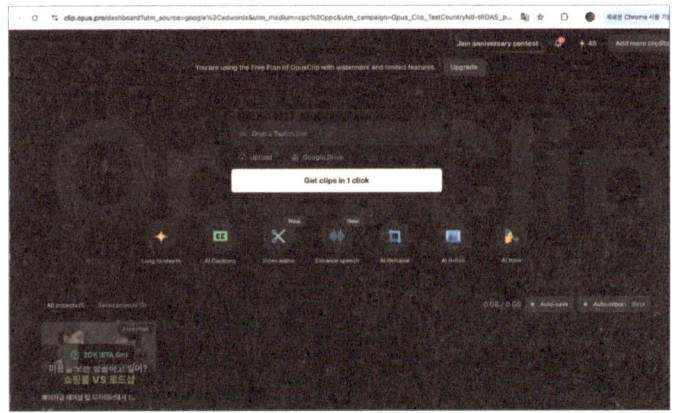

〈그림 25〉 원하는 동영상 링크 첨부

완성된 숏폼 영상을 볼까요? 다양한 각도와 주제에 알맞은 숏폼 영상들을 만들어주었습니다. 수정을 원한다면 원하는 영상을 클릭해 자막 디자인이나 내용을 수정할 수 있습니다.

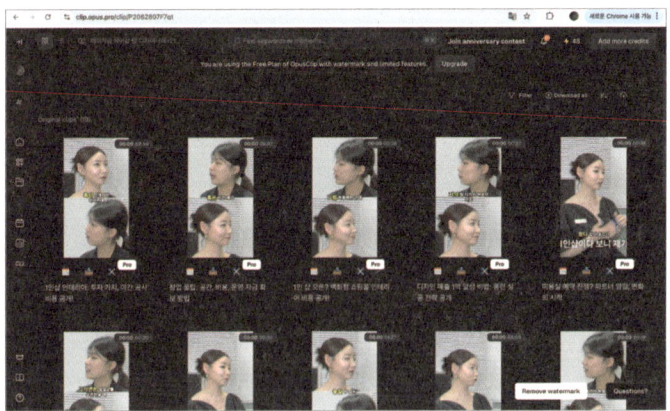

〈그림 26〉 오퍼스 클립을 활용해 제작한 쇼츠

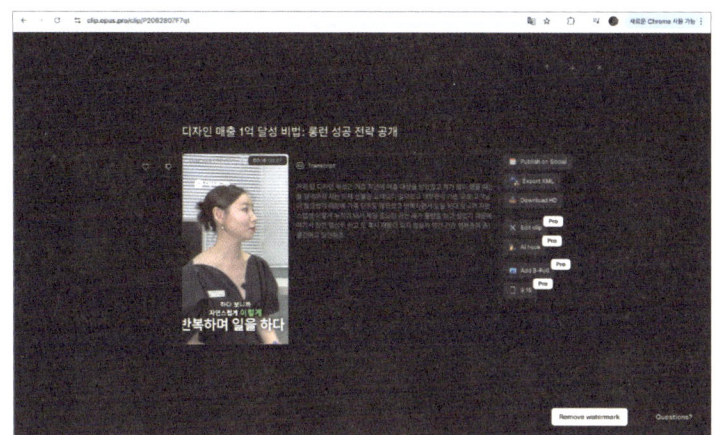

〈그림 27〉 메인 주제까지 명확하게 정리해 주는 오퍼스 클립

내 유튜브 채널에서만 활용하는 OST 제작하기
[SUNO AI]

유튜브의 묘미 중 하나는 영상의 시작과 끝에 시그니처로 들어가는 음악입니다. 잘되는 유튜브 채널을 보면 꼭 자신들만의 시그니처 배경음을 가지고 있습니다. 그런데 작사 작곡은 어디서 해야 할까요…?

SUNO AI에서는 무료로 노래를 만들 수 있습니다!

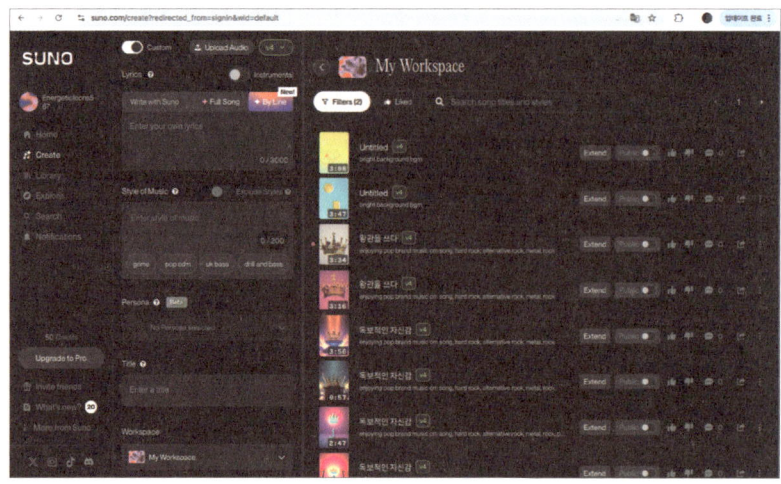

〈그림 28〉 음악 만들어주는 SUNO AI

이렇게 원하는 가사와 노래 풍을 입력해 주기만 하면 놀랍게도 작사 작곡 끝입니다.

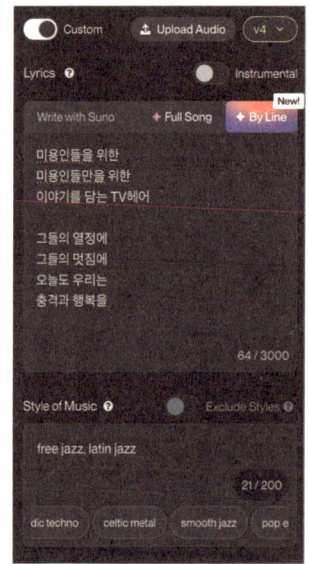

〈그림 29〉 가사와 음악 스타일 작성

TV헤어 유튜브 채널의 OST를 만들어보았습니다. 음악의 퀄리티가 정말 괜찮네요. 브랜드라면 하나쯤은 갖고 싶은 우리만의 음악, AI 덕에 이렇게 쉽게 만들 수 있습니다.

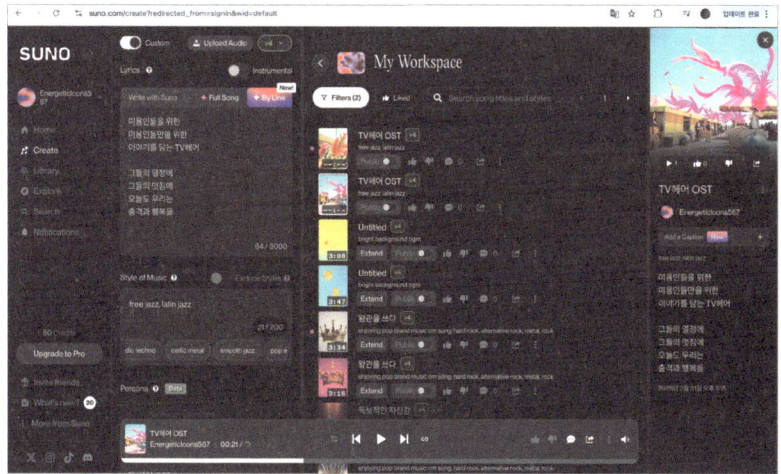

〈그림 30〉 뚝딱 완성된 TV헤어 유튜브 채널 OST

우리 매장 혹은 나만을 위한 OST 지금 바로 만들어보세요!

다른 유튜브 영상 요약부터 분석까지
[릴리스 AI]

내 영상도 좋지만, 다른 영상들을 보면서 배우는 점도 참 많습니다. 하지만 바쁘다 바빠 현대사회, 특히 살롱에서 두 발로 뛰며 살롱워크를 감당해야 하는 헤어디자이너에게 가만히 앉아 공부할 시간은 턱 없이 부족합니다.

릴리스AI는 유튜브 링크만 넣어주면 해당 영상의 내용을 일목요연하게 정리해 줍니다.

〈그림 31〉 릴리스AI

사용법은 간단합니다! 회원가입 후 분석을 원하는 유튜브 영상의 링크를 붙여 넣어주면 됩니다.

〈그림 32〉 분석을 원하는 영상 링크 첨부하기

분석이 완료된 결과물을 볼까요?

〈그림 33〉 릴리스AI의 영상 분석 결과

해당 영상을 대표하는 키워드부터, 타임라인 별로 정리해 주는 요약까지. 한눈에 봐도 이해하기 쉽게 정리해 주어 여러 영상을 한번에 스터디하고 흐름을 이해하기 제격인 툴입니다.

다른 채널의 영상뿐 아니라, 내가 업로드한 나의 영상도 업로드 후 릴리스AI를 통해 분석해 보며 어떤 소구점을 살리면 좋을지, 또 다음 영상은 어떻게 기획하면 좋을지 컨펌하는 시간을 가져보세요!

미션 수행하기

1. 채널을 개설했나요? ☐
2. 채널 배너와 프로필을 업로드했나요? ☐
3. 챗GPT와 콘티를 작성해 봤나요? ☐
4. 썸네일을 만들어보았나요? ☐
5. 유튜브 영상을 업로드했나요? ☐
6. 유튜브 쇼츠를 업로드했나요? ☐
7. 유튜브 스튜디오를 통해 분석해 봤나요? ☐

chapter **6**

 예약창 꽉꽉 찬 미용사

나만 몰랐던
동네 찐단골,
당근

당근은
왜 중요한가

우리 동네 일들은 이제 다 당근에서

〈그림 1〉 당근 공식 로고

요즘 집에서 필요 없는 물건이 생기면 혹은 필요한 물건이 있는데 새 것을 사기에는 아깝다는 생각이 들면 우선 '당근'이 생각납니다.

이제 중년에 접어든 저희 어머니는 평생 일만 하다 처음으로 취미를 찾고 싶다는 고민이 생겼습니다. 예전 같았으면 동네 문화센터를 방문

할 수도 있고 학원에 대한 정보를 찾아볼 수도 있었겠지만, 어머니의 선택은 당근 동네생활 커뮤니티에서 운영되고 있는 살사댄스 동호회였습니다. 해당 동호회는 아주 전문적인 강사들을 바탕으로 체계적으로 운영되고 있었으며 동호회 정보부터 안내와 신청하기 위한 채팅 상담 모두 당근 속에서 이루어졌습니다.

동네에 자주 가는 빵집 사장님은 매일 아침 따끈하게 빵을 구워내는데 주기적으로 당일 제공되는 빵의 라인업이 변경됩니다. 그리고 그 라인업을 자영업자라면 활용할 수 있는 비즈프로필 소식란에 매일 업로드하여 단골 고객들은 해당 라인업을 보고 사장님의 따끈한 빵이 오븐에서 갓 구워 나온 시간에 맞춰 빵집에 갑니다.

자영업자들에게 최적화된 마케팅 채널

모든 동네 주민들이 각자 당근을 활용하는 방법은 가지각색입니다. 이제 당근은 당근마켓 시절의 단순한 중고거래 플랫폼에서 지역 생활에 필요한 다양한 요소들과 커뮤니티 역할을 띄고 있는 하이퍼로컬플랫폼으로 자리 잡았습니다. 그 뜻은 무엇일까요? 자영업자들에게도 최적화된 마케팅 채널이라는 것입니다.

미용실을 생각해 봅시다. 미용실은 물건을 판매하고 끝나는 장소가 아닙니다. 한 번 머리하고 다신 방문하지 않는 고객보다, 꾸준하게 주기적으로 방문하여 고정 고객이 쌓이는 것이 탄탄한 매출을 만들어내는 핵심 포인트입니다. 그때 우리가 놓치면 안 되는 점은, 단순하고 자극적인 마케팅으로 단기간에 뽑아 올리는 성과가 아닌, 우리 미용실에 접근하기 쉬워 자주 방문할 수 있는 동네 고객들을 아주 중요하게 생각해야 한다는 점입니다.

〈그림 2〉 당근의 '함께 사는 방법'

"사실 중고거래로만 보면 당근마켓은 수상한 부분이 한두 가지가 아닙니다. 더 많은 매물을 찾을 수 있으려면 모든 지역을 열어놓아야 할 것 같은데, 오히려 지역을 한정하고 좁혀 장소 인증을 필수로 하도록 했거든요. 이런 부분에서 당근이 처음부터 중고거래 서비스가 아닌 지역 기반의 서비스를 꿈꾸어 왔다는 게 드러납니다. 이웃을 배려하는 마음을 '매너온도'로 표현한 기능 역시, 동네 이웃과 신뢰를 바탕으로 함께하는 서비스를 만들기 위한 장치였습니다." -당근팀

전 세계적으로 아무 제한 없이 오픈되어 있는 다른 소셜미디어 플랫폼들이 지닌 가능성도 무궁무진하지만, 반대로 나의 동네 찐단골 고객들과 만나볼 수 있는 당근 플랫폼이 지닌 가능성은 다른 의미에서 무궁무진합니다.

그리고 무엇보다 쉽습니다. 올리는 것도 소통하는 것도 광고하는 것도. 동네 지역 주민들 사이에서 소통하는 커뮤니티 형태의 플랫폼이다

보니 원장님, 디자이너 모두 힘을 빼고 있는 그대로 내 앞에 있는 고객과 소통하듯 활용하는 것, 그게 당근 마케팅의 전부라고 생각합니다.

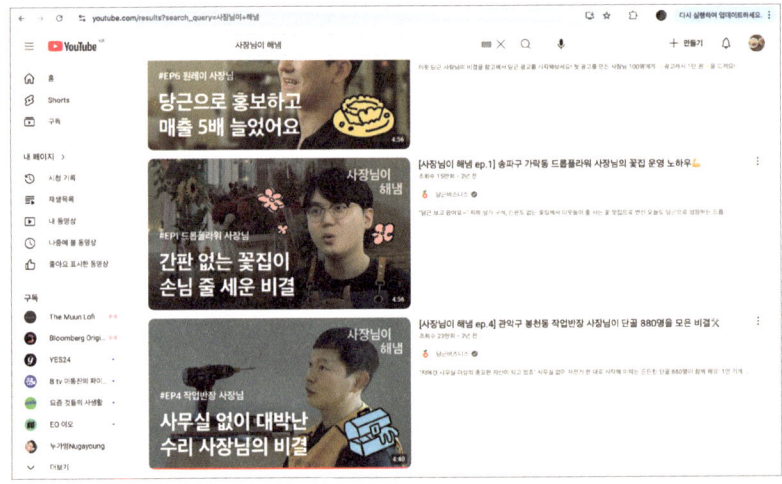

〈그림 3〉 유튜브 당근비즈니스

당근비즈니스 유튜브 채널에서 제공하는 [사장님이 해냄]시리즈는 실제 전국에 계신 자영업자들이 당근을 어떻게 활용하고 손님들을 만나는지에 다양한 케이스로 담겨 있습니다. 보다 보면 차갑고 어색하게 느껴지는 정형화된 마케팅이 아닌, 사장님들마다 자신이 지니고 있는 강점과 매력과 진정성이 소중한 동네 고객과의 따뜻한 스토리와 유대감으로 만들어지는 데 당근이 분명한 역할을 하고 있다는 걸 느낄 수 있습니다.

그럼, 지금부터 마케팅 이상의 찐단골 고객과의 소통 플랫폼인 '당근'을 시작해 볼까요?

당근 시작하기

1. 당근 홈 화면 알아보기

당근을 본격적으로 활용해 보기 전 당근에 어떤 기능들이 있고 사람들이 당근을 어떻게 사용하고 있는지 알아보겠습니다! 먼저 당근 모바일앱을 다운로드받아 볼까요?

〈그림 1〉 당근 앱 다운로드

당근 동네 인증하기

당근을 다운로드받은 후 앱을 열어 회원가입을 진행하고, 동네 설정을 인증해 줍니다.

동네 인증은 총 2곳까지 가능한데요. 한 곳은 내가 살고 있는 거주지역으로 나머지 한 곳은 근무하는 곳으로 설정하면 됩니다.

동네를 명확하게 설정한 뒤 가까운 동네, 먼 동네로 동네 범위를 조정해 주면 홈 화면에서 노출되는 여러 게시글들의 범위가 조금씩 조정됩니다.

이제 회원가입과 동네 인증까지 완료되었으니 당근 앱에 어떤 기능들이 있는지 하나씩 살펴보도록 하겠습니다.

〈그림 2〉 당근 동네 인증하기

당근 홈 화면 알아보기

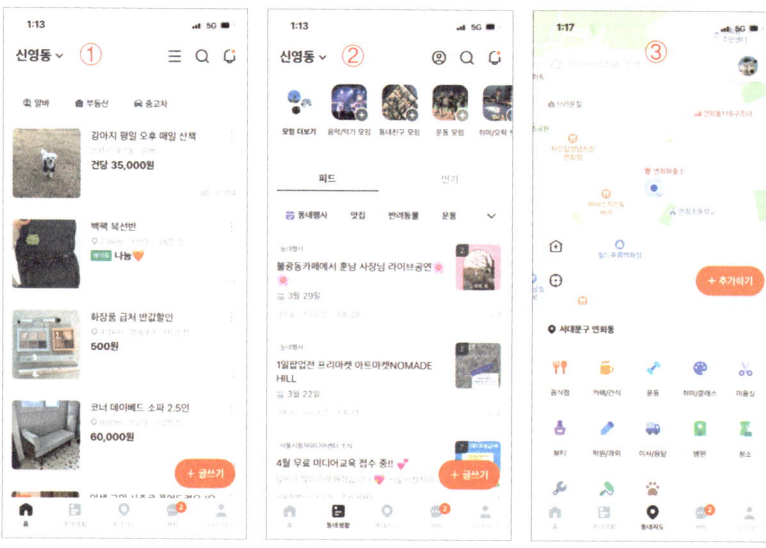

〈그림 3〉 홈   〈그림 4〉 동네생활   〈그림 5〉 동네지도

(1) 홈 : 당근을 열면 처음으로 보이는 홈 화면에는 기본적인 중고거래 게시물들부터 알바, 부동산, 중고차, 동네 모임 등 다양한 동네 소식들과 여러 광고들이 사용자의 관심에 맞춰 추천됩니다. 위에서 조절한 동네 범위에 따라 노출되는 게시글들이 달라질 수 있습니다.

(2) 동네생활 : 해당 동네를 인증한 주민들이 모이는 커뮤니티 공간입니다. 우리 동네에서 이루어지고 있는 각종 모임들에 가입할 수도 있고, 주민들이 직접 올린 다양한 글들을 통해 서로 소통할 수 있습니다. 찐동네 주민들이 모여 있는 초강력 커뮤니티 공간이기에 게시글들을 통해 동네 맛집을 공유하기도 하고, 미용실의 경우에도 서로 묻고 추천하면서 동네 주민들 사이에서 입소문이 제대로 나기 좋은 공간입니다.

(3) 동네지도 : 동네지도에는 다양한 동네 가게들이 노출됩니다. 해당 가게들의 소식과 쿠폰 정보를 확인할 수 있고 동네 주민들이 직접 작성한 후기도 확인

할 수 있습니다. 쉽게 이야기해 우리 동네 소상공인들의 다양한 정보와 소식들이 모여져 있는 공간입니다. 추후에 우리가 활용할 [비즈프로필]을 등록하면 동네지도에 내 업체가 등록됩니다. 다양한 카테고리 중에 [미용실] 항목에 주목해 보세요!

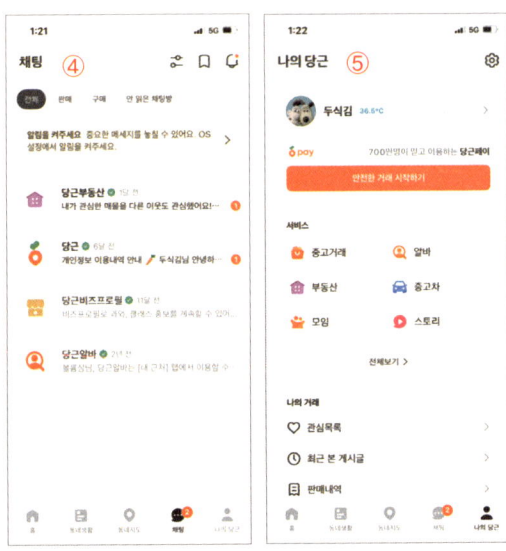

〈그림 6〉 채팅   〈그림 7〉 나의 당근

(4) 채팅 : 인증된 동네 주민들과 거래 및 필요에 의해 실시간으로 소통할 수 있는 채팅창입니다. 당근은 또한 '당근 전화' 기능을 제공함으로 전화번호 교환 없이도 당근을 통해 통화할 수 있습니다.

(5) 나의 당근 : 최근 내가 사용한 기능이나 방문한 게시물들을 확인할 수 있습니다. 또한 내 프로필 설정도 가능합니다.

당근이 제공하는 다양한 기능들

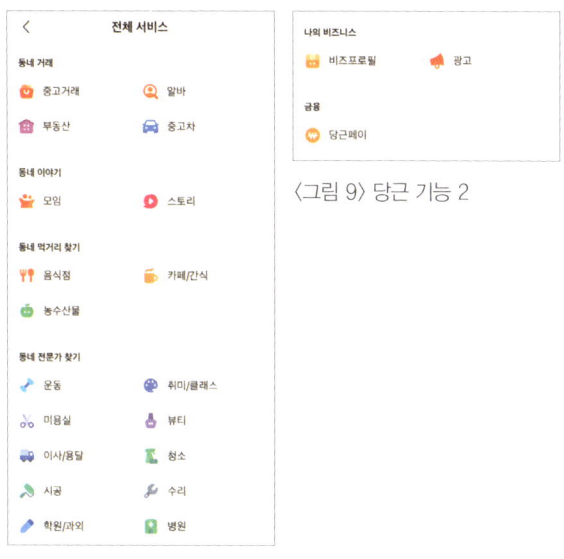

〈그림 9〉 당근 기능 2

〈그림 8〉 당근 기능 1

    당근은 상상 이상으로 다양한 서비스들을 동네 지역 주민들에게 제공하고 있습니다. 지금까지는 오로지 '사용자' 관점에서 당근에서 활용할 수 있는 기능들에 대해서 알아보았다면, 이제는 '소상공인' '자영업자'의 입장에서 우리 동네에 나의 미용실을 어떻게 홍보하고 동네 단골 고객들과 친밀하게 소통할 수 있는지 알아보도록 하겠습니다.

2. 당근 비즈프로필 개설하기

비즈프로필은 무엇일까?

비즈프로필은 당근에서 지역 소상공인들을 위해 제공하는 비즈니스 프로필입니다.

〈그림 10〉 비즈프로필 소개 출처 : 당근 공식 사이트

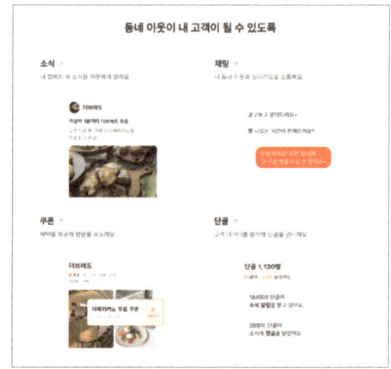

〈그림 11〉 비즈프로필의 기능

비즈프로필을 등록한 업체들은 소식, 채팅, 쿠폰, 단골, 크게 4가지의 기능들을 활용하여 가게를 직접 홍보하고 지역 주민들과 소통할 수 있는 온라인 공간이 펼쳐집니다.

비즈프로필 개설하기

당근에 모여 있는 우리 지역 주민들에게 나의 업체를 직접 홍보하거나 알리고 소통할 수 있는 비즈프로필. 지금부터 개설하는 방법을 알아보도록 하겠습니다.

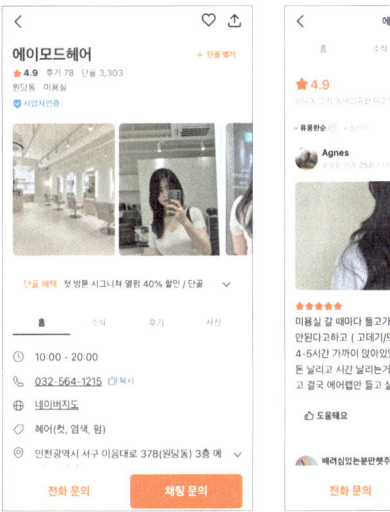

〈그림 12〉 당근 비즈프로필 예시   〈그림 13〉 단골들이 남긴 후기

01 나의 당근 → 서비스 → 비즈프로필을 눌러 [비즈프로필 만들기] 버튼을 클릭합니다.

〈그림 14〉 비즈프로필 만들기

02 이름, 업종, 주소를 입력합니다(업종은 추후에 변경이 불가능하니 신중하게 선택해 주세요!).

chapter 6 나만 몰랐던 동네 찐단골, 당근   403

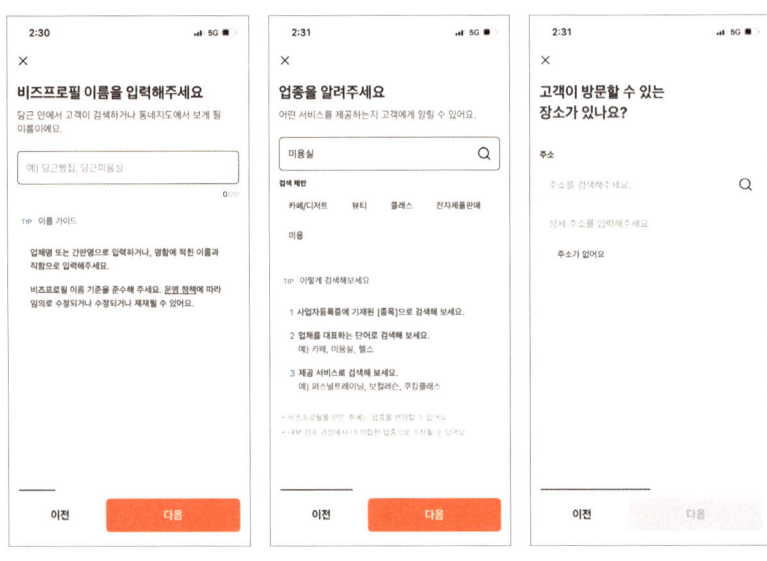

〈그림 15〉 이름   〈그림 16〉 업종   〈그림 17〉 주소

03 프로필 사진과 우리 업체 사진을 등록합니다.

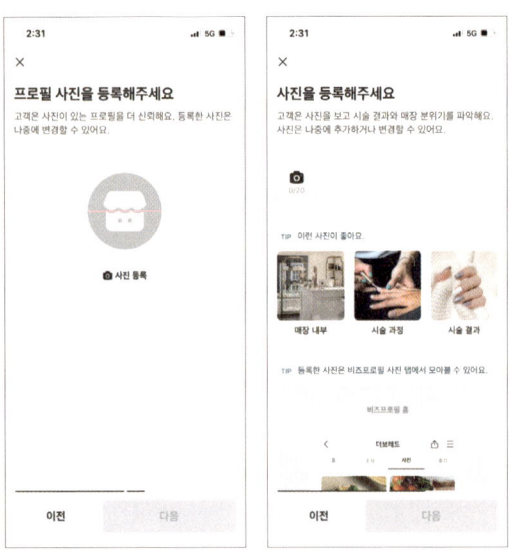

〈그림 18〉 프로필 사진 등록   〈그림 19〉 업체 사진 등록

업체 사진은 최소 2장 이상 업로드하는 걸 추천하며, 비즈프로필 상단에 여러 장이 모두 노출됩니다. 스마트플레이스처럼(다양한 시술 사진, 매장 내부 사진, 외부 사진) 다양하게 선택해 업로드해 주세요. 최대 20장까지 등록이 가능합니다. 특히 첫 번째 순서로 등록한 업체 사진은 검색 결과에도 노출되기에 우리 매장만의 특장점 및 개성이 잘 드러나는 사진으로 결정해 주세요!

04 소개글을 작성합니다.

소개글 또한 비즈프로필 등록 후 상단 화면과 검색결과에 모두 노출됩니다. 우리 매장 이름 다음으로 읽게 되는 문장이니 매력적으로 작성해 주세요.

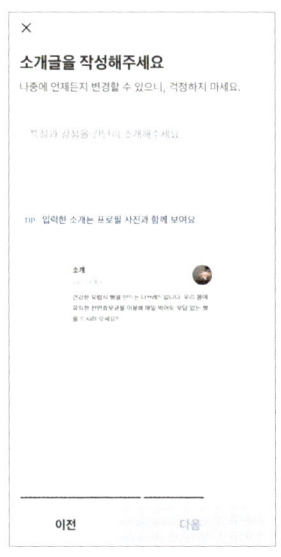

〈그림 20〉 소개글 작성

매력적인 소개글 예시

미용 경력 15년차 프로 원장님이 오직 1:1 시술만 고집하는 1인샵

나에게 찰떡인 머리를 찾고 있는 미용실 유목민들 00헤어로 오세요!

한 번 방문한 고객은 없다! 유행 말고 본질을 단단히 챙기는 00헤어

05 전화번호를 입력합니다.

전화번호 입력은 필수가 아닌 선택항목입니다. 전화번호를 입력하지 않을 경우에는 비즈프로필에 고객이 들어왔을 때 [채팅상담]만 활용할 수 있습니다. 당근은 안심번호를 제공함으로 전화번호를 입력해도 노출되지 않습니다. 최대한 입력하는 걸 추천합니다.

〈그림 21〉 전화번호 입력

06 마지막으로 제공하는 서비스를 선택해 주면 등록이 완료됩니다.

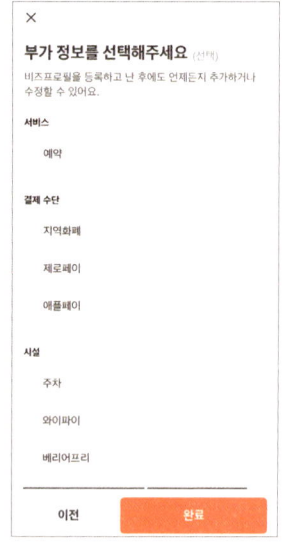

〈그림 22〉 부가 정보

혹시나 등록 후 이미지와 같이 빨간색 알림이 뜨면 당근 사용자들에게 우리 업체 소식이 노출되고 있지 않다는 뜻입니다. 누락된 정보는 없는지 명확하게 확인해 주세요!

〈그림 23〉 미노출 중인 비즈프로필 예시 출처: 당근비즈니스 유튜브

비즈프로필 등록 후 업체 정보를 입력해 주세요!

비즈프로필 등록 후 내 비즈프로필 메인 화면 오른쪽 상단 세 줄을 누르면 정보관리 메뉴가 있습니다. 해당 정보관리 메뉴를 눌러 입력할 수 있는 여러 업체 정보들을 최대한 입력해 주세요!

〈그림 24〉 업체 정보 추가하기

사업자 정보를 등록하세요.

당근 비즈프로필은 사업자 인증이 필수는 아니지만, 특정 서비스는 사업자 인증이 완료되어야만 활용이 가능합니다. 미용실의 경우에는 '예약' 기능을 활성화하려면 사업자 정보 등록이 필수이니 꼭 등록해 주세요! 또한 사업자 정보를 인증한다면 상호를 제대로 보호받을 수 있습니다.

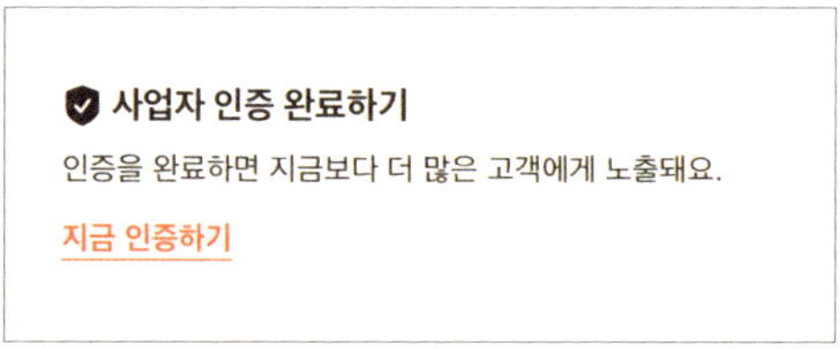

> ◎ 사업자 인증 완료하기
> 인증을 완료하면 지금보다 더 많은 고객에게 노출돼요.
> 지금 인증하기

〈그림 25〉 사업자 인증 완료하기

당근 비즈프로필 **활용하기**

1. 단골 맺기

방금 전 우리 매장을 홍보할 수 있는 비즈프로필 등록을 마쳤습니다. 그럼 비즈프로필을 어떻게 활용할 수 있을까요?

단골

단골은 비즈프로필 오른쪽에 보이는 [+단골 맺기] 버튼을 클릭하면 우리 업체의 단골이 됩니다.

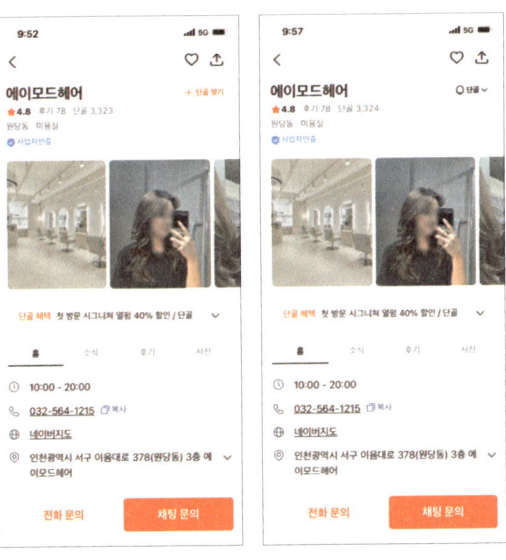

<그림 1> 단골 맺기 전   <그림 2> 단골 맺은 후

그럼 단골 맺기라는 기능을 통해 단골 고객을 많이 만드는 게 왜 좋을까요? 단골을 맺고 나면 2가지의 혜택이 주어집니다.

---
1. 우리 업체 첫 소식이 단골 고객들의 당근 홈에도 노출됨
2. 오전 9시에서 오후 9시까지 쓴 당일 첫 소식이 당근알림에 울림

단골을 맺지 않은 동네 주민들이 우리 업체 소식을 확인할 수 있는 경우는 동네지도 탭 혹은 광고를 통해서만입니다. 하지만 단골을 맺고 나면 우리 업체 소식을 당근 메인 홈 화면에서 볼 수 있게 됩니다.

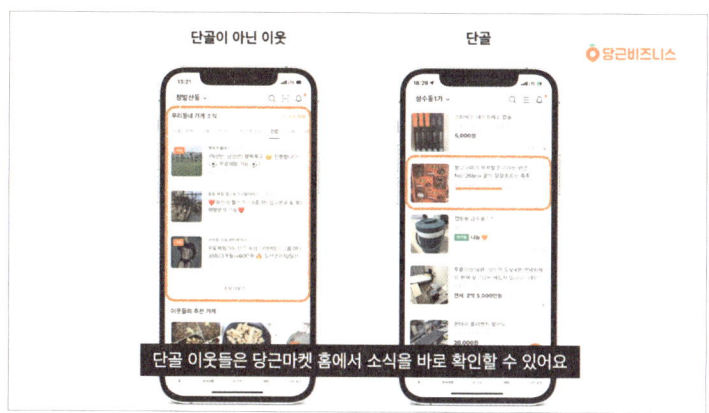

〈그림 3〉 출처: 유튜브 당근비즈니스

또한 매일 오전 9시 ~ 오후 9시 사이에 올린 업체의 첫 소식은 당근 알림을 통해 단골 고객들에게 알림이 갑니다. 알림의 경우에는 사용자에 따라 아예 끌 수도 있고 푸시알림을 설정하여 당근 앱을 키지 않아도 핸드폰 알림창에 뜨게끔 설정할 수도 있습니다. 끊임없이 고객들에게 매일 우리 업체의 소식을 자연스러우면서도 확실하게 전할 수 있는 방법이죠!

〈그림 4〉 출처: 유튜브 당근비즈니스

단골 혜택 제공하기

그럼 단골 맺기를 어떻게 유도할 수 있을까요? 단골을 맺었을 때 고객들이 얻을 수 있는 [단골 혜택]을 제공하면 됩니다.

> **단골 혜택** 첫 방문 시그니처 열펌 40% 할인 / 단골 ∧
> 시그니처 열펌 할인 20%

〈그림 5〉 단골 혜택 제공

단골 혜택은 비즈프로필에서 단골 혜택 창에 단골을 맺었을 경우 사용할 수 있는 혜택을 입력하면 됩니다. 이렇게 단골 혜택 알림을 통해 비즈프로필에 들어왔을 때 상단에 노출되는 혜택을 확인할 수 있게 됩니다.

2. 쿠폰 만들기

쿠폰으로 혜택 제공하기

또 쿠폰을 만들어서 단골 맺기를 유도하는 방법이 있습니다.

비즈프로필에서 활용할 수 있는 쿠폰은 제공 가능한 기준이 2가지로 나누어져 있습니다. 단골 전용 고객들을 위한 쿠폰과 모든 이웃이 사용할 수 있는 쿠폰이죠.

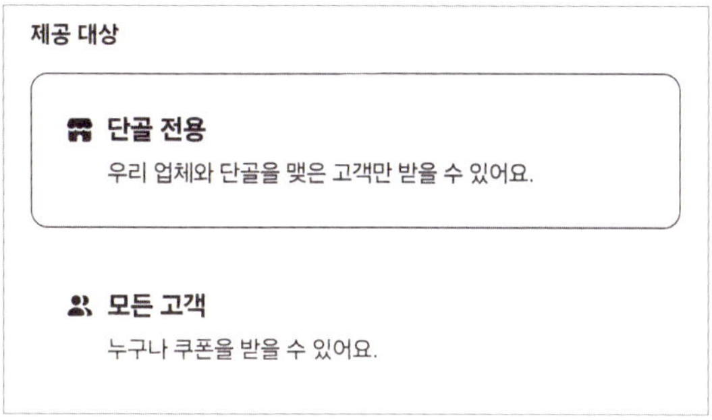

〈그림 6〉 두 가지 쿠폰 유형

단골 전용 쿠폰을 설정하게 되면, 쿠폰을 다운로드받는 즉시 단골을 맺어야만 사용 가능하다는 알림이 떠 더욱 효과적이고 확실하게 단골 맺기를 유도할 수 있습니다.

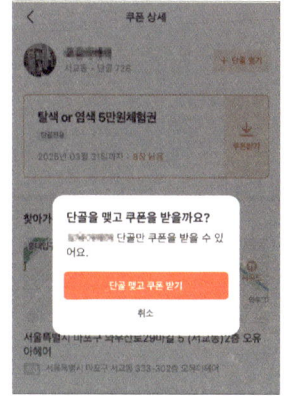

〈그림 7〉 단골 맺고 쿠폰 받기

쿠폰 만드는 법

쿠폰 만드는 방법은 아래와 같습니다.

01 나의 당근을 누르고 비즈프로필 관리에 들어가 쿠폰 관리를 눌러줍니다. [새 쿠폰 만들기]를 누릅니다.

〈그림 8〉 새 쿠폰 만들기

02 [새 쿠폰 만들기]를 누르고 쿠폰 정보와 이미지 등 쿠폰 설정을 완료해 줍니다.

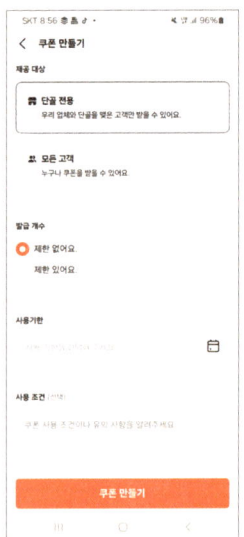
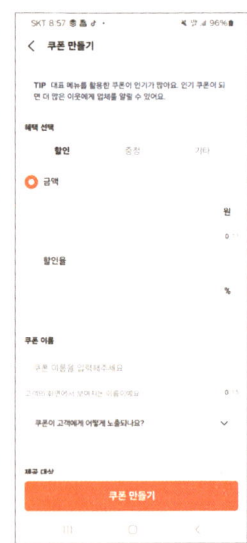

〈그림 9〉 제공 대상 및 발급 개수   〈그림 10〉 쿠폰 혜택 설정

〈그림 11〉 당근에서 추천하는 쿠폰 예시

어떤 쿠폰을 설정하면 좋을지 고민이라면, 당근에서 제공하는 쿠폰 예시를 참고해 보세요!

3. 소식 쓰기

단골들을 위한 특별한 혜택, 쿠폰을 사람들에게 더 많이 알릴 수 있는 방법이 있습니다. 바로 쿠폰을 포함한 소식을 만들어서 공유하는 것입니다.

소식

소식은 단골 고객들과 지속적으로 관계를 이어가기 위한 [소통 채널]입니다. 신메뉴 출시, 특별 할인, 휴무 안내처럼 가게의 다양한 소식들을 전할 수 있는데요. 비즈프로필 내에서 '소식 작성' 버튼을 눌러 간단히 글을 올릴 수 있습니다.

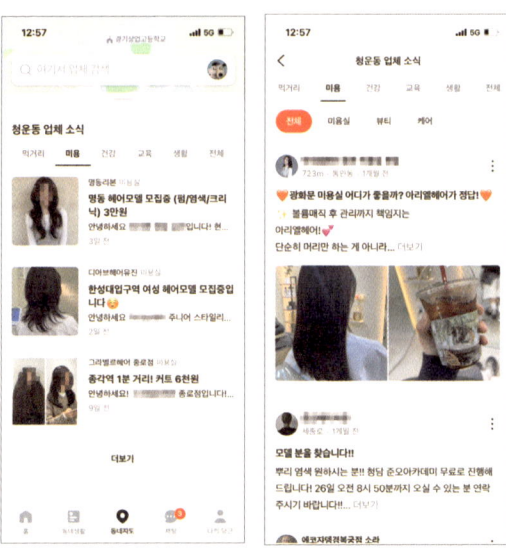

〈그림 12〉 동네지도 업체 소식 〈그림 13〉 미용 분야 업체 소식

    작성한 소식은 당근의 '동네지도' 탭에서 이웃들에게 노출되며, 단골 고객들에게는 메인 홈 탭에서도 노출됩니다.

    또한, 소식에는 이미지나 쿠폰도 함께 첨부할 수 있어 단순한 공지 이상의 홍보 수단으로 활용할 수 있습니다.

소식 쓰는 법

    소식 쓰는 법에 대해서 알아보겠습니다.

01 비즈프로필 홈에서 [소식 작성]을 누릅니다.

〈그림 14〉 소식 작성

02 원하는 에디터를 선택합니다.

〈그림 15〉 소식 에디터 설정

chapter 6 나만 몰랐던 동네 찐단골, 당근   417

사진 모아보기	최대 10장 사진 등록 가능 사진을 넘겨볼 수 있는 형식
사진+글 혼합	최대 20장 사진 등록 가능 사진과 글을 혼합해서 첨부하여 읽기가 쉬움

'당근비즈니스' 팀에 의하면 [사진+글 혼합] 유형의 소식이 사진 모아보기에 비해 무려 150% 이상의 반응률을 나타낸다고 합니다. 내용이 더욱 풍부하게 드러나는 [사진+글 혼합] 유형을 추천합니다.

03 내용을 작성합니다.

〈그림 16〉 소식 내용 작성하기

어떤 소식을 작성해야 할지 모르겠다면, 당근비즈니스 사이트에 들어가 당근에서 직접 소개하고 있는 소식 우수 사례를 참고해 보세요!

〈그림 17〉 당근비즈니스 공식 사이트에서 제공하는 소식 우수 사례

04 쿠폰을 첨부하고 싶다면, 방금 전 제작한 쿠폰을 [소식에 첨부하기] 버튼을 눌러 첨부해 줍니다.

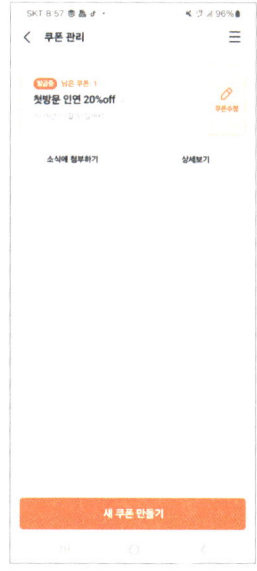

〈그림 18〉 쿠폰 첨부하기

05 마지막으로 소식을 발행하기 전 단골 고객들에게 알림을 보낼지 말지 선택할 수 있습니다. 알림은 하루에 1회만 사용할 수 있습니다.

〈그림 19〉 단골 소식 알림 설정

4. 후기받기

비즈프로필에 들어가면 소식 오른쪽 후기 항목이 있는 걸 확인할 수 있습니다.

〈그림 20〉 단골들이 남긴 후기

후기 작성 기준

후기를 작성할 수 있는 기준은 아래와 같습니다.

(1) 인증한 동네에 포함되는 업체
(2) 직접 이용한 경험
(3) 아이디당 1회만 후기 등록 가능

동네 인증 외 특별한 추가 인증은 없지만, 아이디당 1회만 등록 가능하다는 점 유의해 주세요!

후기를 작성하는 방법

이제 후기를 작성하는 방법을 알아볼까요?

01 후기를 작성하고 싶은 업체의 비즈프로필에 들어갑니다.

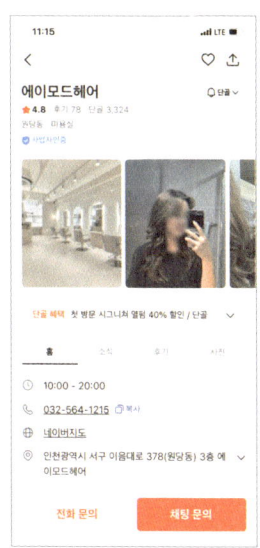

〈그림 21〉 후기 작성할 업체 비즈프로필

02 후기를 눌러 상단에 별표 모양을 클릭합니다.

〈그림 22〉 후기 클릭

03 별점과 사진과 내용을 넣어 후기를 적어주면 완성입니다!

〈그림 23〉 후기 작성하기

단골을 맺은 후 방문하는 고객들에게 후기를 부탁해 차곡차곡 소중한 당근 후기들을 쌓아나가 보세요.

미션 수행하기

1. 당근 비즈프로필을 등록했나요? ☐
2. 사업자 인증을 했나요? ☐
3. 소식을 올려봤나요? ☐
4. 단골 혜택을 제공했나요? ☐
5. 단골이 생겼나요? ☐
6. 단골 후기를 받아보았나요? ☐
7. 쿠폰을 활용해 보았나요? ☐

| 에필로그 |

당신도 이제 예약창 꽉꽉 찬 헤어디자이너

책을 처음 기획했던 때부터 지금까지, 제가 가진 물음표는 하나였습니다. 어떻게 하면 헤어디자이너들에게 가장 쉽게 또 확실하게 마케팅을 정리해서 전달할 수 있을까. 스마트플레이스, 블로그, 인스타그램, 유튜브, 마지막으로 당근까지 무려 5개의 플랫폼의 대장정을 방금 전 함께 끝맺었습니다.

여러분이 기억해 주셨으면 하는 건 한 가지입니다. 여러분의 특별한 기술을, 여러분이라는 멋진 사람이 고객에게 전할 수 있는 세상에서 가장 아름다운 가치를, 마케팅이라는 도구를 활용해서 세상에 알릴 수 있다면 그것이면 충분합니다.

너무 잘하려고 애쓰기보다, 완벽하려고 스트레스받기보다 내가 이미 지니고 있는 나만의 달란트를, 그 특별한 개성을 꼭 자유롭고 아름답게 펼쳐 가시길 바랍니다. 곁에서 언제나 응원하고 있겠습니다.

그리고 책을 마무리하는 이 시점, 감사한 분들의 이름이 한 분 한 분 선명하게 떠오릅니다. 처음부터 끝까지 늘 한결같은 마음으로 가장 든든한 응원단이 되어 주신 박가형 대표님, 장정민 대표님, 김대선 대표님, 김동현군. 인생 첫 책이라는 특별한 기회를 선물해 주신 책쓰기 스승님 임헌수 대표님. 집필 과정 동안 기다려주시고 믿어주신 이코노믹북스 유창언 대표님. TV헤어를 통해 마음껏 꿈을 펼칠 수 있게 도와주신 임영빈 대표님. 곁에서 늘 몇 발자국 앞서 함께 고민하고 업무의 지혜를 가르쳐주신 장형안 본부장님 그리고 TV헤어 식구들.

마지막으로 이 책을 완성할 수 있는 가장 큰 힘이었던 인터뷰이 분들께 감사한 마음을 전하고 싶습니다. 두리 디자이너님, 큐 원장님, 제롬 원장님, 우리 부원장님, 무진 실장님, 이레 디자이너님, 아오키 원장님, 이혜린 점장님, 시온 원장님, 카이정 강사님, 유하영 원장님, 림 원장님, 예리 원장님, 주연 원장님, 이춘우 원장님, 웅 원장님, 너울 원장님, 순재 원장님, 설혜 원장님, 장다희 대표님, 선진 원장님, 수호 원장님, 정연화 원장님, 이재홍 대표님, 모아 원장님, 지성 원장님, 선 원장님, 다니 디자이너님, 유경 원장님, 류지혜 원장님, 보경 부원장님, 해인 부원장님, 은준님, 용 원장님, 윤정숙 원장님, 호 원장님, 오영찬 본부장님, 지안 원장님, 민정 원장님, 최은정 교수님, 와이 원장님, 영아 점장님, 영연 디자이너님, 양리 원장님 그리고 빛나 원장님.

세상에서 가장 멋진 헤어디자이너 인터뷰이들이 없었다면, 절대 끝마칠 수 없었을 것입니다. 한 분 한 분이 제게는 영감이었고 배움이었고 지속할 수 있는 힘이었습니다.

    세상에서 가장 멋진 헤어디자이너들을 만나고 그들의 이야기를 담을 수 있던 행운에 감사합니다. 제게는 여러분이 가장 큰 자랑입니다. 정말 많이 애정합니다.

-2025년 7월 31일 목요일 오후 2시
한여름 서촌 카페에서

| 부록 |

지금부터 AI 마케팅으로 미용업이 폭발적으로 성장할 시간입니다.

『예약창 꽉꽉 찬 미용사 텅텅 빈 미용사』는
제가 미용업계와 함께 만들어갈 AI · SNS 마케팅 혁신의 시작점입니다.
계속해서 발전하는 AI, 두려워하지 마세요.
현장에서 검증된 인사이트를 바탕으로,
전국의 헤어디자이너들이 가장 쉽고, 가장 확실하고, 가장 빠르게
AI와 마케팅을 실전에 적용할 수 있도록
대한민국 미용업 마케팅의 변화를 선두에서 이끌겠습니다.

앞으로 펼쳐질 여정
책의 내용을 확장한 강의와 워크숍이 이어질 예정입니다.
최신 사례와 소식은 아래 채널을 통해 가장 먼저 확인하세요.

- 인스타그램: @seoyoon.pd
- 이메일: hyggelife25@gmail.com
- 유튜브: TV헤어@tvhairnews

여러분의 성장이 곧 저자의 기쁨입니다.
➔ 이제 함께 달려볼까요?